política dos algoritmos instituições e as transformações da vida social

ricardo f. mendonça
fernando filgueiras
virgílio almeida

ubu

tradução
andré albert

Dedico a Guilherme, Felipe e Paula, pelo apoio e paciência nesse percurso.
– Ricardo F. Mendonça

Dedico a Francisco Gaetani, grande amigo e inspiração para o espírito público e para todas as confusões em que tive de me virar.
– Fernando Filgueiras

Dedico a minha família, e especialmente a meus netos, Martim, Flora e Bruno, que são fontes de alegria e esperança para o futuro.
– Virgílio Almeida

Prefácio à edição brasileira

Elisa P. Reis

Através de um exercício interdisciplinar rigoroso e inovador, os autores deste admirável livro nos convidam a pensar os algoritmos não apenas como ferramentas técnicas, mas também como verdadeiras instituições. Essa proposta é, ao mesmo tempo, provocativa e necessária. À medida que algoritmos assumem a função de estabelecer regras de comportamento, moldando cada vez mais as ações humanas e organizando interações sociais, torna-se legítimo e urgente compreendê-los como estruturas normativas com implicações institucionais profundas.

O recurso à perspectiva institucionalista de análise – especialmente àquela que enfatiza o papel das instituições na regulação do comportamento coletivo – permite aos autores abordar questões centrais do debate contemporâneo sobre os efeitos sociais das tecnologias digitais. E fazem isso com uma combinação rara de rigor conceitual e sensibilidade à relevância pública do tema.

Grande parte da perplexidade que sentimos diante da ascensão dos algoritmos decorre de um deslocamento paradigmático. Fomos formados para reconhecer instituições como "padrões de comportamento estáveis, valorizados e recorrentes".[1] Definidas dessa forma, as instituições remetem à previsibilidade e ao consenso. Os algoritmos, contudo, introduzem um tipo de regulação automatizada, flexível e tecnicamente sustentada, cuja lógica escapa àquelas expectativas: são reconfiguráveis, adaptativos e,

1 Samuel P. Huntington, *Political Order in Changing Societies*. New Haven: Yale University Press, 1968, p. 9.

muitas vezes, opacos. Passam, assim, a pautar comportamentos com um grau de independência que desafia os pilares tradicionais da organização social - a estabilidade, a recorrência e a legitimidade derivada da valorização social sedimentada.

Para alguns, esse processo suscita temor. Para outros, entusiasmo. Enquanto uns percebem os algoritmos como instrumentos de racionalização extrema, capazes de ampliar a eficiência, a eficácia e até a justiça dos sistemas sociais, outros os enxergam como ameaças à agência humana, à transparência e à equidade. A controvérsia é real e intensa: há quem celebre o avanço da automação como alavanca para decisões mais rápidas e precisas em escalas sem precedentes, e há quem veja nos algoritmos o risco de uma apropriação oligopólica do poder decisório, além da possibilidade de perdermos o controle humano sobre processos críticos.

Independentemente da posição no espectro que vai do otimismo tecnológico ao catastrofismo, um ponto parece consensual: os algoritmos são formas de poder. E poder, aqui, deve ser compreendido em sua acepção mais elementar - como a capacidade de afetar resultados. É isso que torna os algoritmos simultaneamente desejados e temidos. Mesmo definições "econômicas" de instituições, como a de Hodgson,[2] que as entende como sistemas integrados de regras que estruturam relações sociais, remetem-nos a uma pergunta decisiva: quem detém o poder de definir tais regras? Quando essa função é delegada a - ou usurpada por - decisões algorítmicas que escapam à mediação humana, emergem dilemas éticos, políticos e institucionais comparáveis aos provocados por inovações tecnológicas disruptivas no passado.

A história nos mostra que toda inovação técnica relevante foi acompanhada por promessas e medos. O receio de que a

2 Geoffrey M. Hodgson, "On Defining Institutions: Rules *versus* Equilibria". *Journal of Institutional Economics*, v. 11, n. 3, 2015, p. 501.

velocidade dos trens de ferro pudesse danificar o útero feminino pode hoje nos parecer absurdo, mas nos lembra que toda revolução técnica reconfigura não apenas práticas, mas também imaginários sociais. Não foi diferente com a introdução da eletricidade ou da máquina a vapor, que dividiu opiniões. Da mesma forma, os algoritmos inauguram uma era de novas possibilidades - e novos riscos.

Com sobriedade intelectual, sem ceder ao entusiasmo ingênuo nem ao alarmismo estéril, os autores nos conduzem por uma análise crítica das condições que permitem aos algoritmos funcionar como instituições. O diálogo nem sempre fácil entre disciplinas é utilizado por eles de forma profícua, mobilizando habilmente ciência política, ciência da computação, filosofia, bem como diversas outras ciências sociais. Mais ainda: além da cuidadosa análise das condições que permitem aos algoritmos funcionar como instituições, e fiéis ao princípio ético quanto à função social da ciência, os autores nos oferecem uma discussão original sobre a legitimidade das novas formas institucionais. Abrem, assim, o caminho para um debate informado sobre as possibilidades e os obstáculos à democratização dos algoritmos.

Este é um dos pontos em que o livro oferece contribuição exemplar: ao propor uma lente institucionalista para o estudo dos algoritmos, provê também um telescópio analítico voltado ao presente, capaz de vislumbrar futuros possíveis. Se é verdade que os riscos de distopias tecnológicas são reais, os autores nos convencem de que não devemos abandonar a imaginação utópica. A fronteira da inovação técnica, sustentam, pode - e deve - ser pensada como um campo de disputa simbólica e política. Um terreno fértil para o cultivo de "utopias reais",[3] isto é, projetos coletivos viáveis, orientados por valores de justiça, inclusão e democracia.

3 Eric Olin Wright, *Envisioning Real Utopias*. London/New York: Verso Books, 2020.

Os autores iniciam sua argumentação a partir de uma sólida fundamentação nos aportes do novo institucionalismo, demonstrando de forma convincente a pertinência e a capacidade explicativa dessa abordagem diante do objeto de estudo. A fecundidade teórica da proposta torna-se particularmente evidente nos capítulos 3, 4 e 5, nos quais são explorados distintas possibilidades de aplicação da perspectiva analítica adotada. Cumpridas essas etapas, o livro conclama o leitor a enfrentar o desafio conceitual e político de refletir sobre formas de - nos termos dos próprios autores - desenvolver estratégias para a democratização da nova ordem política emergente, marcada pela crescente centralidade de sistemas algorítmicos de tomada de decisão no interior de governos e grandes corporações tecnológicas.

Ao nos oferecer sua reflexão com clareza e densidade, os autores nos entregam uma obra que não apenas interpreta o nosso tempo, mas também nos desafia a agir sobre ele. Que este livro seja lido com o mesmo espírito com que foi escrito: com coragem intelectual, abertura interdisciplinar e compromisso ético com o mundo que estamos ajudando a criar.

ELISA P. REIS é professora de sociologia política no Instituto de Filosofia e Ciências Sociais da Universidade Federal do Rio de Janeiro (IFCS/UFRJ) e diretora do Núcleo Interdisciplinar de Estudos sobre a Desigualdade (Nied).

Prefácio

B. Guy Peters

O que são as instituições? Usamos o termo com frequência, tanto nas discussões cotidianas quanto nos textos acadêmicos, mas o que ele significa? A primeira definição que vem à mente, ao menos entre cientistas políticos, é a de grandes edifícios governamentais com letreiros metálicos indicando que ali fica o congresso ou um ministério. Uma segunda possibilidade são instituições sociais, como o casamento, a igreja ou mesmo as leis. Podemos até pensar em instituições ainda mais amorfas, baseadas em normas ou discursos - até mesmo um clube ou uma equipe esportiva - que exerçam influência sobre o comportamento individual porque os indivíduos tomaram conhecimento dos valores e os aceitaram. Mas será que algumas linhas de código de programação podem ser uma instituição?

Todas as versões das instituições mencionadas são familiares, e em geral aceitas, mas os autores deste livro ampliaram nossa possibilidade de pensar a respeito do que é uma instituição e do que as instituições devem se tornar. A literatura institucional originada da teoria da escolha racional reforça que as instituições são regras que moldam o comportamento dos indivíduos.[1] Se pensarmos em algoritmos - as tais linhas de código - como instituições, no entanto, em certa medida as regras não mais precisam ser interpretadas pelos indivíduos, pois passam a garantir sua própria efetivação.

1 Ver Elinor Ostrom, "Rational Choice Theory and Institutional Analysis: Toward Complementarity". *American Political Science Review*, v. 85, n. 1, 1991.

Neste prefácio a um livro tão importante, quero refletir sobre o significado de instituições algorítmicas pela perspectiva de alguém interessado na administração e nas políticas públicas, bem como na teoria institucional. Conforme apontam os três autores, a concepção institucional de um algoritmo tem aplicações que vão muito além da esfera do governo, mas, para mim, alguns de seus principais impactos ocorrem no setor público. Isso se deve principalmente ao fato de esse domínio, já bastante povoado por instituições, ter requisitos especiais de justiça e equidade. Quando o Estado lida com seus cidadãos, é fundamental que ele e seus agentes atuem *sine ira et studio*. Apesar das aparências em contrário, essas demandas por justiça podem não ser atendidas pela aderência robótica a uma fórmula simples, por mais bem-desenhado e bem-intencionado que seja o algoritmo.

O algoritmo tem certas semelhanças com as concepções mais costumeiras de instituições. A mais importante é que o algoritmo molda os resultados das organizações e aplica regras a indivíduos. Se tomarmos a burocracia pública como exemplo de instituição "normal", então as regras pelas quais os burocratas aplicam a lei a casos individuais são, em certa medida, análogas a algoritmos, e mesmo pesquisadores e profissionais que desejam limitar a autonomia dos burocratas e das burocracias buscaram desenvolver meios de garantir que as decisões sigam a letra da lei.[2] Um algoritmo que substituísse o arbítrio de indivíduos poderia garantir essa inflexibilidade, mas talvez a certo custo para os clientes do *software*.

A dimensão histórica de algoritmos como instituições também é análoga ao que pode ser visto em instituições mais convencionais. Instituições de todos os tipos representam preferências

2 Mathew D. McCubbins, Roger G. Noll e Barry R. Weingast, "Administrative Procedures as Instruments of Political Control". *Journal of Law, Economics and Organization*, v. 3, n. 2, 1987.

solidificadas e, em certa medida, são produto de seu tempo e lugar. Embora isso seja capaz de trazer benefícios por gerar estabilidade, também pode consolidar ideias e preferências que são menos desejáveis. Hoje sabemos, por exemplo, que algoritmos usados em sentenças judiciais tendem a institucionalizar certas ideias negativas corriqueiras sobre infratores, bem como, por vezes, determinadas atitudes em relação à raça. Portanto, o desenho dessas soluções de políticas deve ser ainda mais cuidadoso que o de outras.

Embora de fato reflitam preferências históricas, as instituições mudam, às vezes de maneira drástica, mas com maior frequência pouco a pouco.[3] Instituições compostas por humanos, e não por fórmulas, respondem a seus próprios sucessos e fracassos, bem como a mudanças em seu ambiente, a fim de se adaptar. Elas podem, é claro, cometer erros conforme aprendem, mas podem tentar se adaptar. Algoritmos como instituições podem ter mais dificuldade em se adaptar, dado que serão exigidas mudanças mais intencionais, em vez daquelas mais orgânicas que ocorrem com instituições humanas.

Novamente, como meu foco aqui são instituições e atividades que integram o setor público, essas dificuldades em mudar uma instituição algorítmica tornam-se mais evidentes. A maioria dos algoritmos empregados precisará de alguma forma de legitimação, seja pelo Legislativo, seja por normas infralegais implementadas pela burocracia. Modificá-los também envolveria algum tipo de ação oficial, e isso pode abrir a área de políticas públicas a mudanças indesejadas, sobretudo quando há oposição de forças políticas poderosas aos padrões de política existentes. Políticas públicas implementadas por indivíduos podem mudar

3 James Mahoney e Kathleen Thelen, "A Theory of Gradual Institutional Change", in J. Mahoney e K. Thelen (orgs.), *Explaining Institutional Change: Ambiguity, Agency, and Power*. Cambridge: Cambridge University Press, 2009.

“conforme a maré”, mas aquelas contidas em uma fórmula não mudam tão rapidamente.

Além dessa questão importantíssima da adaptação das políticas, há algumas diferenças importantes entre instituições algorítmicas e instituições convencionais. Um dos paradoxos das instituições e da teoria institucional é que, embora as instituições sejam projetadas e moldadas por humanos, os humanos também se sentem vinculados a elas. Esses vínculos dos membros das instituições decorrem em grande medida da socialização e do aprendizado de valores e regras da instituição. Assim, apesar das questões políticas já mencionadas, a mudança pode ser mais fácil porque os indivíduos não têm que ser convencidos da adequação da mudança nem ressocializados em outro conjunto de valores.

Talvez a diferença crucial entre algoritmos como instituições e outras formas de instituições seja que, na versão algorítmica, as decisões importantes já foram tomadas quando a instituição é criada. A descrição das instituições em geral destaca que elas são importantes por moldarem outras decisões, mas nesse caso é a construção do algoritmo que é a decisão fundamental, e decisões sobre casos individuais são um mero produto da decisão inicial. Isso acaba por garantir o que parece ser a administração perfeita. Na maior parte dos entendimentos sobre instituições, os indivíduos concebem uma instituição por meio de suas interações e só depois os aderentes a ela aceitam as normas e regras.

Além disso, as instituições algorítmicas são mais capazes de se sustentar por conta própria. Costumamos conceber instituições de tal modo que funcionem no interior de um campo composto de outras instituições e que interajam constantemente com elas. A burocracia pública como instituição interage com executivos políticos, parlamentos e tribunais. Também interage com instituições mais amorfas, como a lei e os mercados. Algoritmos, por outro lado, não interagem prontamente com os demais. A coordenação é sempre um desafio para organizações, tanto no setor público quanto no privado, mas essa forma de tomada de decisão pode exacerbar tais dificuldades.[4]

A natureza autossustentada dos algoritmos como instituições significa que, infelizmente, eles serão menos capazes de realizar algumas das tarefas que tornam outras formas de instituição tão importantes. Em primeiro lugar, um algoritmo pode ser incapaz de prover estabilidade. Enquanto as instituições, no sentido usual, estruturam interações e podem impor regras para votação que geram estabilidade, algoritmos não possibilitam tais interações. Algoritmos terminam por ser uma solução fechada, não permitindo negociação e interações que conformem normas sociais mais abertas e atentas aos problemas de ação coletiva.

Uma questão importante que emerge com as instituições algorítmicas é saber em que medida os casos aos quais o algoritmo se aplica são suficientemente similares para que a aplicação seja equitativa. As aplicações talvez sejam iguais, mas não sejam equitativas. Um cliente em potencial ao qual são negados benefícios sociais, por exemplo, pode não ter direito a eles oficialmente, de modo que a máquina toma uma decisão tecnicamente correta ao negá-los. No entanto, sabemos, com base em estudos sobre burocracia de atendimento direto ao público,[5] que os humanos, ao tomar decisões, fazem ajustes e escolhas que podem violar a letra da lei.

As questões levantadas sobre os algoritmos como instituições apontam claramente para a necessidade de monitorá-los

4 Isso pode ser análogo à criação de organizações autônomas ou quase autônomas na Nova Gestão Pública. Elas foram planejadas para agir com autonomia, de fato o fizeram e, com isso, geraram grandes problemas de governança. Koen Verhoest et al., *Autonomy and Control of State Agencies: Comparing States and Agencies*. London: Palgrave Macmillan, 2010.

5 Ver Peter Hupe (org.), *Research Handbook on Street-Level Bureaucracy*. Cheltenham/Northampton: Edward Elgar, 2019.

de perto, em paralelo a outras inovações no governo, tais como a inteligência artificial. Pode parecer que essas inovações abrem oportunidades para a igualdade nas decisões, assim como para uma implementação mais efetiva. Porém, tal como ocorre com qualquer inovação tecnológica, elas também têm potencial para "sair pela culatra", com consequências imprevistas que solapam os benefícios gerados.[6]

Até aqui, discuti as implicações de uma forma algorítmica das instituições para a administração pública e as políticas públicas. Há também, contudo, importantes implicações para a teoria institucional que devem ser consideradas. A questão mais óbvia é: como delimitar o que constitui uma instituição? Se determinada regra for aceita e aplicada em certo domínio e persistir com o tempo, isso faz dela uma instituição? Ou ela segue sendo meramente uma regra que manifesta uma instituição? O fato de ser um algoritmo em vez de outro tipo de regra funciona a favor ou em detrimento de seu caráter institucional?

Se eu aceitar, como tenho feito, o algoritmo como uma instituição, de que modo ele se encaixa nas teorias institucionais existentes? A conexão mais óbvia é com as versões da teoria institucional ligadas à escolha racional que dependem de regras para estruturar o comportamento, tanto dentro quanto fora da instituição. A diferença é que os algoritmos dependem de outras explicações no que diz respeito à sua criação – o algoritmo nada diz sobre os processos internos da organização ou instituição que o desenvolveu. Podemos ser capazes de inferir as preferências dos membros da instituição, mas não de discernir o processo. Não seria importante entender como as instituições funcionam, bem como o que elas produzem?

6 Edward Tenner, *Why Things Bite Back: Technology and the Revenge of Unintended Consequences*. New York: Knopf, 1996.

Em termos de mudança institucional, a versão algorítmica é mais próxima às versões originais do institucionalismo histórico que dependiam do "equilíbrio pontuado" para descrever a mudança. Isso contrasta com versões segundo as quais a mudança ocorre mais prontamente por meios incrementais. Portanto, a perspectiva algorítmica das instituições pode sacrificar parte da estabilidade geralmente associada a elas. Não deixa de ser paradoxal que essa versão de uma instituição possa ser extremamente estável quando em funcionamento, embora não esteja aberta à mudança adaptativa, de modo que as mudanças são potencialmente mais radicais.

Em suma, este livro fornece uma concepção inovadora e intrigante tanto das instituições como das fórmulas que influenciam cada vez mais nossa vida. Ele com certeza levará quem o lê a confrontar este mundo em mudança acelerada no qual vivemos, no qual a tomada de decisões algorítmica é apenas um dos desafios postos pelo mundo digital. Eu examinei essas mudanças principalmente pela perspectiva de um cientista social interessado em governança pública, mas as implicações deste livro são muito mais abrangentes e merecedoras de cuidadosa consideração e debate.

B. GUY PETERS é professor de ciência política na Universidade de Pittsburgh e editor fundador das revistas *European Political Science Review* e *Governance*. É autor, entre outros, de *The Politics of Bureaucracy* (2002).

Introdução

Este livro nasceu de uma questão que permeava nossas conversas multidisciplinares sobre o futuro de um mundo tão perpassado por tecnologias digitais: "E se os algoritmos fossem concebidos como instituições?". Decidimos mergulhar numa pesquisa sobre essa pergunta. Mas o que significa pensar em algoritmos como instituições? E por que deveríamos fazê-lo? Como processos orientados por algoritmos afetam instituições tradicionais da vida contemporânea? Quais são os benefícios potenciais de abordar algoritmos usando as lentes do novo institucionalismo? À medida que os algoritmos se entrelaçam com toda e qualquer parte da vida social, como a sociedade pode ter algum controle sobre as decisões algorítmicas? Haveria justificativas legítimas para decisões algorítmicas autônomas? Que tipo de relações ligariam os sistemas algorítmicos às crises democráticas vividas hoje no mundo todo?

Este livro não surgiu apenas da análise cuidadosa de uma bibliografia multidisciplinar abrangente. Ele também é a materialização de nossa pesquisa acadêmica, de nossas aulas e de nossa experiência no governo. Também se beneficiou de diversas trocas com colegas de diferentes áreas e países. É um livro multidisciplinar, que analisa o papel dos algoritmos para a construção da ação humana na sociedade contemporânea com base em conhecimentos oriundos da ciência política, da ciência da computação, dos estudos de comunicação e da sociologia.

Um ponto importante deste livro é justamente que nós – todos nós – somos parte de um ecossistema digital global mediado por algoritmos que têm impacto no comportamento coletivo e individual. Conceber algoritmos como instituições é buscar entendê-los como conjuntos de regras formais e informais que estabelecem contextos nos quais ocorrem interações humanas e algorítmicas. Os benefícios dos algoritmos não estão em questão: eles com frequência otimizam recursos escassos, proveem serviços eficientes em grande escala e criam maneiras de gerenciar a complexidade do mundo moderno. No entanto, quando olhamos além da fachada de eficiência tecnológica e conveniência, surge uma realidade mais complexa. Em muitas situações, os sistemas algorítmicos reproduzem vieses ou formas de discriminação, ampliam desigualdades, violam princípios de direitos humanos e tomam decisões que não podem ser explicadas. Este livro explora casos que demonstram o impacto dos algoritmos tanto em países desenvolvidos como naqueles em desenvolvimento.

O argumento central deste livro é que os algoritmos não apenas estão modificando as instituições existentes como podem ser concebidos, eles mesmos, como instituições, na medida em que configuram contextos de interação e criam trilhas para o desenvolvimento, induzindo ou tolhendo determinados comportamentos, com consequências coletivas. Os algoritmos estão reformulando as condições para a ação em muitos contextos, pois estruturam regras, normas e significados que embasam a ação social.

Pensar nos algoritmos como instituições requer uma teoria que forneça explicações quanto à maneira como eles moldam as ações humanas em diferentes contextos sociais e políticos. Tanto no âmbito privado quanto no público, sistemas algorítmicos desempenham diferentes atividades e tomam decisões sobre diferentes assuntos da vida social e política. Os sistemas algorítmicos permeiam a maneira pela qual diferentes organizações tomam decisões e criam novos contextos para a agência humana na sociedade. Em governos, por exemplo, os sistemas algorítmicos tomam decisões sobre a alocação de recursos ou a auditoria de benefícios públicos. Sistemas algorítmicos são usados por organizações públicas ou privadas a fim de otimizar sua capacidade de agenciamento para propósitos políticos, comerciais, econômicos, sociais ou culturais. A abrangência dos sistemas algorítmicos é uma nova realidade que afeta profundamente a sociedade e a política, com significativas implicações para as regras e normas que guiam a ação.

Cabe dizer que a concepção dos algoritmos como instituições não é inteiramente nova. Philip Napoli sugeriu-a explicitamente quando defendeu que, com o desenvolvimento das mídias sociais, o institucionalismo poderia ser proveitoso para analisar mudanças na produção e no consumo midiáticos. Antes dele, e de maneira mais implícita, as origens da ideia de que os algoritmos podem ser interpretados como instituições remontam a Lessig, que argumentou com "o código é uma lei". Ambos os autores lançam luz sobre o papel dos códigos no estabelecimento das regras que guiam a agência sociotécnica.

Este livro procura dar continuidade a essa ideia, desenvolvendo um referencial adequado a uma compreensão institucionalista das origens, transformações, interações e consequências dos sistemas algorítmicos. A diferença é que ele explora até que ponto a teoria institucional pode contribuir para o entendimento do sentido dos algoritmos como novas instituições da sociedade. Ao recorrer às teorias institucionais, o livro fornece uma grade analítica abrangente que descortina diversas dimensões das dinâmicas sociopolíticas dos sistemas de algoritmos. Sua inovação está, portanto, na capacidade de reunir um *insight* e diferentes debates contemporâneos a respeito de algoritmos em uma única perspectiva abrangente.

A perspectiva do *institucionalismo algorítmico* entende os algoritmos como instituições planejadas e criadas por meio de múltiplas interações em redes sociotécnicas, o que afeta a distribuição de recursos por meio do estabelecimento de relações de poder. Além disso, essa perspectiva chama a atenção para a constituição e a transformação históricas dos sistemas algorítmicos, para as regras e normas que passam a vigorar por meio deles, para a maneira como atores sociais atuam com essas regras e para a natureza discursiva dos algoritmos. Apesar de nossa grade analítica ser abrangente, não defendemos que ela seja definitiva e convidamos outros pesquisadores dispostos a contribuir com essa agenda para desenvolverem outras dimensões potenciais em que o enfoque da teoria institucional possa ajudar a fazer avançar um entendimento em profundidade das consequências sociopolíticas dos algoritmos.

Além de sua abrangência - e abertura a futuros desenvolvimentos -, a perspectiva do institucionalismo algorítmico proposta neste livro pode contribuir em mais um aspecto. Ela não apenas é suficientemente complexa para reunir diferentes dimensões do fenômeno investigado (ou seja, dos sistemas algorítmicos) como também é suficientemente flexível para ser aplicada em diferentes níveis e em diversas unidades de análise. O institucionalismo algorítmico pode auxiliar na compreensão de algoritmos específicos, mas também de cenários macro nos quais diferentes algoritmos se cruzam em sistemas complexos. Ele pode ser mobilizado para desvendar o sentido de alguns desenvolvimentos tecnológicos em especial (como os algoritmos de aprendizado de máquina [*machine learning*] e sistemas de recomendação), da maneira como certos atores empregam algoritmos para modificar suas atividades (tais como governos, tribunais ou empresas de investimentos) ou mesmo de determinadas áreas e questões de políticas públicas (para ficar em dois exemplos, no bem-estar social e na segurança). A flexibilidade dessa perspectiva possibilita diferentes tipos de análise em diferentes níveis que sejam relevantes para um entendimento abrangente da maneira pela qual os algoritmos funcionam como instituições e afetam as instituições existentes. Com isso, convida-se a uma atenção autorreflexiva à legitimidade dessas instituições, abrindo caminho para um debate sobre as possibilidades e os obstáculos à democratização dos algoritmos.

No decorrer do livro, tentamos explorar essas múltiplas possibilidades, chegando à discussão política sobre a democratização dos sistemas algorítmicos. O livro tem três partes. A primeira (capítulos 1 e 2) usa a lente analítica da teoria institucional para lidar com os problemas, as consequências e as dinâmicas envolvidas na abordagem dos algoritmos como instituições. O novo institucionalismo viabiliza a expansão das possibilidades analíticas no sentido de compreender os algoritmos e a maneira pela qual eles são incorporados a sistemas que tomam decisões e moldam o comportamento social. Para avançar nessa compreensão, elaboramos uma grade analítica para analisar algoritmos como instituições da sociedade moderna.

A segunda parte (capítulos 3 a 5) analisa três casos que demonstram como os algoritmos podem ser vistos como instituições construídas a partir de dinâmicas sociais de *design*, inserem-se em contextos históricos, refletem relações de poder, têm funções regulatórias, estão suscetíveis a serem burlados, moldam e incorporam dinâmicas discursivas da sociedade. Cada capítulo dessa parte olha para os algoritmos em diferentes níveis e enfoca diferentes unidades de análise, mostrando a flexibilidade da grade analítica desenvolvida na primeira parte do livro.

A terceira parte (capítulo 6 e "Considerações finais") volta-se ao desafio de desenvolver abordagens que democratizem a nova ordem política, influenciada pela expansão global dos sistemas de tomada de decisão orientados por algoritmos nos governos e nas grandes empresas de tecnologia. É necessário adotar novas lentes analíticas, novos pressupostos e abordagens a fim de garantir que as interações entre humanos e algoritmos sejam legítimas e imbuídas de espírito democrático, baseadas no respeito à autonomia humana. E essas novas abordagens talvez exijam rever teorias estabelecidas e *insights* perdidos a fim de que se possam compreender fenômenos em ascensão.

1. algoritmos como instituições

Digamos que, certo dia, um grupo precise ir do *campus* de Harvard, em Cambridge, Massachusetts, até o terminal B do Aeroporto Logan, em Boston. Eles estão com pressa e não podem ir de transporte público, então decidem recorrer a um aplicativo instalado em um *smartphone* para chamar um Uber. Cinco minutos depois, o carro busca os passageiros em Harvard e leva meia hora para deixá-los no aeroporto.

Os algoritmos de hoje alocam, otimizam e aferem o trabalho de uma ampla e diversificada força de trabalho, e a Uber não foge à regra. Tal como muitas outras companhias baseadas em algoritmos, a Uber os utiliza para gerenciar seus milhões de motoristas em cidades do mundo inteiro, instruindo-os quanto aos passageiros a serem atendidos, o valor das corridas e a rota a ser seguida.[1] A Uber usa algoritmos de preço dinâmico para definir o preço das corridas e algoritmos de roteamento de veículos para determinar o melhor trajeto até o destino da viagem. Algoritmos de reconhecimento facial verificam a identidade a fim de detectar fraudes, e outros algoritmos avaliam o desempenho dos motoristas. A Uber tem ainda sistemas algorítmicos que possibilitam aos prestadores de serviço dar notas aos passageiros após o fim de uma corrida. Por meio da gestão algorítmica, um pequeno número de gestores humanos supervisiona milhares de motoristas em um modo otimizado de larga escala.[2] Do ponto de vista de motoristas e clientes, os algoritmos da Uber parecem ser caixas-pretas indevassáveis: eles organizam diferentes aspectos do transporte a partir de regras, e os únicos elementos visíveis

1 Min Kyung Lee et al., "Working with Machines: The Impact of Algorithmic and Data-Driven Management on Human Workers". *Proceedings of the 33rd Annual ACM Conference on Human Factors in Computing Systems*, New York, Association for Computing Machinery, 2015.
2 Ibid.

são as interfaces do aplicativo nos *smartphones* e os resultados que elas mostram.[3]

A Uber é um bom exemplo da economia de compartilhamento, com empresas movidas a dados, algoritmos e *smartphones*. Um primeiro olhar para a economia de compartilhamento deve considerar os benefícios e as preocupações trazidos por empresas como Uber, 99, Airbnb e outras. Os benefícios aos consumidores incluem características como a conveniência de pedir um carro e pagar pelo *smartphone*, tarifas baixas e tempos de espera reduzidos. Entre outros benefícios potenciais, as empresas da economia de compartilhamento promovem a eficiência ao reduzir custos de busca e fornecer mais opções aos consumidores. Elas também possibilitam que pessoas desempregadas ganhem algum dinheiro.

Ainda que a Uber tenha se tornado extremamente popular, não faltam preocupações a respeito do impacto social e econômico das companhias baseadas em algoritmos. Para citar apenas uma dessas questões, a condição de trabalho precarizada dos motoristas da Uber evidencia as novas formas de exploração da economia de mercado contemporânea. A literatura estadunidense sobre o assunto traz ainda evidências de discriminação racial entre prestadores de serviços e consumidores, expressas em um viés discriminatório em relação a passageiros com nomes afro-americanos, que enfrentam tempos de espera mais longos.[4] A opacidade dos algoritmos da Uber, como é o caso da precificação dinâmica, levanta dúvidas quanto a transparência, confiabilidade, justiça e eficácia do serviço.[5]

3 Le Chen, Alan Mislove e Christo Wilson, "Peeking Beneath the Hood of Uber". *Proceedings of the 2015 Internet Measurement Conference*, New York, Association for Computing Machinery, 2015.

4 Ryan Calo e Alex Rosenblat, "The Taking Economy: Uber, Information, and Power". *Columbia Law Review*, v. 117, n. 6, 2017.

5 M. K. Lee et al., "Working with Machines", op. cit.

Não bastasse isso, a Uber – como muitas outras empresas da economia de compartilhamento – tem a capacidade de monitorar e coletar dados que refletem, em detalhe, as atividades dos motoristas e dos passageiros. A complexidade de seus algoritmos e da tecnologia de monitoramento das operações destaca profundas assimetrias de informação e poder que afetam tanto usuários como prestadores de serviços.[6] A Uber é a única entidade que controla as informações detalhadas de seu ecossistema: o processo de tomada de decisões e os dados usados por seus algoritmos não estão disponíveis para motoristas ou passageiros.

O uso de algoritmos para aprimorar a eficiência e a precisão dos processos administrativos cresce na mesma medida que as preocupações sobre o impacto desse tipo de automação no local de trabalho. Os algoritmos oferecem oportunidades poderosas de gestão que podem reconfigurar as relações de trabalho dentro das organizações. Há três dimensões relevantes aqui.[7] Em primeiro lugar, a supervisão de trabalhadoras e trabalhadores ocorre por meio de algoritmos de restrição e recomendação que impõem o que deve ser executado, quando e em que ordem. Em segundo, as avaliações de trabalhadoras e trabalhadores são realizadas por algoritmos de registro e ranqueamento que identificam problemas e erros cometidos por essas pessoas e então aferem seu desempenho. A terceira dimensão diz respeito aos procedimentos algorítmicos que asseguram a conformidade com as regras e normas do trabalho, recompensando em tempo real trabalhadoras e trabalhadores que seguirem comportamentos predefinidos como corretos.

6 Alex Rosenblat e Luke Stark, "Algorithmic Labor and Information Asymmetries: A Case Study of Uber's Drivers". *International Journal of Communication*, v. 10, 2016.

7 Katherine Kellogg, Melissa A. Valentine e Angèle Christin, "Algorithms at Work: The New Contested Terrain of Control". *Academy of Management Annals*, v. 14, n. 1, 2020.

A natureza e as implicações da gestão de trabalhadores por meio de algoritmos ainda não estão claras. Se olharmos para o cenário de motoristas de Uber, até o momento foram identificadas três áreas de reclamação constante quanto a trabalhar "para" algoritmos: vigilância constante, falta de transparência e desumanização.[8] O uso intensivo de práticas de vigilância – com algoritmos que, por meio do GPS, rastreiam a localização de motoristas e monitoram sua velocidade (bem como sua taxa de aceitação de pedidos de corrida) – faz parte do ambiente de trabalho. Motoristas são geridos sem ter conhecimento real dos processos algorítmicos ou dos dados coletados a seu respeito. Eles muitas vezes se sentem frustrados com a falta de transparência de funções essenciais da gestão algorítmica, como o recrutamento, a gestão do desempenho, a alocação do trabalho e as dispensas.[9] A falta de transparência também suscita sentimentos de desumanização relacionados ao processo de gestão algorítmica.

Esses sistemas algorítmicos são *assemblages* humano-máquina que compreendem uma ampla gama de algoritmos interconectados com a finalidade de regular as ações e os comportamentos de motoristas e consumidores. O cenário da Uber ilustra como os sistemas algorítmicos participam e se tornam parte da vida cotidiana ao redor do mundo. Isso levanta questões que serão abordadas neste livro, tais como: De que maneira devemos conceber o papel social dos algoritmos? É possível controlar os sistemas algorítmicos? Qual é o papel humano na tomada de decisões automatizada? Defendemos que o enfrentamento dos desafios associados aos múltiplos papéis desempenhados pelos sistemas algorítmicos requer novas lentes políticas e sociais que deem conta das mudanças trazidas por eles à sociedade. Ao longo

8 Mareike Möhlmann e Ola Henfridsson, "What People Hate About Being Managed by Algorithms, According to a Study of Uber Drivers". *Harvard Business Review*, 30 ago. 2019.
9 Ibid., p. 4.

deste livro, apresentamos a abordagem do institucionalismo algorítmico a fim de interpretar esse cenário.

Algoritmos

Algoritmos são um conceito fundamental da ciência da computação.[10] Eles podem ser descritos como sequências finitas de instruções ou passos bem-definidos com a finalidade de resolver um problema, uma tarefa ou um cálculo específico. O termo *algoritmo* deriva do nome do matemático persa Muhammad Ibn Musa al-Khwarizmi, que viveu no século IX e criou um procedimento formal bem-definido para derivar regras de cálculo.

O estudo e o uso de algoritmos são multidisciplinares e despertaram interesse em pesquisadores de praticamente todas as áreas da ciência, desde a ciência da computação, a matemática e a engenharia até a ciência social e política. Cientistas da computação tendem a enfocar seus trabalhos no *design* e na análise de algoritmos, determinando sua eficiência, correção e otimização a partir de uma perspectiva técnica. Isso significa que, dado um *input* para um problema, um algoritmo deve sempre produzir uma solução, de modo que sua eficiência é medida pela quantidade de tempo por ele requerida para chegar à solução correta.

Há, para cada problema, um conjunto de algoritmos capaz de implementar soluções de diferentes maneiras. Vários algoritmos podem ser usados para, por exemplo, ordenar números do menor para o maior, tais como Quicksort, Merge Sort, Bubble Sort e Heapsort.[11] Recentemente, houve um progresso notável

10 Donald Knuth, *The Art of Computer Programming*, v. 1: *Fundamental Algorithms*. Reading: Addison-Wesley, 1968.

11 Michael Kearns e Aaron Roth, *The Ethical Algorithm: The Science of Socially Aware Algorithm Design*. New York: Oxford University Press, 2020.

no *design* dos algoritmos.[12] Esse progresso pode ser caracterizado por uma ênfase na eficiência, na escalabilidade e na adaptabilidade deles. Tais marcos possibilitaram o desenvolvimento de novos algoritmos capazes de dar conta de aplicações cada vez mais complexas e diversificadas. Vários algoritmos populares refletem o avanço da área de teoria e *design* algorítmicos com o objetivo de desenvolver aplicações mais e mais complexas, incorporando ideias dos âmbitos da otimização e da privacidade, por exemplo.

Dentre os exemplos de algoritmos populares que refletem o avanço da área de teoria e *design* de algoritmos está o PageRank, que realiza a análise de *links* para hierarquizar as páginas nos resultados de ferramentas de busca na *web*. A heurística do problema do caixeiro-viajante é uma espécie de algoritmos de otimização para encontrar a rota mais curta entre um conjunto de pontos e locais que devem ser visitados. Eles são amplamente usados em logística, planejamento e aplicativos de transporte. Dado que os algoritmos têm sido cada vez mais usados em aplicativos com impacto na sociedade, ponderações explícitas com relação a privacidade e valores sociais têm sido incorporadas ao desenvolvimento de algoritmos. Por exemplo, algoritmos de privacidade diferencial são projetados para proporcionar garantias de privacidade para a análise estatística de dados sensíveis. Eles acrescentam uma quantidade calibrada de ruído aos resultados da análise de dados com o objetivo de proteger a privacidade individual sem prejudicar a precisão da análise.

O desenvolvimento de algoritmos avançados está associado à evolução da capacidade computacional e à proliferação de *big data*. Em vez de especificar as regras e o passo a passo dos trajetos

12 Stuart Russell e Peter Norvig, *Artificial Intelligence: A Modern Approach*. Hoboken: Pearson, 2021.

a serem seguidos, como ocorre com algoritmos tradicionais, os algoritmos de aprendizado de máquina [*machine learning*] são *softwares* que aprendem a partir de exemplos, de dados e da experiência. Eles fazem parte de uma família de métodos de inteligência artificial (IA) que inclui aprendizado profundo [*deep learning*] e aprendizado por reforço [*reinforcement learning*].[13] Esses algoritmos são o motor de *softwares* modernos incorporados a assistentes pessoais virtuais, veículos autônomos, sistemas de recomendação, ferramentas de reconhecimento de voz e de imagem e serviços de tradução.

Resumidamente, um algoritmo de aprendizado de máquina usa dados como *input* e produz um modelo que representa os padrões aprendidos a partir deles. Com base em estatísticas e na teoria da probabilidade, os programas de computador que recorrem ao aprendizado de máquina geram resultados com algum grau de incerteza quanto a serem úteis ou ótimos. Os algoritmos de aprendizado de máquina definem um processo para analisar um conjunto de dados e identificar seus padrões recorrentes.

O aprendizado de máquina é composto de dois passos – treinamento e inferência –, e o processo de treinamento se organiza em três grupos. No caso do aprendizado de máquina supervisionado, um sistema é treinado com dados que foram rotulados. O sistema então usa essa informação para prever as categorias para dados novos ou de "teste".[14] Sem dados anotados, os algoritmos de aprendizado não supervisionado analisam e agrupam conjuntos de dados que não foram rotulados. O aprendizado de reforço enfoca o aprendizado a partir da experiência e se encontra a meio-caminho entre o aprendizado supervisionado e o não

13 John Kelleher, *Deep Learning*. Cambridge: MIT Press, 2019.

14 Royal Society, *Machine Learning: The Power and Promise of Computers that Learn by Example*. London, 2017.

supervisionado. Os algoritmos de aprendizado profundo - um subcampo dos algoritmos de aprendizado de máquina - são redes neurais artificiais inspiradas por ideias trazidas da fisiologia e da neurociência. Uma vez que o modelo tenha sido treinado, a segunda parte dos algoritmos de aprendizado de máquina é a inferência, processo no qual o modelo é usado para gerar novos valores para os exemplos.

Os conceitos apresentados neste livro são aplicáveis tanto aos algoritmos tradicionais como aos de aprendizado de máquina. Ambos cumprem tarefas como elementos de racionalização da organização da sociedade, estabelecendo regras que configuram contextos de interação. Nossa ênfase primária recai nos algoritmos de alto risco que podem ter consequências públicas ou de impacto, independentemente de sua classificação e de seu uso ser público ou privado. O uso de algoritmos em várias áreas de alto risco pode ter consequências significativas para a vida das pessoas e seus direitos fundamentais. Entre estes, podemos mencionar serviços essenciais públicos e privados, infraestrutura fundamental, treinamento educacional e vocacional, emprego, gestão de trabalhadores e aplicação da lei.

Estariam os algoritmos mudando a sociedade?

Softwares estão incorporados em quase todas as facetas de nossa vida. Em um dia comum, uma pessoa se depara com centenas de *softwares* organizados e estruturados por algoritmos que comandam todo tipo de equipamento e serviço digital usado para comunicar, trabalhar, conectar-se com outras pessoas e consumir bens e serviços. Os algoritmos são, portanto, tecnologias de uso geral que impactam múltiplas esferas da sociedade. "A promessa dos algoritmos atravessa campos sociais e políticos de maneira global, abrangendo desde políticas de segurança até a ação humanitária."[15]

As decisões algorítmicas já comandam muitos serviços públicos e privados, tais como recrutamento de recursos humanos, aprovação de hipotecas, processamento de vistos e policiamento preditivo. Elas têm sido utilizadas na tomada de decisões na justiça criminal, na distribuição de benefícios sociais, nos sistemas de acesso a empréstimos e em processos de contratação, com consequências de enorme impacto para a vida das pessoas. De forma semelhante, as plataformas de mídias sociais usam algoritmos para controlar o fluxo de informação para usuários, com o potencial de influenciar decisivamente sua formação social, cultural e política, bem como o comportamento coletivo. Spotify, TikTok, x (ex-Twitter), Netflix, YouTube, Facebook, Tinder e Amazon são apenas algumas das plataformas algorítmicas que afetam bilhões de vidas em todo o mundo, influenciando a cultura, os valores compartilhados e a identidade de diferentes grupos sociais.

Diversos estudos têm mostrado como os algoritmos afetam as pessoas em variadas dimensões, tais como o estado de espírito, as preferências políticas e a sociabilidade.[16] Resultados de pesquisas experimentais indicam que as emoções expressas por terceiros no Facebook, por exemplo, podem influenciar nossas próprias emoções, apontando para uma espécie de contágio em larga escala via mídias sociais.[17] De fato, os algoritmos de mídias sociais podem influenciar as preferências das pessoas em

15 Claudia Aradau e Tobias Blanke, *Algorithmic Reason: The New Government of Self and Other*. Oxford: Oxford University Press, 2022, p. 3.

16 Robert Epstein e Ronald E. Robertson, "The Search Engine Manipulation Effect (SEME) and Its Possible Impact on the Outcomes of Elections". *Proceedings of the National Academy of Sciences of the United States of America*, v. 112, n. 33, 2015.

17 Adam D. I. Kramer, Jamie E. Guillory e Jeffrey T. Hancock, "Experimental Evidence of Massive-Scale Emotional Contagion through Social Networks". *Proceedings of the National Academy of Sciences of the United States of America*, v. 111, n. 24, 2014.

inúmeros contextos, desde eleições até encontros amorosos.[18] Um estudo realizado em plataformas de mídias sociais mostra que alguns sistemas algorítmicos direcionaram usuários para conteúdos radicais e extremistas, de modo a exacerbar seu viés político e contribuir para a polarização da sociedade.[19] Muitas situações dos dias atuais trazem consigo múltiplas interações com aplicativos e plataformas digitais, uma composição em que tanto humanos quanto algoritmos têm participação ativa.[20]

Sistemas algorítmicos poderiam ser vistos como agentes em determinados contextos, quando são projetados para agir com autonomia ou tomar decisões por conta própria. Tipicamente, os algoritmos computacionais trabalham como agentes; eles desempenham funções burocráticas, tais como classificar e hierarquizar pessoas e dados. Patrick Henry Winston, por exemplo, define os algoritmos de inteligência artificial como "o estudo de computações que tornam possível perceber, raciocinar e agir".[21] E Stuart Russell define-os como agentes que percebem um fluxo de dados de entrada [*inputs*] e produzem um fluxo de dados de saída [*outputs*] para concretizar um objetivo.[22] Essa condição de agência é atribuída a sistemas algorítmicos por meio de regras e procedimentos presentes em seus códigos complexos. Os algoritmos não são, porém, agentes completamente autônomos; na realidade, são artefatos sociotécnicos moldados em contextos e incorporam regras

18 Ujué Agudo e Helena Matute, "The Influence of Algorithms on Political and Dating Decisions". *PLOS One*, v. 16, n. 4.

19 Manoel Horta Ribeiro et al., "Auditing Radicalization Pathways on YouTube". *Proceedings of the 2020 Conference on Fairness, Accountability, and Transparency*, 2020.

20 Daniel Neyland, *The Everyday Life of an Algorithm*. Cham: Palgrave Pivot, 2019.

21 Patrick Henry Winston, *Artificial Intelligence*. Reading: Addison-Wesley, 1992.

22 Stuart Russell, *Human Compatible: Artificial Intelligence and the Problem of Control*. New York: Viking, 2019.

para influenciar o comportamento humano.[23] Os algoritmos de mídias sociais, por exemplo, exercem sua agência quando "selecionam e priorizam conteúdos ao traduzir a atividade dos usuários nos tópicos mais relevantes ou de maior engajamento no momento [*trending topics*]".[24]

Algoritmos de recomendação, algoritmos de identificação de imagens, buscadores, algoritmos de roteamento e "agentes" digitais como a Alexa são exemplos de algoritmos que reduzem ou eliminam a necessidade de envolvimento humano em algumas tarefas. Os algoritmos são mobilizados nas instalações de fronteira, por exemplo, para substituir decisões humanas em operações de segurança.[25] Da mesma maneira, algoritmos de pontuação de crédito são usados para aferir a adequação de um candidato a um empréstimo. Claudia Aradau e Tobias Blanke falam da ascensão de uma razão algorítmica, que "torna possível a implementação de algoritmos para governar a conduta de indivíduos e populações inteiras, de amigos e inimigos, da normalidade e da anormalidade perpassando mundos sociais e fronteiras políticas".[26]

A agência humana e a agência da máquina, no entanto, têm características distintas. Ambas tomam decisões que levam a consequências individuais e coletivas,[27] mas nosso entendimento de nós mesmos como agentes humanos inclui um amplo

23 Para uma discussão mais aprofundada sobre a sociologia dos artefatos mundanos, ver Bruno Latour, "Where Are the Missing Masses? The Sociology of a Few Mundane Artifacts", in W. E. Bijker e J. Law (orgs.), *Shaping Technology/Building Society: Studies in Sociotechnical Change*. Cambridge: MIT Press, 1992.

24 Thomas Poell e José van Dijck, "Social Media and Journalistic Independence", in J. Bennett e N. Strange (orgs.), *Media Independence: Working with Freedom or Working for Free?* London: Routledge, 2014, p. 188.

25 Louise Amoore, "The Deep Border". *Political Geography*, v. 96, 2021.

26 C. Aradau e T. Blanke, *Algorithmic Reason*, op. cit., p. 3.

27 Jeremy Rose e Matthew Jones, "The Double Dance of Agency: A Socio-theoretic Account of How Machines and Humans Interact". *Systems, Signs & Actions*, v. 1, n. 1, 2005.

senso de propósito e formas de consciência que não estão presentes nos *softwares* que implementam a agência algorítmica. Humanos nem sempre agem com base no custo-benefício ou na escolha racional; em vez disso, são motivados por uma ampla gama de comportamentos apropriados.[28]

O caso de um *chatbot* chamado "Tay" ilustra alguns diferenciais da agência algorítmica. O propósito do experimento era expor o robô a interações com usuários humanos para aprender seus hábitos discursivos. No entanto, em menos de 24 horas, o robô começou a gerar *tweets* inapropriados, usando linguagem racista, sexista e antissemita.[29] A Microsoft publicou, então, a seguinte declaração: "Infelizmente, nas primeiras 24 horas de sua disponibilização on-line, percebemos um esforço coordenado de alguns usuários por abusar das capacidades de comentário de Tay, de modo que respondesse de maneira inapropriada".[30] Esse experimento mostra claramente que o robô era incapaz de compreender o contexto e manter um senso de consciência.

A agência algorítmica é o resultado complexo de muitas camadas de interação, incluindo as intenções dos desenvolvedores, o retorno dado pelos usuários e as conexões com outros algoritmos, de modo que ela acaba por não ser totalmente previsível ou passível de conhecimento. Como descreve Nick Seaver, "os sistemas algorítmicos não são caixinhas que se sustentam por conta própria; são enormes e funcionam em rede, manuseados por centenas de mãos que os ajustam e afinam,

28 James G. March e Johan P. Olsen, "The Logic of Appropriateness", in R. E. Goodin, M. Moran e M. Rein (orgs.), *The Oxford Handbook of Public Policy*. Oxford: Oxford University Press, 2009.

29 Marty J. Wolf, Keith W. Miller e Frances S. Grodzinsky, "Why We Should Have Seen That Coming: Comments on Microsoft's Tay 'Experiment', and Wider Implications". *The* ORBIT *Journal*, v. 1, n. 2.

30 Alex Kantrowitz, "Racist Twitter Bot Went Awry Due to 'Coordinated Effort' by Users, Says Microsoft". *BuzzFeed News*, 24 mar. 2016.

trocando partes e experimentando novos arranjos".[31] Os sistemas algorítmicos incluem tipos muito distintos e variados de algoritmos, modelos, funções matemáticas, dados de treinamento, aplicativos, *hardware* e redes. Trata-se de arranjos sociotécnicos em que atores sociais e artefatos tecnológicos se entrelaçam de maneira complexa.[32]

Grandes sistemas de produção, como o *feed* de notícias do Facebook ou o sistema de recomendações do YouTube, usam múltiplos componentes de *softwares*, que incluem algoritmos convencionais e de aprendizado de máquina, com diferentes modelos, enormes conjuntos de dados de treinamento e funções e arquiteturas de rede complexas. Eles também dependem de intervenções humanas, como a definição de um conjunto de critérios para a moderação de conteúdo que reflita as regras empresariais, a cultura regional e a regulação nacional. O Waze é um bom exemplo para pensar as complexidades dos sistemas de decisão algorítmicos.[33] Ele mostra de que maneira atividades diárias, como a escolha de itinerários entre os pontos A e B, tornam-se cada vez mais automatizadas e delegadas a algoritmos capazes de tomar decisões. O Waze coleta em tempo real dados (tais como localização, velocidade, local de origem e destino e tempo de uso), a partir de centenas de milhões de aparelhos e motoristas, processando-os de modo a obter um conhecimento espacial inigualável sobre a cidade, para então entregar orientações personalizadas a motoristas. A centralidade dos algoritmos na operação do Waze torna difícil para a sociedade dissecar e discernir seus processos

31 Nick Seaver, "Knowing Algorithms", in J. Vertesi e D. Ribes (orgs.), *digitalSTS: A Field Guide for Science & Technology Studies*. Princeton: Princeton University Press, 2019.

32 Ben Green, "The Contestation of Tech Ethics: A Sociotechnical Approach to Technology Ethics in Practice". *Journal of Social Computing*, v. 2, n. 3, 2021.

33 Shenja van der Graaf, "In Waze We trust: Algorithmic Governance of the Public Sphere". *Media and Communication*, v. 6, n. 4, 2018.

e sugestões. Eran Fisher propõe que a espacialidade algorítmica introduzida pelo Waze e por serviços similares acrescenta dimensões políticas e epistêmicas à análise da tomada de decisões por algoritmos,[34] mas que contextos históricos, culturais e sociais no espaço urbano são desconsiderados. Essa falta de imbricação cria uma imagem do espaço que se choca com a maneira pela qual outros importantes *actantes* – em geral humanos – percebem-no e vivenciam-no. Por exemplo, pequenas cidades agora lidam com congestionamentos criados pelos algoritmos de serviços de navegações como Google Maps, Waze e Apple Maps, que sugerem atalhos por ruas residenciais estreitas e acidentadas.[35]

Esses algoritmos têm profundas implicações políticas, pois afetam a maneira como os usuários vivenciam uma realidade compartilhada. Na perspectiva de Taina Bucher, a dimensão política dos algoritmos se relaciona com sua capacidade de gerar novas maneiras de ordenar o mundo.[36] Para Randy Connolly, o poder é muitas vezes propiciado "pela construção de significado por meio da produção de conhecimento e distribuído pelos sistemas de comunicação".[37] Nessa mesma toada, David Beer discute o poder dos algoritmos a partir da seguinte questão: "Deveríamos tratá-los como linhas de código, como objetos, ou deveríamos vê-los como processos sociais em que o mundo social é incorporado ao substrato do código?".[38]

34 Eran Fisher, "Do Algorithms Have a Right to the City? Waze and Algorithmic Spatiality". *Cultural Studies*, v. 36, n. 1, 2022.

35 Lisa Foderaro, "Navigation Apps Are Turning Quiet Neighborhoods into Traffic Nightmares". *The New York Times*, 24 dez. 2017.

36 Taina Bucher, *If... Then. Algorithmic Power and Politics*. Oxford: Oxford University Press, 2018, p. 20.

37 Randy Connolly, "Why Computing Belongs within the Social Sciences". *Communications of the ACM*, v. 63, n. 8, 2020.

38 David Beer, "The Social Power of Algorithms". *Information, Communication & Society*, v. 20, n. 1, 2017.

Em sociedades permeadas por algoritmos,[39] o tecido social é modelado conjuntamente por camadas de comportamento humano e algorítmico, de modo que é preciso discutir maneiras de lidar com eventuais consequências danosas, e às vezes inesperadas, dos sistemas algorítmicos. Um estudo recente demonstrou, por exemplo, como o algoritmo automatizado de recorte de imagens do Twitter/x foi, em alguns casos, prejudicial à representação de grupos marginalizados, em especial pessoas negras e mulheres, reforçando a subordinação de determinados grupos segundo linhas de identidade[40]; a agência do usuário seria, assim, recomendável para se evitarem estereótipos de raça ou gênero.[41] Um texto de Kyra Yee e colaboradores defende o "*no crop*" [sem recorte] como um sinal de que o uso de algoritmos de aprendizado de máquina pode não ser apropriado para determinadas tarefas quando os riscos potenciais forem altos.[42]

No entanto, nem sempre a ampliação da agência humana é possível ou efetiva para lidar com muitos dos problemas potencialmente gerados por sistemas algorítmicos. Como veremos no capítulo 6, a transparência tanto dos resultados como dos procedimentos usados por sistemas algorítmicos é necessária para promover a *accountability*.[43] Explicar o comportamento de sistemas algorítmicos no mundo real, tais como as plataformas de busca e as de recomendação, entretanto, pode ser desafiador

39 Claudia Wagner et al., "Measuring Algorithmically Infused Societies". *Nature*, n. 595, 2021.

40 Kyra Yee et al., "Image Cropping on Twitter: Fairness Metrics, Their Limitations, and the Importance of Representation, Design, and Agency". *Proceedings of the ACM on Human-Computer Interaction*, v. 5, n. CSCW2, 2021.

41 Latanya Sweeney, "Discrimination in Online Ad Delivery: Google Ads, Black Names and White Names, Racial Discrimination, and Click Advertising". *Queue*, v. 11, n. 3, 2013.

42 K. Yee et al., "Image Cropping on Twitter", op. cit.

43 Nicholas Diakopoulos, "Transparency", in M. D. Dubber, F. Pasquale e S. Das (orgs.), *The Oxford Handbook of Ethics and AI*. New York: Oxford University Press, 2020.

ou mesmo impossível, dada a complexidade das interações entre humanos e algoritmos.

O desenvolvimento de algoritmos de inteligência artificial alcançou novos níveis de capacidade e funcionalidade, com tecnologias como modelos fundacionais, modelos generativos e modelos de linguagem. Tais avanços criaram ferramentas e aplicações nos mais variados domínios, acelerando o uso de inteligência artificial e oferecendo novas possibilidades para interações entre humanos e algoritmos.[44]

Chamamos de modelo fundacional qualquer modelo treinado com base em vastos conjuntos de dados que podem ser adaptados para diversas aplicações. A inteligência artificial generativa é um tipo de modelo que pode criar conteúdo como textos, imagens, áudio e código, em resposta a comandos [*prompts*] do usuário. É um conjunto de algoritmos posto em funcionamento graças a grandes conjuntos de dados de treinamento, com a finalidade de gerar conteúdo que pareça realista ou factual, embora possa ser enviesado, impreciso ou fictício. O modelo de linguagem é um tipo de inteligência artificial generativa especializado em gerar textos com características humanas e usado em diferentes aplicações: conversão de texto escrito em fala, tradução de idiomas e *chatbots*. Em função do uso de uma ampla gama de dados de treinamento não verificados, o potencial dos modelos de linguagem para gerar conteúdo pode levantar diversas questões. Entre os exemplos desses problemas estão a desinformação, a discriminação de grupos vulneráveis e as violações de privacidade e de direitos intelectuais.

Embora modelos de linguagem como o ChatGPT sejam capazes de produzir, em diálogos, conteúdo coerente e relevante para o contexto, eles levantam questões quanto ao papel tanto

44 Rishi Bommasani et al., "On the Opportunities and Risks of Foundation Models". Center for Research on Foundation Models (CRFM), 2021.

de humanos como de algoritmos.[45] A interação entre o ChatGPT e os usuários mostra uma combinação de agência algorítmica e agência humana. *Chatbots* têm a capacidade autônoma de gerar respostas e participar de conversas sem interferência humana. Eles mostram ter agência algorítmica ao compreender comandos, analisar o contexto e produzir respostas coerentes. Seres humanos, por sua vez, mantêm para si a agência de dar os comandos, fazer perguntas e fornecer instruções, de modo a influenciar o rumo e a matéria da conversa.

Apesar da opacidade técnica dos sistemas algorítmicos, os seres humanos têm lidado com situações que revelam a necessidade de estabelecer formas de regulação e governança para artefatos que não eram amplamente compreendidos ou compreensíveis.[46] Esse é um elemento central na maneira como as pessoas lidam com muitas instituições. Defendemos que – de maneira parecida com o que ocorre no caso de outras instituições – as tecnologias baseadas em algoritmos dos dias atuais operam como vetores que criam normas e regras (não necessariamente formais) para influenciar o comportamento individual, com resultados coletivos.[47] Algoritmos conformam o compor-

45 Chris Stokel-Walker e Richard Van Noorden, "What ChatGPT and Generative AI Mean for Science". *Nature*, v. 614, n. 7947, 6 fev. 2023.

46 Natascha Just e Michael Latzer, "Governance by Algorithms: Reality Construction by Algorithmic Selection on the Internet". *Media, Culture & Society*, v. 39, n. 2, 2017.

47 R. Epstein e R. Robertson, "The Search Engine Manipulation Effect (SEME) and Its Possible Impact on the Outcomes of Elections", op. cit.; Frank Pasquale, *The Black Box Society: The Secret Algorithms that Control Money and Information*. Cambridge: Harvard University Press, 2015; Cathy O'Neil, *Algoritmos de destruição em massa: Como o Big Data aumenta a desigualdade e ameaça a democracia*, trad. Rafael Abraham. Santo André: Rua do Sabão, 2020; T. Bucher, *If... Then*, op. cit.; Shoshana Zuboff, *A era do capitalismo de vigilância: A luta por um futuro humano na nova fronteira do poder*, trad. George Schlesinger. Rio de Janeiro: Intrínseca, 2020; Louise Amoore, *Cloud Ethics: Algorithms and the Attributes of Ourselves and Others*. Durham: Duke University Press, 2020; Kate Crawford, *Atlas of AI: Power, Politics, and the Planetary Costs of Artificial Intelligence*. New Haven: Yale University Press, 2021.

tamento humano ao atribuir sentidos, obrigações, permissões ou recursos para ações humanas; tudo isso frequentemente de maneira opaca. Eles são artefatos criados por humanos e moldados em contextos institucionais, incorporando normas, regras, padrões e estratégias capazes de influenciar o comportamento humano e atingir determinadas metas. Assim sendo, as teorias institucionais oferecem ideias e reflexões sobre como podemos lidar com nossas sociedades de hoje, permeadas por algoritmos.[48]

Rumo ao institucionalismo algorítmico

Algoritmos estão no cerne daquilo que Roger Silverstone denominou "texturas da experiência".[49] Eles estão incrustados em nossa existência e nas maneiras pelas quais construímos e transformamos a realidade.

A relevância social dos algoritmos estimulou um rápido crescimento da literatura dedicada a compreendê-los e a entender suas dimensões políticas.[50] Grandes avanços se originaram dessa agenda na medida em que ela identificou problemas, processos e resultados do poder dos algoritmos na sociedade. No entanto, apesar da crescente atenção aos algoritmos, a literatura não avançou em sua leitura institucional. Para lidar com essa lacuna, propomos uma contribuição original quanto ao papel desempenhado pelos algoritmos e oferecemos as lentes do institucionalismo algorítmico para melhor compreendê-los como instituições.

O que significa pensar os algoritmos como instituições? Por que deveríamos fazê-lo? Conceber algoritmos como instituições

48 C. Wagner et al., "Measuring Algorithmically Infused Societies", op. cit.

49 Roger Silverstone, *Why Study the Media?* New York: Sage, 2012.

50 Alan Rubel, Clinton Castro e Adam Pham, *Algorithms and Autonomy: The Ethics of Automated Decision Systems*. Cambridge: Cambridge University Press, 2021.

significa entendê-los como conjuntos de regras que moldam contextos em que acontecem escolhas individuais e interações humanas. Esses contextos não são simplesmente um pano de fundo para tais ações e interações, mas uma infraestrutura que induz determinadas sequências de ação enquanto restringe outras.

A ideia não é exatamente nova. Quando Alan Turing se questionou se "uma máquina pode pensar", ele enfatizou a necessidade de os computadores terem uma unidade de controle para além do armazenamento de dados e da unidade executiva.[51] A unidade de controle consistiria em artefatos computacionais - um "manual de regras" que ofereceria às máquinas um conjunto de instruções a serem obedecidas. Essa perspectiva foi originalmente construída por Ada Lovelace no final do século XIX, estabelecendo os fundamentos da ciência da computação. Esse manual seria necessário em decorrência da premissa de que uma máquina imita a mente humana. De acordo com Turing, os humanos são inteligentes porque armazenam na memória informações sobre o mundo, calculam possibilidades e agem de acordo com regras estabelecidas por uma autoridade externa. Essas regras cumprem uma função intermediária da ação humana, assim como as instituições.

Os alicerces estabelecidos por Turing situam os algoritmos como um manual de regras que desempenham funções de controle, oferecendo às máquinas padrões de ação, estruturas de sentidos e gramática. Se a agência das máquinas depende do manual de regras a serem cumpridas, então essas regras podem estruturar e dar sentido às ações dos humanos quando eles interagem com as máquinas. Para Turing, tais regras eram fixas e neutras, por serem ditadas tecnicamente. No entanto, o avanço dos estudos no campo da ciência e da tecnologia mostra que esses

51 Alan Turing, "Computing Machinery and Intelligence". *Mind*, v. 59, n. 236, 1950.

artefatos são objetos políticos por definição. Langdon Winner afirma que os dispositivos e sistemas técnicos são essenciais para a vida cotidiana e contêm possibilidades para ordenar a atividade humana das mais variadas maneiras.[52] Ou, nas palavras de Lessig, "o código é uma lei", pois a tecnologia é usada para garantir o cumprimento de regras existentes, regulando a ação humana.[53]

A função de controle atribuída aos algoritmos enquanto manual de regras, segundo Turing, ajuda a entender como humanos moldam suas ações com base nas regras inscritas em códigos computacionais. Mas, diferentemente do que Turing pensava, esse manual de regras não é fixo: assim como ocorre com outras instituições, na sociedade contemporânea, as regras se adaptam, tomando forma de maneira dinâmica por meio das interações entre humanos e máquinas. O avanço dos sistemas baseados no aprendizado de máquina torna essas instituições mais vivas, e as regras são moldadas sem seguir uma natureza fixa e invariável, graças aos reforços e retornos advindos dos diferentes aspectos de sua aplicação na sociedade. Portanto, os algoritmos reproduzem normas, regras e estratégias para a ação humana em referenciais mais complexos, influenciando as escolhas individuais e o comportamento social.

Isso fica bastante claro quando tomamos o exemplo dos algoritmos de recomendação. Os títulos sugeridos em uma plataforma de *streaming*, por exemplo, afetam as decisões individuais (sobre aquilo a que assistir e ao que não assistir) e têm implicações coletivas (como em termos culturais e econômicos). Outro exemplo é o papel desempenhado pelos algoritmos no enquadramento de nossas interações nas mídias sociais e os efeitos mais abrangentes dessas interações na política, na cultura e na

52 Langdon Winner, "Do Artifacts Have Politics?". *Daedalus*, v. 109, n. 1, 1980.
53 Lawrence Lessig, *Code and Other Laws of Cyberspace*. New York: Basic Books, 1999.

sociabilidade. As funcionalidades das plataformas (suas *affordances*) e a maneira pela qual elas expõem preferencialmente determinados conteúdos em detrimento de outros criam contextos comunicativos que marcam o que e como nós falamos.[54] Outro exemplo ainda é o uso dos sistemas algorítmicos pelos governos para implementar políticas públicas, de modo que eles desempenham, essencialmente, ações governamentais e têm impacto na sociedade em diversos campos de ação. Os algoritmos podem definir o escopo do espaço público, aumentando ou diminuindo a reflexividade, e podem operar decisões de maneira tecnocrática, reduzindo o caráter democrático e a publicidade das decisões públicas.[55]

No mundo contemporâneo, interações humano-máquina transpiram por múltiplas interfaces projetadas para aperfeiçoar a experiência de usuárias e usuários. Interagimos com diferentes interfaces digitais para satisfazer nossos desejos, gostos, preferências ou interesses; por trás dessas interfaces, os algoritmos incorporam e produzem regras, normas, padrões e estratégias para alcançar um objetivo socialmente definido. Como afirmam Herbert Simon e Allen Newell, "uma 'interface', nos termos atuais, [encontra-se] entre um ambiente 'interior', a matéria e a organização do próprio artefato, e um ambiente 'exterior', o entorno no qual ele opera".[56] Os algoritmos são artefatos racionalizadores porque capturam a experiência humana a partir

54 Proposta pelo psicólogo James Gibson para abordar o modo como organismos agem em ecossistemas, a noção remete às possibilidades de ação que um ambiente oferece ou limita a um organismo, sugerindo comportamentos e formas de uso, que só se manifestam relacionalmente. Para uma aplicação contemporânea desse conceito no campo das tecnologias digitais, ver Jennifer Forestal, *Designing for Democracy: How to Build Community in Digital Environments*. Oxford: Oxford University Press, 2022.
55 Virginia Eubanks, *Automating Inequality: How High-Tech Tools Profile, Police, and Punish the Poor*. New York: St. Martin's Press, 2018.
56 Herbert A. Simon e Allen Newell, "Heuristic Problem-Solving: The Next Advance in Operations Research". *Operations Research*, v. 6, n. 1, 1958.

dos dados e fornecem tentativas de resolver problemas por meio de *outputs* aplicados à realidade social. Em outras palavras, os algoritmos são projetados com um propósito e podem organizar diferentes aspectos da vida humana. Essas interações podem ser inclusivas ou exclusivas, mais (ou menos) igualitárias, estereotipadas (ou não), e têm um impacto direto na ação humana. Algoritmos são instituições.

Essas interações estão no cerne do poder das tecnologias digitais e da reimaginação figurativa do mundo por meio de instrumentos incorporados à ação social. Esse entendimento de como os algoritmos criam contextos de poder se origina de teorias como a de Joseph Weizenbaum. Para ele, o poder dos algoritmos surge do fato de que eles criam interações entre humanos, assim como entre humanos e máquinas.[57] As interações sociais são jogos regidos por regras. Esses jogos implicam uma linguagem que define o que é permitido, proibido ou tornado possível. Os computadores incorporam as regras que lhes possibilitam interpretar determinado fenômeno na forma de dados e produzem *outputs* de conhecimento. A maneira como incorporamos tecnologias tem implicações sociais e políticas, pois os sistemas algorítmicos, muitas vezes considerados um mero instrumento, constituem uma linguagem de ação social, bem como novos significados e formas de relações de poder. Ferramentas como os sistemas computacionais dão novas possibilidades para a reconstrução imaginativa do mundo. No entanto, de acordo com Weizenbaum, a maneira pela qual os *designers* e desenvolvedores de sistemas computacionais recriam o mundo traz consigo a proeminência de uma razão instrumental.[58]

57 Joseph Weizenbaum, *Computer Power and Human Reason: From Judgment to Calculation*. San Francisco: W. H. Freeman, 1976.
58 Ibid.

Philip Napoli foi o primeiro a explicitar essa ligação, mobilizando teorias institucionais para explicar os algoritmos.[59] A partir das ideias de Scott,[60] ele defendeu que os algoritmos têm dimensões reguladoras, normativas e cultural-cognitivas, as quais podem ser mapeadas em mudanças recentes no consumo e na produção midiáticas. Napoli defendeu a necessidade de um esforço mais amplo em mobilizar conceitos e lentes institucionais para entender algoritmos e seu papel nas sociedades.

Uma teoria que conceba algoritmos como instituições da sociedade contemporânea pode oferecer novas percepções sobre a interação entre humanos e sistemas algorítmicos, bem como sobre a interação entre diferentes instituições que trabalham por metas coletivas. Em vista dos significativos impactos sociais, políticos, econômicos e culturais dos sistemas algorítmicos, é preciso ter um referencial abrangente para possibilitar uma compreensão mais profunda e multifacetada das dinâmicas sociais conformadas pelos algoritmos. Ademais, uma abordagem institucional bem-desenvolvida dos algoritmos pode abrir caminho para uma necessária discussão política que se encaminhe para sua democratização.

Vemos este livro como parte do esforço de fazer avançar a agenda do institucionalismo algorítmico. Em seu cerne está a premissa de que interações humanas realizadas a partir de interfaces computacionais e que envolvem diferentes aspectos da vida humana são estruturadas por regras e normas incorporadas aos algoritmos. E, como esses algoritmos são manuais de regras, eles

59 Philip M. Napoli, "The Algorithm as Institution: Toward a Theoretical Framework for Automated Media Production and Consumption". *McGannon Center Working Paper Series*, v. 26, 2013; "Automated Media: An Institutional Theory Perspective on Algorithmic Media Production and Consumption". *Communication Theory*, v. 24, n. 3, ago. 2014.

60 W. Richard Scott, *Institutions and Organizations: Ideas, Interests and Identities*. Thousand Oaks: Sage, 2014.

definem significados, organizam e influenciam a ação humana na sociedade. As regras de interação estão alicerçadas na agência dos algoritmos. Elas não têm o poder de definir as escolhas feitas pelos indivíduos nem as ações coletivas, mas definem os limites dentro dos quais essas escolhas e ações podem ocorrer, da mesma maneira que as instituições o fazem. Ao definir esses limites, os algoritmos enquadram as escolhas que os indivíduos podem fazer.

Há ainda outro aspecto relevante para a compreensão dos algoritmos como instituições. A maneira como as instituições criam as regras que estabelecem contextos para ações revela muito sobre sua dinâmica histórica de interação, e a estabilização de práticas, valores e ordens de interação ocorre por meio de sua institucionalização. Instituições são, de certo modo, sinais de como conformamos as regras de interação por meio de decisões deliberadas ou, simplesmente, de formas de agir naturalizadas. Elas, porém, nem sempre indicam estabilização. A mudança social é marcada por processos de desinstitucionalização e reinstitucionalização. Rupturas são marcadas pelo deslocamento ou pela erosão de algumas instituições já existentes e pela criação de outras novas. As instituições são, portanto, como Jano olhando para duas direções opostas: elas apontam simultaneamente para o passado e para o futuro.[61]

Um bom exemplo do papel dos algoritmos nos processos de desinstitucionalização e reinstitucionalização vem dos aplicativos virtuais de relacionamento. Os encontros amorosos podem ser vistos como uma instituição, por serem caracterizados por um conjunto informal de regras e práticas. Formas tradicionais de conhecer alguém consistem em sair e encontrar essa pessoa presencialmente ou entrar em contato com ela por meio de uma

61 James March e Johan P. Olsen, "The Uncertainty of the Past: Organizational Learning under Ambiguity". *European Journal of Political Research*, v. 3, n. 2, jun. 1975.

recomendação de amigos ou parentes. Porém, encontrar um parceiro ou uma parceira por meio desses métodos tem sido cada vez menos frequente, e há pesquisas mostrando que o encontro mediado por plataformas digitais tomou o lugar que a família e os amigos antes desempenhavam na formação de casais. Consequentemente, as plataformas e seus algoritmos contribuíram para desinstitucionalizar os processos de encontro amoroso,[62] com uma oferta de parcerias potenciais muito maior do que aquela que poderia ser obtida com a intermediação de amigos e da família. Aplicativos de encontros como Tinder, eHarmony, Grindr, Romeo e Match.com oferecem um caminho adicional para comunidades LGBTQ, com algoritmos de cálculo de afinidades (*match*) em constante aperfeiçoamento. Isso se aprofundou com a pandemia global e o risco de contato físico que ela trouxe: as pessoas se voltaram a plataformas do meio digital para estabelecer conexões interpessoais, fazendo dos encontros virtuais o novo normal e dos algoritmos, o cupido de preferência para encontrar um par. Assim, os processos de encontros amorosos foram reinstitucionalizados, com uma confiança cada vez maior nos algoritmos das plataformas virtuais de encontros, cujas regras e normas definem significados e organizam relações humanas.

Pensar em algoritmos como instituições envolve capturar a dinâmica histórica. De um lado, os algoritmos incorporam os valores e padrões de interação que estão em voga. Eles estabilizam e reproduzem compreensões da realidade, aspirações normativas e maneiras pressupostas de tomar decisões. Os algoritmos dizem muito sobre quem somos e como chegamos aonde estamos. Mas, de outro lado, eles também modificam padrões

62 Michael J. Rosenfeld, Reuben J. Thomas e Sonia Hausen, "Disintermediating Your Friends: How Online Dating in the United States Displaces Other Ways of Meeting". *Proceedings of the National Academy of Sciences of the United States of America*, v. 116, n. 36, 2019.

existentes de interação, com profundas implicações para a vida social. Sociedades algorítmicas desafiam modos estabelecidos de agir e deslocam instituições sociais e políticas tradicionais. Elas mudaram nossa maneira de circular pelas ruas e avenidas, de pedir comida, de conhecer pessoas e mesmo de falar. As decisões algorítmicas afetam como entendemos uns aos outros e moldam aspectos importantes de nossa vida, seja no acesso a serviços de saúde, a empregos ou a benefícios governamentais. Elas mudaram como vivenciamos as eleições, a representação e o engajamento político. Por serem instituições, os algoritmos estão constantemente trabalhando pela cristalização de certos comportamentos intuitivos (*affordances*) e padrões de ação, ao mesmo tempo que deslocam e recriam outros.

Ao avançar a abordagem do institucionalismo algorítmico, argumentamos que ela é capaz não apenas de diagnosticar como os algoritmos incorporam, reproduzem, reconfiguram e organizam o poder em diferentes arenas, mas também de destacar caminhos para que possamos discutir questões relacionadas à transparência, à justiça, à governança e à democracia. Os sistemas algorítmicos organizam o poder no contexto, pois são instituições que agem na dinâmica política contemporânea. Eles têm agência e interagem com humanos, e os resultados dessas interações modificam a estrutura da sociedade, de modo a criar novas ordens políticas. Tais ordens políticas podem ser democráticas ou autoritárias – ou epistocráticas[63] –, a depender de como lidamos com algoritmos e suas consequências.

Assim como outras instituições, os algoritmos não têm o poder de determinar o futuro, mas podem estar abertos à

63 Cathrine Holst, "What is Epistocracy? Dimensions of Knowledge-Based Rule", in S. A. Øyen, T. Lund-Olsen e N. S. Vaage (orgs.), *Sacred Science? On Science and Its Interrelations with Religious Worldviews*. Wageningen: Wageningen Academic Publishers, 2012; Jason Brennan, *Contra a democracia*, trad. Elizabete Lucas. Lisboa: Gradiva, 2017.

reflexividade e à agência humana. E, também como outras instituições, os algoritmos são artefatos projetados por humanos. Seu poder depende das interações entre *designers* de sistemas, programadores, analistas de dados e diferentes organizações - públicas e privadas - que guiam sua constituição. Se nos propusermos a observar como os humanos criam novas estruturas de poder mediadas por algoritmos, devemos também entender como vários dos aspectos relacionados aos efeitos dessas estruturas de poder impactam a sociedade.

Para além de dicotomias sedutoras

O institucionalismo algorítmico parece particularmente produtivo para a leitura das relações de poder contemporâneas, pois nos ajuda a navegar por entre quatro dicotomias tentadoras que se apresentam na hora de pensar sobre algoritmos.

Animismo versus *instrumentalismo*. Às vezes, os algoritmos são concebidos como uma entidade autônoma que age, deseja e busca seu próprio avanço de maneira autônoma. A ficção científica tem traduzido bem esse medo corrente de que robôs animados e mecanismos de inteligência artificial um dia se rebelem contra humanos. Porém, as perspectivas animistas não se restringem à literatura. É frequente ver quem trate algoritmos como agentes totalmente autônomos que determinam as escolhas das pessoas. Em alguns casos, eles são concebidos como agentes com livre-arbítrio que determinam rumos de ação, sendo assim moralmente responsáveis pelos efeitos que podem causar. No outro polo da dicotomia está a concepção de que os algoritmos são ferramentas inventadas pelos humanos que simplesmente reproduzem o que lhes é pedido. A maior parte das ferramentas é considerada neutra, com resultados determinados pela intenção de quem as usa; assim, por serem ferramentas, os algoritmos não podem ser julgados moralmente. As intenções individuais podem ser apreciadas ou criticadas, mas a ideia de avaliar uma ferramenta conforme padrões morais e éticos não faz sentido.

O institucionalismo algorítmico entende que os algoritmos não são entidades animadas completamente autônomas, mas tampouco os concebe como ferramentas neutras criadas e empregadas pelos humanos. Da mesma forma que as instituições, os algoritmos devem ser pensados como produtos da interação humana que, com suas *affordances* e estruturas, afetam os humanos de maneira retroativa. Os humanos agem por meio deles, mas também são afetados por eles, pois permitem e induzem certos comportamentos ao mesmo tempo que inibem outros.

Estrutura versus *agência.* Embora haja quem pense que os algoritmos são parte da infraestrutura das sociedades contemporâneas, limitando a agência humana e determinando rumos de ação, também há quem os enquadre como elementos da realidade que estão submetidos à agência humana e a suas escolhas, intenções e propósitos. Os estruturalistas tendem a enfocar a estabilidade, a continuidade e a contenção humana por meio de um arranjo que se assenta além do controle humano. Perspectivas centradas no agente enfatizam a criatividade, a inovação e a capacidade humana de exercer controle diante desses arranjos.

O institucionalismo algorítmico entende os algoritmos como elementos que garantem mediação continuada entre as estruturas e a capacidade humana de agir. Os algoritmos têm uma dimensão estrutural, na medida em que restringem a ação e delineiam rumos de ação, mas também promovem a agência e são afetados pela ação, dado que os humanos reinventam as maneiras de interagir com sistemas e, por meio deles, com outros humanos. Os algoritmos não são estruturas gravadas em pedra, mas instituições sociais recriadas na ação humana, por meio dela e com ela. De um lado, eles condicionam comportamentos, mas, de outro, funcionam como arenas de ação nas quais os indivíduos jogam com seus padrões e regras de decisão para reinventar os resultados e agir estrategicamente.

Coletivo versus *individual*. Os algoritmos não podem ser postos apenas na caixinha dos artefatos coletivos nem na das ferramentas individuais. Tal como ocorre com as demais instituições sociais, os algoritmos são criados e postos em ação coletivamente, mas afetam os indivíduos de maneiras específicas. Ademais - tal como ocorre com as outras instituições -, os algoritmos sofrem o impacto de ações individuais que podem acabar produzindo resultados coletivos. São, portanto, ao mesmo tempo coletivos e individuais, tanto em sua constituição quanto em suas implicações.

Para o institucionalismo algorítmico, os algoritmos têm implicações coletivas por meio de efeitos individuais. Eles têm consequências bastante específicas na vida de cada indivíduo, mas seus impactos sociais vão muito além de um agregado desses efeitos individuais e envolvem a reconfiguração de texturas e estruturas de nossa existência coletiva. A partir dos aportes das teorias institucionalistas, o institucionalismo algorítmico navega os níveis micro e macro a fim de compreender as origens dos algoritmos e as consequências deles para a inter-relação entre indivíduos e coletividades.

Determinismo versus *inovação*. Desde os pré-socráticos, a filosofia lida com a tensão entre permanência e mudança. Enquanto os deterministas acreditam em cadeias causais e regras naturais que predefinem os resultados, aqueles que privilegiam a impermanência e a mudança guardam alguma margem para as descobertas casuais e a ação inovadora produzirem consequências imprevistas. No que diz respeito aos algoritmos, uma abordagem determinista os veria como consequências de causas que podem ser rastreadas e consideraria que seu futuro estaria contido em sua própria existência. Seriam como pontos em um *continuum*, com implicações predefinidas, mesmo que desconhecidas. Considerar os algoritmos pela perspectiva da inovação, em contrapartida, implica reconhecer seu potencial de participar de interações imprevisíveis - entre humanos, entre humanos e máquinas e entre máquinas.

O institucionalismo algorítmico entende os algoritmos como construtos históricos que derivam de escolhas anteriores, estabelecendo uma dependência de trajetória [*path dependence*]. No entanto, ele não reduz essa dependência de trajetória a um determinismo histórico e está atento ao surgimento de inovações, que pode ocorrer em conjunturas críticas [*critical junctures*], mas também em processos mais contínuos.[64] A inovação pode derivar de mudanças no contexto, tanto a partir da agência individual como de inter-relações complexas entre camadas de decisões algorítmicas e ações humanas.

Assim, navegando entre os polos dessas quatro dicotomias, o institucionalismo algorítmico é particularmente capaz de lidar com dilemas contemporâneos. Como outras instituições, os algoritmos criam ordens - e processos estabilizadores - que se baseiam em relações de poder. Como outras instituições, porém, os algoritmos não existem nem governam independentemente da ação humana. Os humanos ainda têm um papel-chave em fazer escolhas políticas e morais, devendo encontrar maneiras de lidar com essas estruturas que estabelecem limites para suas ações. O institucionalismo algorítmico oferece um caminho teórico e uma abordagem metodológica para interpretar esses processos.

64 Kathleen Thelen, "Historical Institutionalism in Comparative Politics". *Annual Review of Political Science*, v. 2, 1999.

A epistemologia dos algoritmos: situações, quadros e *scripts*

Uma compreensão adequada das instituições requer um referencial epistemológico capaz de interpretar sua habilidade de influenciar o comportamento humano e dar forma a resultados coletivos. Há muito tempo Karl Popper se interessou por esse caminho, tendo desenvolvido uma abordagem que compreende as instituições como provedoras de contextos situacionais nos quais os humanos se inserem e agem. Popper defendeu que a análise situacional era um elemento central para a construção de conhecimento nas ciências sociais.[65] Para ele, o trabalho de reforma social, a ser realizado por engenheiros sociais, dependia da criação de tecnologias sociais.[66] A principal tarefa dos engenheiros sociais era delinear instituições a partir de um ponto de vista funcional - como forma de atingir certos objetivos - e avaliá-las segundo sua adequação, eficiência e simplicidade. Popper enfatizou que as instituições não eram ferramentas mecânicas, e sim processos dinâmicos que se adaptam na relação com organismos e situações em transformação constante.[67]

Boa parte dessa teoria institucional depende da lógica situacional, que discute aspectos do *design* e da construção de artefatos que representam tecnologias. Desenhar instituições é responder a perspectivas de resolução de problemas, por meio do que os engenheiros (tanto sociais como tecnológicos) entendem situações e constroem respostas baseadas em incentivos para determinada ação. Considerar as situações de ação também é essencial para a compreensão dos impactos das tecnologias na sociedade e de sua atividade política de conformar a racionalidade da ação humana.

65 Karl Popper, *The Logic of Scientific Discovery* [1934]. New York: Routledge, 2002.
66 R. Connolly, "Why Computing Belongs within the Social Sciences", op. cit.
67 K. Popper, *The Poverty of Historicism*. New York: Routledge, 2002.

A lógica situacional está no cerne de uma epistemologia dos algoritmos como instituições. Um corpo relevante de teorias institucionais reconhece que as instituições possibilitam aos indivíduos situar, perceber, identificar e rotular as interações concretas em que eles se inserem. Em outras palavras, as instituições oferecem aos indivíduos *quadros* com os quais eles organizam suas experiências no mundo.[68]

A noção de quadros [*frames*] foi proposta inicialmente por Gregory Bateson e desenvolvida por Erving Goffman.[69] Trata-se de padrões compartilhados de interpretação mobilizados para definir uma situação, permeando a maneira com que os atores se envolvem nela. Os quadros operam por meio da saliência e da exclusão, moldando nossa percepção e nossa vivência da realidade. O conceito goffmaniano de quadros parte da ideia de que a institucionalização depende de princípios organizadores que governem os eventos sociais e nosso envolvimento subjetivo com eles. Os quadros são construídos intersubjetivamente e atualizados por meio das práticas dos atores sociais.[70]

As instituições oferecem não somente contextos de ação como também quadros que definem esses contextos. Ao fazê-lo, elas orientam sobre como os indivíduos deveriam perceber

68 Colin Hay, "Constructivist Institutionalism", in S. A. Binder, R. A. W. Rhodes e B. A. Rockman (orgs.), *The Oxford Handbook of Political Institutions*. Oxford: Oxford University Press, 2008.

69 Erving Goffman, *Os quadros da experiência social: Uma perspectiva de análise*, trad. Gentil A. Titton. Petrópolis: Vozes, 2012; Gregory Bateson, "Uma teoria da brincadeira e da fantasia", in *Rumo a uma ecologia da mente*, trad. Simone Campos. São Paulo: Ubu Editora, 2025.

70 Robert Entman, "Framing: Toward Clarification of a Fractured Paradigm". *Journal of Communication*, v. 43, n. 4, dez. 1993; Baldwin Van Gorp, "The Constructionist Approach to Framing: Bringing Culture Back In". *Journal of Communication*, v. 57, n. 1, 2006; Ricardo Fabrino Mendonça e Paula Guimarães Simões, "Enquadramento: Diferentes operacionalizações analíticas de um conceito". *Revista Brasileira de Ciências Sociais*, v. 27, n. 79, jun. 2012.

a realidade e atribuir significado às situações em que estão inseridos.[71] Os algoritmos igualmente fornecem quadros para a ação. Em certos aspectos, eles automatizam esses quadros, classificando, rotulando e rotinizando situações a fim de situar os indivíduos no mundo.

Ao enquadrar o mundo, as instituições também oferecem *scripts* de ação: existem padrões de ação, que possibilitam tanto a racionalização quanto o comportamento não reflexivo. Os *scripts* rotinizam sequências de ações, e cada instituição está enraizada nesses protocolos rotinizados a fim de lidar com situações específicas. *Scripts* se baseiam em quadros e funcionam como uma "sequência predeterminada e estereotipada de ações que definem uma situação bem conhecida".[72] Eles funcionam como gramáticas ou receitas, estruturando preferências, rotinas e caminhos. Aneesh identifica como sistemas algorítmicos racionalizam e reorganizam relações de trabalho, criando novos *scripts* para a ação na sociedade.[73]

Assim como as instituições, os algoritmos são construtos humanos que buscam desempenhar a tarefa de engenharia social defendida por Popper. Eles fornecem quadros que indicam como o mundo deveria ser entendido, para então consolidarem em forma de *script* o comportamento apropriado. O institucionalismo algorítmico busca entender os diferentes quadros e *scripts* presentes nos códigos que conformam os sistemas sociotécnicos, com implicações sociais, políticas, econômicas e culturais. Esses sistemas estabelecem programas de ação social e estruturas cognitivas que influenciam o comportamento

71 C. Hay, "Constructivist Institutionalism", op. cit.

72 Roger Schank e Robert Abelson, *Scripts, Plans, Goals, and Understanding: An Inquiry into Human Knowledge Structures*. Hillsdale: Lawrence Earlbaum Associates, 1977, p. 41

73 A. Aneesh, *Virtual Migration: The Programming of Globalization*. Durham: Duke University Press, 2006.

humano em diferentes situações - sem determiná-lo. Nesse sentido, o institucionalismo algorítmico possibilita lidar com diferentes lentes analíticas que objetivam compreender o *design* e a racionalidade dos algoritmos, ao mesmo tempo que permite olhar para os impactos surgidos das interações sociais organizadas pelo contexto institucional que eles geram. Trata-se de um esforço transdisciplinar baseado na análise dos algoritmos como instituições centrais da sociedade contemporânea.

Observações finais

A expressão *engenheiros sociais* é usada aqui propositalmente para ligar a ciência da computação às ciências sociais. O *design* e a análise de algoritmos em ambos os campos estão conectados pela premissa situacional do conhecimento com o objetivo de produzir mudanças na sociedade. De um lado, cientistas da computação coletam e processam dados que enquadram uma situação, definindo um problema e voltando-se a ele por meio de *scripts* codificados no *design* de soluções tecnológicas. Por exemplo, os cientistas da computação usam metodologias de *big data* para entender situações que se espelham em meio a um volume enorme de dados para produzir classificações, rótulos, conexões, identificações e percepções, abordando um problema por meio de modelos matemáticos. De outro lado, cientistas sociais - trabalhando com lentes institucionalistas - buscam entender os quadros e *scripts* mobilizados a fim de definir problemas sociais, muitas vezes propondo mudanças institucionais para afetar os resultados coletivos.

Entender o que são os algoritmos e como eles modificam as situações de ação da sociedade é a espinha dorsal da epistemologia do institucionalismo algorítmico. Tendo isso em vista, no capítulo 2 propomos um referencial analítico para que o institucionalismo algorítmico seja usado na compreensão de questões contemporâneas. Os capítulos seguintes visam aplicar esse referencial analítico a casos que revelam diferentes níveis do fenômeno. Começamos com um exame detalhado do uso de algoritmos em uma área específica - a saber, o campo da segurança (capítulo 3). Então, ampliamos nosso enfoque para o emprego de sistemas algorítmicos por governos, com ênfase em sua plataformização e no uso desses sistemas na formulação de políticas públicas (capítulo 4). Por fim, lançamo-nos em uma discussão abrangente sobre sistemas algorítmicos de recomendação, que permeiam inúmeras aplicações de plataformas e serviços digitais (capítulo 5). O capítulo 6 parte do quadro mais geral para discutir um elemento central do institucionalismo junto a uma preocupação-chave dos estudos contemporâneos sobre algoritmos: essas instituições podem ser democratizadas?

2. a leitura de questões contemporâneas através das lentes do institucionalismo algorítmico

Parece cada vez mais plausível a ideia de pensar algoritmos como instituições, e diferentes abordagens informam a necessidade de construir uma teoria institucional dos algoritmos.[1] Como ocorre com qualquer outro mecanismo de racionalização, os algoritmos trazem consigo diferentes formas de relações de poder em sua tentativa de lidar com incertezas. A partir dos dados, os algoritmos absorvem um fluxo de preferências, ideias, discursos e comportamentos, que é a base para produzirem resultados de alguma maneira relacionados aos objetivos pretendidos por quem desenhou essas tecnologias. As instituições e os algoritmos são artefatos criados por pessoas e têm o potencial de resolver problemas, dar forma à ação coletiva e alcançar objetivos preestabelecidos. Os algoritmos são desenvolvidos para tomar decisões e realizar tarefas de maneiras supostamente mais objetivas, efetivas, consistentes e confiáveis, sendo aplicados a diferentes áreas da existência humana.

Novo institucionalismo é o nome dado a uma família de teorias sociais que explicam a sociedade e a política por meio de suas instituições. Essa abordagem enfoca como regras formais e informais constrangem ou favorecem o comportamento de indivíduos e grupos.[2] Tendo isso em vista, este capítulo apresenta uma interpretação dos algoritmos como instituições, reconstruindo as bases das teorias institucionalistas a partir de quatro enfoques diferentes: *institucionalismo sociológico*, *institucionalismo de escolha racional*, *institucionalismo histórico* e *institucionalismo discursivo*. Com base em elementos dessas

1 P. Napoli, "The Algorithm as Institution", op. cit.; Mike Ananny, "Toward an Ethics of Algorithms: Convening, Observation, Probability, and Timeliness". *Science, Technology, & Human Values*, v. 41, n. 1, jan. 2016; Robin Caplan e danah boyd, "Isomorphism through Algorithms: Institutional Dependencies in the Case of Facebook". *Big Data & Society*, v. 5, n. 1, 2018.

2 B. Guy Peters, *Institutional Theory in Political Science: The New Institutionalism*. Cheltenham: Edward Elgar, 2019.

quatro abordagens, apresentamos uma grade analítica com o objetivo de operacionalizar teorias institucionais para a compreensão dos sistemas algorítmicos. Nossa perspectiva enfoca seis dimensões: construção e desenho de instituições; processos históricos; regras e normas; relações de poder; *gaming*; e dimensões discursivas.

As teorias institucionais

A questão primordial que surge quando abordamos algoritmos como instituições é definir o que é uma instituição. Na ciência política, as teorias institucionais alegavam dedicar maior atenção às estruturas formais que governariam o comportamento humano.[3] O dito "velho institucionalismo" investigava o papel das regras formais e das leis, adotando uma perspectiva estruturalista do poder e abordagens históricas abrangentes como método.[4]

A revolução behaviorista teve implicações importantes para o desenvolvimento da ciência política como campo acadêmico que se dedica a explicar e prever fenômenos variados relacionados à

3 Woodrow Wilson, *Congressional Government: A Study in American Politics*. Boston: Houghton Mifflin, 1885.

4 Por "velho" institucionalismo entende-se uma concepção formal, descritiva e legalista do estudo das instituições. Esse institucionalismo remonta à obra clássica de Montesquieu, que define diferentes naturezas e atributos do governo e advoga a separação dos poderes como aspecto essencial para governos constitucionais modernos. O velho institucionalismo é essencial para a tradição anglo-americana, em especial para o movimento progressista entre os séculos XIX e XX. Nos Estados Unidos, Woodrow Wilson e outros reforçaram a necessidade de reformas na burocracia e na estrutura da representação política. Também cabe mencionar toda a tradição do constitucionalismo na Europa continental e sua influência na América Latina. O velho institucionalismo arraigou a análise política e o desenho das instituições na construção de uma metodologia legalista, estruturalista, holista e historicista baseada na análise normativa.

ação coletiva, à cultura política e ao comportamento dos agentes em diferentes contextos. De um ponto de vista metodológico, o behaviorismo engendrou uma virada empirista, guiada principalmente por experimentos. Em termos teóricos, reforçou abordagens antinormativas e o individualismo metodológico, enfocando indivíduos e seus comportamentos, em vez de estruturas mais abrangentes.[5] O behaviorismo não investigou as instituições como algo central à compreensão do comportamento humano porque muitas vezes elas foram reduzidas a agregados de preferências individuais.

Em resposta ao behaviorismo, as teorias institucionais formularam novas concepções de seus pressupostos, construindo uma teoria de médio alcance que circunscreve a importância das instituições na conformação do comportamento humano, ao mesmo tempo que propõe estudos empíricos mais sistemáticos. James March e Johan Olsen denominaram esses desdobramentos de novo institucionalismo.[6] Para eles, enquanto o velho institucionalismo desconsiderava o papel dos indivíduos na construção de processos coletivos, o behaviorismo reduzia o comportamento coletivo a decisões individuais, deixando de lado interações, estruturas e o papel dos valores sociais.

No novo institucionalismo, o conceito de instituição se refere a "um conjunto relativamente duradouro de regras e práticas organizadas, incorporadas a estruturas de sentidos e recursos que são relativamente invariáveis em face da rotatividade dos indivíduos e relativamente resilientes às preferências e expectativas idiossincráticas dos indivíduos e às transformações nas

5 David Easton, *A Systems Analysis of Political Life*. New York: John Wiley, 1965.
6 James G. March e Johan P. Olsen, "The New Institutionalism: Organizational Factors in Political Life". *American Political Science Review*, v. 78, n. 3, set. 1984.

circunstâncias externas".[7] Regras e práticas rotinizadas proveem códigos apropriados de comportamento para papéis específicos em situações determinadas. Essas estruturas de sentido são essenciais para explicar, justificar e legitimar as decisões comportamentais.[8] As normas enquadram as relações de poder, dando a certos atores acesso a determinados recursos e possibilidades de ação. Segundo essa perspectiva, os recursos se vinculam a regras, ora favorecendo, ora constrangendo a ação dos atores de diferentes maneiras. Por serem instituições, os algoritmos incorporam códigos de comportamento – esperados ou produzidos – com o objetivo de resolver um problema ou de definir situações, quadros e *scripts* de ação.

As instituições são exteriores ao comportamento individual e articulam a forma como os indivíduos tomam decisões coletivas e resolvem problemas. Elas definem gramáticas de relações de poder estruturadas, nas quais as normas prescrevem quais ações devem ser realizadas, quais são proibidas ou quais podem ocorrer.[9] Em suma, as instituições informam as regras do jogo.[10]

Quando as pessoas jogam xadrez, futebol ou brincam de esconde-esconde, seu comportamento é marcado pelas regras do jogo, que definem os papéis, os movimentos permitidos ou proibidos e os elementos a serem considerados quando os participantes escolhem suas estratégias. As regras não determinam os resultados, mas delineiam as possíveis sequências de ação e os recursos de cada participante em diferentes situações. Da mesma

7 Id., "Elaborating the 'New Institutionalism'", in S. A. Binder, R. A. W. Rhodes e B. A. Rockman (orgs.), *The Oxford Handbook of Political Institutions*. Oxford: Oxford University Press, 2006, p. 3.

8 C. Hay, "Constructivist Institutionalism", op. cit.

9 Elinor Ostrom, *Understanding Institutional Diversity*. Princeton: Princeton University Press, 2005.

10 Douglass C. North, *Institutions, Institutional Change and Economic Performance*. New York: Cambridge University Press, 1990.

forma, na sociedade, as regras do jogo tampouco estabelecem os resultados das variadas interações: interações são sujeitas a crises, incertezas ou ambiguidades, o que impossibilita predeterminar o comportamento. No entanto, as instituições são um fator relevante na predição do comportamento, pois fornecem quadros, *scripts* e situações para os atores.

Uma enxadrista restrita a seu rei e um peão, por exemplo, tem recursos e possibilidades de ação extremamente limitados. Igualmente, quando pensamos nas instituições de determinado sistema político ou nos arranjos sociais (por exemplo, a família), devemos considerar como regras formais e informais delimitam as balizas para as escolhas e os comportamentos individuais. No caso de sistemas eleitorais proporcionais, o voto em lista aberta induz à competição interna nos partidos, enquanto o voto em lista fechada fomenta uma abordagem mais coletiva, fortalecendo a coerência interna. Tomando outro exemplo, diferentes tipos de família podem favorecer tipos de regras e expectativas diversos, que são então dados de antemão na vida cotidiana, perpassando a divisão das tarefas domésticas ou a maneira como as crianças são educadas.

Às vezes, as regras e as normas podem ser perscrutadas e se tornar alvo de disputas ou discussões. As crianças que brincam de esconde-esconde costumam passar um bom tempo discutindo quais regras são consideradas válidas e resolvendo conflitos. Em algumas famílias, ocasionalmente alguns membros podem desafiar a divisão do trabalho doméstico. Até que ponto uma regra pode ser questionada depende, porém, de muitos fatores, incluindo a natureza da regra, quão arraigada na cultura ela é, sua força normativa, o equilíbrio em que ela se sustenta e as relações de poder que ela intermedeia.

Esses exemplos ilustrativos mostram como as regras – que são de certo modo exteriores aos indivíduos, ainda que postas em prática e atualizadas por eles - delimitam os comportamentos ao esboçar o que é permitido, proibido ou potencializado, além de distribuir papéis e recursos importantes para as escolhas individuais. O novo institucionalismo, em sua diversidade, abarca várias dimensões desses processos complexos, fundamentando não apenas comportamentos individuais como também seus alicerces sociais e implicações coletivas.

Lançando luz sobre esses processos, o novo institucionalismo fornece uma lente interessante para conceber o que os sistemas algorítmicos fazem e como eles funcionam nas sociedades contemporâneas. Organizando e definindo como humanos interagem com diferentes interfaces digitais, ou mesmo a interação entre agentes artificiais em sistemas sociotécnicos altamente complexos, os algoritmos desempenham um papel no processo contínuo de produção de normas. O corolário do institucionalismo algorítmico é que o poder dos algoritmos não deve ser explicado apenas como um atributo dos agentes - dos sistemas ou daqueles que os desenharam, por exemplo - nem como um atributo de uma estrutura social exterior. O poder dos algoritmos depende de um processo de estruturação que envolve interações complexas entre humanos e máquinas.

No entanto, o novo institucionalismo não é uma teoria unificada. Trata-se de um conjunto de diferentes abordagens sobre as instituições, que, com frequência, seguiram rotas paralelas, ou mesmo conflitantes, apesar das possibilidades de pontes e entrecruzamentos.[11] A seção seguinte apresenta algumas vertentes do novo institucionalismo que são relevantes para a nossa perspectiva.

11 K. Thelen, "Historical Institutionalism in Comparative Politics", op. cit.

Abordagens das instituições e dos algoritmos

Um primeiro passo para compreender as teorias institucionalistas é reconhecer que instituições podem significar muitas coisas. Portanto, a construção de uma grade analítica para o institucionalismo algorítmico requer diferentes abordagens institucionais que tentem explicar relações de poder e a maneira como elas são moldadas.[12] Para analisar instituições, contamos com quatro abordagens analíticas: a sociológica, a da escolha racional, a histórica e a discursiva.

Institucionalismo sociológico

O institucionalismo sociológico é a abordagem neoinstitucionalista que considera as instituições como elementos para a racionalização e organização da vida social. A principal área de interesse do institucionalismo sociológico é a institucionalização da *ordem normativa* - ou seja, a maneira pela qual um sistema procedimental codifica o uso do poder e se torna significativo para os membros de determinada coletividade.[13] A ordem normativa significa um conjunto de valores e perspectivas que organiza objetivos coletivos. Esses valores e essas perspectivas representam estruturas organizadas que enquadram os parâmetros de ação dos indivíduos inseridos em ambientes coletivos.

A obra de Philip Selznick lançou as bases para o institucionalismo sociológico, enfocando a institucionalização e a mudança

12 Ibid.; Peter A. Hall e Rosemary C. R. Taylor, "Political Science and the Three New Institutionalisms". *Political Studies*, v. 44, n. 5, 1996; B. G. Peters, *Institutional Theory in Political Science*, op. cit.

13 Talcott Parsons, *A estrutura da ação social*, trad. Vera Joscelyne e Raquel Weiss. Petrópolis: Vozes, 2010.

institucional dentro das organizações.[14] Para ele, o papel da liderança organizacional é o de estabelecer e proteger um sistema de valores criado dentro da instituição e reproduzido pelos membros da organização como uma estrutura que precede as ações propriamente ditas. Seu trabalho serviu de base para todo um corpo teórico dedicado ao estudo de organizações e processos de institucionalização e mudança, principalmente em razão do fenômeno burocrático.[15]

Pela óptica do institucionalismo sociológico, as instituições são estruturas organizadas que enquadram situações de ação, como vimos no primeiro capítulo.[16] As teorias do institucionalismo sociológico pressupõem uma estrutura cognitiva definida no interior das organizações e que molda a racionalidade dos indivíduos. Em linha com o que antecipou a sociologia weberiana, a racionalização da ação e a motivação para isso não apenas têm origem nas preferências como também dependem do trabalho organizacional para criar significado. A institucionalização depende do trato com os símbolos, de modo a moldar o comportamento coletivo e os indivíduos que fazem parte dele.[17] O institucionalismo sociológico configura um corpo teórico voltado a entender como e por que os membros de uma instituição percebem

14 Philip Selznick, *TVA and the Grass Roots: A Study in the Sociology of Formal Organization*. Berkeley: University of California Press, 1949.

15 Em sua origem, o institucionalismo sociológico recebe uma influência importante da sociologia weberiana. Ele se relaciona com o processo de burocratização e racionalização das organizações modernas – tanto públicas quanto privadas –, criando estruturas hierárquicas baseadas em relações de comando e controle legitimadas pela lei. O fenômeno burocrático, tal como designado aqui, refere-se a esse processo de racionalização, que abrange desde organizações industriais e sindicatos modernos até partidos políticos e governos.

16 B. G. Peters, *Institutional Theory in Political Science*, op. cit.

17 John W. Meyer e Brian Rowan, "Institutionalized Organizations: Formal Structure as Myth and Ceremony". *American Journal of Sociology*, v. 83, n. 2, set. 1977; P. A. Hall e R. C. R. Taylor, "Political Science and the Three New Institutionalisms", op. cit.

situações dentro de estruturas e constroem quadros para tomar decisões.[18] A estrutura organizacional, quando institucionalizada, torna-se central na explicação dos motivos pelos quais os indivíduos seguem *scripts* definidos de forma organizacional.[19]

A racionalização da sociedade deriva da expansão de suas estruturas organizacionais, com o surgimento de instituições em múltiplas configurações sociais e políticas. Assim como Weber identificou nas sociedades uma tendência a convergir rumo à "gaiola de ferro" da burocracia,[20] o trabalho de Paul DiMaggio e Walter Powell avançou ainda mais em uma leitura institucionalista baseada na sociologia.[21] Sua tese do *isomorfismo institucional* defende que a institucionalização dá forma a uma racionalidade coletiva que define o processo e a estrutura de uma organização em relação a outra. Padrões de mudança organizacional tendem à homogeneização no interior de um campo institucional que compreende diferentes instituições, dentro das quais ocorrem múltiplas interações entre organizações, criando padrões de comportamento. As interações criam redes organizacionais a partir das quais ocorrem mudanças decorrentes de relações de dependência mútua entre organizações de cada campo. Essas conexões e relações de dependência levam à ascensão de um padrão de mudança a partir da coerção, da imitação ou de novos padrões normativos.[22]

18 Peter L. Berger e Thomas Luckmann, *A construção social da realidade: Tratado de sociologia do conhecimento*, trad. Floriano de Souza Fernandes. Petrópolis: Vozes, 1985.
19 Arthur L. Stinchcombe, "On the Virtues of the Old Institutionalism". *Annual Review of Sociology*, v. 23, 1997.
20 Max Weber, *Economia e sociedade: Fundamentos da sociologia compreensiva*, trad. Regis Barbosa e Karen Elsabe Barbosa. Brasília/São Paulo: Editora UnB/Imprensa Oficial, 1999. 2 v.
21 Paul J. DiMaggio e Walter W. Powell, "The Iron Cage Revisited: Institutional Isomorphism and Collective Rationality in Organizational Fields". *American Sociological Review*, v. 48, n. 2, abr. 1983.
22 Ibid.

A perspectiva do institucionalismo sociológico é útil para a interpretação dos algoritmos. Sistemas algorítmicos criam padrões de ação e racionalizam diversos campos organizacionais, produzindo uma *mudança isomórfica* - ou seja, entidades que operam em determinado campo tendem a desenvolver formas e estruturas semelhantes. Os sistemas algorítmicos funcionam como mecanismos burocráticos que induzem mudanças e institucionalizam novos processos macroestruturais, refletindo a mudança isomórfica.[23] Os algoritmos são mediadores de processos políticos e sociais que automatizam organizações e estruturam a racionalização do comportamento da usuária e do usuário ao atribuir sentidos à ação.[24] Eles controlam e protegem normas, estabelecendo padrões de mudança organizacional em diferentes campos, tais como a mídia tradicional, o governo, o mundo dos negócios e a indústria. Nessa economia movida por algoritmos, a Amazon tem controle sobre varejistas que utilizam sua plataforma, além de estabelecer as regras para que os negócios sejam aceitos, promovidos ou removidos dela.[25] Os algoritmos de plataforma funcionam como *gatekeepers*, protegendo normas informais e regras.

O campo da mídia noticiosa oferece outro exemplo de padrão isomórfico, no qual diferentes empresas precisaram se adaptar a padrões de comunicação estabelecidos por plataformas como o Facebook.[26] Os algoritmos de mídias sociais reestruturam os *feeds* de notícias, redefinindo o valor noticioso e as estratégias de visibilidade que movem o jornalismo. Os algoritmos usados por plataformas de mídias digitais reinstitucionalizaram todo

23 R. Caplan e d. boyd, "Isomorphism through Algorithms", op. cit.

24 P. Napoli, "Automated Media", op. cit.

25 Ariel Ezrachi e Maurice E. Stucke, *Virtual Competition: The Promise and Perils of the Algorithm-Driven Economy*. Cambridge: Harvard University Press, 2016.

26 R. Caplan e d. boyd, "Isomorphism through Algorithms", op. cit.

o campo de mídia noticiosa, criando relações de dependência mútua entre organizações e novos padrões de comunicação automatizada.[27] No campo organizacional da mídia noticiosa, muitas vezes a mudança ocorre por meio da imitação, num processo em que diferentes organizações se ajustam a um novo padrão estabelecido e institucionalizado por meio de algoritmos.

Os sistemas algorítmicos podem ser concebidos como mecanismos de gestão que organizam relações entre organizações e indivíduos ao lidar com símbolos e estruturar *scripts* de ação. Outro exemplo importante vem dos processos de transformação digital dos governos, que também seguem padrões isomórficos. Diferentes governos estão digitalizando serviços públicos e prometendo expandir as capacidades, a eficiência e a confiabilidade da administração pública. Os governos estão criando plataformas com coleta implícita de dados a fim de personalizar e viabilizar conveniências para usuárias e usuários. Em decorrência disso, governos de todo o mundo produzem um padrão de mudança imitativo, intercambiando casos paradigmáticos e novos padrões normativos disseminados por organismos internacionais, como a Organização para a Cooperação e Desenvolvimento Econômico (OCDE).

A análise dos algoritmos como instituições, sob a luz do institucionalismo sociológico, parte da ideia de que os algoritmos representam arquétipos organizacionais, com códigos computacionais que trazem em si a lógica institucional de determinado campo organizacional. Os algoritmos manuseiam símbolos e constroem *scripts* de ação e amplas estruturas cognitivas que podem emular, reconstruir ou cristalizar estruturas da sociedade.

27 P. Napoli, "Automated Media", op. cit.

Institucionalismo de escolha racional

O institucionalismo de escolha racional é um ramo do novo institucionalismo que trata as instituições como um conjunto de regras que operam como mecanismos de coordenação, de modo a gerar formas diversas de equilíbrio em situações nas quais múltiplos atores buscam maximizar sua utilidade esperada.[28] A racionalidade das instituições reside no fato de que as ações dos indivíduos se baseiam em suas preferências, as quais têm duas propriedades: completude e consistência.[29] Por completude entende-se que o indivíduo pode expressar preferências entre as alternativas oferecidas, ordenando-as e escolhendo entre elas, além de direcionar sua ação para atender a essas preferências. A consistência é a propriedade caracterizada pela transitoriedade das preferências, conforme o teorema da impossibilidade de Kenneth Arrow.[30] A lógica das instituições reside no fato de que elas reduzem as externalidades, os custos de transação e as incertezas, garantindo um processo no qual as preferências são agregadas em escolhas coletivas.[31]

28 K. Thelen, "Historical Institutionalism in Comparative Politics", op. cit.

29 Alvin Rabushka e Kenneth A. Shepsle, *Politics in Plural Societies: A Theory of Democratic Instability*. New York: Longman, 2009.

30 O teorema da impossibilidade de Kenneth Arrow se aplica a sistemas de votação, com a finalidade de produzir uma decisão coletiva. O teorema reflete que agregar as ordens de preferência de cada eleitor não produz uma ordem de preferência coletiva. De acordo com Arrow, em vez de imposição, o teorema requer não ditadura, universalidade das preferências, independência em relação a alternativas irrelevantes e associação positiva de valores individuais e sociais. Seu postulado é o de que as preferências são transitivas, e as escolhas sociais, sempre limitadas. Ver Kenneth Arrow, "A Difficulty in the Concept of Social Welfare". *Journal of Political Economy*, v. 58, n. 4, 1950.

31 Kenneth A. Shepsle, "Studying Institutions: Some Lessons from the Rational Choice Approach". *Journal of Theoretical Politics*, v. 1, n. 2, 1989; D. C. North, *Institutions, Institutional Change and Economic Performance*, op. cit.; E. Ostrom, *Understanding Institutional Diversity*, op. cit.

Nesse sentido, as instituições são concebidas como conjuntos de regras que conformam incentivos e restrições ao comportamento racional dos indivíduos. Os indivíduos formam instituições para tomar decisões coletivas com o objetivo de agregar preferências complexas e transitivas. As instituições produzem certa previsibilidade e regularidade de resultados que beneficiariam todos os participantes de uma comunidade ao reduzir a incerteza em meio ao leque de decisões que poderiam ser tomadas pelos atores sociais.[32] A falta ou o fracasso de instituições gera irracionalidade coletiva.[33] A presunção da racionalidade leva o institucionalismo de escolha racional a dois tipos fundamentais de problemas: o primeiro diz respeito a como as instituições são projetadas para moldar comportamentos individuais; o segundo, a como os indivíduos interagem com essas instituições a fim de realizar suas preferências. Em ambos os casos, as instituições surgem para moldar as interações entre indivíduos e para gerar equilíbrio em situações, de modo a reduzir incertezas decorrentes de conflitos políticos.

O primeiro tipo de problema observa a importância das regras de decisão. Para o institucionalismo de escolha racional, as instituições são artefatos humanos para a tomada de decisões. As decisões propiciam aos indivíduos motivações para a ação que podem ser positivas (incentivos) ou negativas (restrições). As dinâmicas comportamentais são guiadas pela maximização da utilidade, possibilitando mensurar e modelar o comportamento individual no contexto das instituições.[34] De acordo com o institucionalismo de escolha racional, as decisões coletivas

32 Barry R. Weingast, "Rational Choice Institutionalism", in Ira Katznelson e Helen V. Milner (orgs.), *Political Science: State of the Discipline*. New York: W. W. Norton, 2002.

33 E. Ostrom, "A Behavioral Approach to the Rational Choice Theory of Collective Action: Presidential Address". *American Political Science Review*, v. 92, n. 1, 1998.

34 K. A. Shepsle, "Studying Institutions", op. cit.

dependem de regras e procedimentos que organizam os cursos de ação, de modo que mudanças nas regras alteram as decisões coletivas. No institucionalismo de escolha racional, as regras decisórias estabelecem quem tem o poder de fazer as regras – e quando, como e onde podem fazê-lo. As regras de decisão definem quem tem a autoridade de criar regras e sob que condições elas orientam o comportamento daqueles que desenham as instituições.[35] O institucionalismo de escolha racional tem variantes – a diferença se expressa, em particular, nos modelos de comportamento que advêm de concepções baseadas em regras, modelos de diretor-agente e modelos de teoria dos jogos.[36]

A segunda ordem de problemas se preocupa em entender como os indivíduos agem com base na lógica das instituições.

35 James Buchanan e Gordon Tullock, *The Calculus of Consent: Logical Foundations of Constitutional Democracy*. Ann Arbor: University of Michigan Press, 1962.

36 Essas diferenças entre abordagens do institucionalismo de escolha racional dizem respeito aos parâmetros de modelagem. Modelos baseados em regras buscam a significância empírica das regras e dos procedimentos institucionais para o comportamento humano. No estudo de Ostrom sobre o governo dos comuns, jogos e interações dependem de postulados empíricos compilados a partir de diferentes situações de ação prática. Ver Elinor Ostrom, *Governing the Commons: The Evolution of Institutions for Collective Action*. Cambridge: Cambridge University Press, 1990. Os modelos diretor-agente se referem a interações entre o proprietário – ou principal – de um ativo e um agente delegado para gerir esse ativo em nome daquele. Os modelos desse tipo são empregados no estudo do comportamento de agentes burocráticos, que agem em favor de um diretor em regimes democráticos, conforme demonstram alguns estudos; ver Mathew D. McCubbins e Thomas Schwartz, "Congressional Oversight Overlooked: Police Patrols versus Fire Alarms". *American Journal of Political Science*, v. 28, n. 1, 1984; Arthur Lupia e Mathew D. McCubbins, "Learning from Oversight: Fire Alarms and Police Patrols Reconstructed". *Journal of Law, Economics, and Organization*, v. 10, n. 1, 1994. Por fim, os modelos da teoria dos jogos são grades analíticas para conceber situações de ação em relações competitivas, com o objetivo de entender as otimizações das decisões, e estão presentes em muitos estudos; ver, por exemplo, Robert Axelrod, *The Evolution of Cooperation*. New York: Basic Books, 1984; Fritz W. Scharpf, *Games Real Actors Play: Actor-Centered Institutionalism in Policy Research*. Boulder: Westview, 1997. As diferenças nos pressupostos dos modelos formais da ciência política configuram muitos debates internos às teorias da escolha racional, definindo uma diversidade de metodologias para a abordagem do fenômeno das instituições.

As teorias da escolha racional pressupõem que as preferências são exteriores às instituições e que estas as processam para chegar a determinados resultados. Por exemplo, as instituições eleitorais processam as preferências dos eleitores e definem resultados eleitorais com base em regras para a contagem dos votos, usando-os para distribuir assentos legislativos e/ou definir governos. A principal característica das instituições é que elas operam no sentido da regulação, e não em sentido normativo ou cognitivo.[37] Essa lógica regulatória significa que, em muitos aspectos, as instituições seguem uma lógica sistêmica baseada em retornos [*payoffs*] para os indivíduos, que são recompensados ou punidos com base em um conjunto de regras que regulam as relações de poder.

O institucionalismo de escolha racional pode ter diferentes aplicações para o estudo dos sistemas algorítmicos, conforme as duas ordens de problema mencionadas. No primeiro enfoque analítico, o *design* de algoritmos envolve corolários teóricos e experimentais que se originam de jogos e dilemas de ação coletiva, como o dilema do prisioneiro, a tragédia dos comuns e os jogos cooperativos.[38] A racionalidade de um algoritmo, de modo

37 W. Richard Scott, *Institutions and Organizations*, op. cit.

38 Segundo John von Neumann e Oskar Morgenstern, os jogos representam referenciais de situações de ação que possibilitam a formulação matemática de decisões ideais baseadas nas interações dos jogadores. Os jogos significam situações de ação a partir das quais o analista pode derivar postulados para a decisão individual ou coletiva e aplicá-los a situações reais, na formulação da significância empírica. Ver John von Neumann e Oskar Morgenstern, *Theory of Games and Economic Behavior*. New York: Interbooks, 2021. Na ciência política, os jogos mais mobilizados são o dilema do prisioneiro, a tragédia dos comuns e os jogos cooperativos. O dilema do prisioneiro ocorre quando quem toma uma decisão de forma individual é levado a trabalhar com uma decisão não ideal em consequência das dificuldades de cooperação. A tragédia dos comuns é uma situação em que a tomada individual de decisão obriga a administrar um recurso compartilhado com a expectativa de que, se não houver contenção na exploração desse recurso, ele se extinguirá, afetando toda a comunidade. Os jogos cooperativos representam situações de competição entre grupos de jogadores (coalizões) em razão da possibilidade de impo-

similar à de uma instituição, requer o equilíbrio de Nash para dar apoio a sistemas de decisões e incorporar comportamentos esperados de usuárias e usuários.[39] Nessa primeira ordem de problemas, as teorias da escolha racional possibilitam compreender os algoritmos como construtos humanos desenhados para a decisão, orientados pela formalização de interações que formam o comportamento coletivo. Os algoritmos, como instituições, são desenhados para otimizar a resolução de problemas ou a realização de tarefas.

No segundo enfoque analítico do institucionalismo de escolha racional, a interação entre humanos e interfaces digitais é conformada por algoritmos e em meio a camadas de complexos sistemas algorítmicos. Nesse sentido, os algoritmos têm o potencial de moldar o comportamento coletivo, mas ainda são os indivíduos que se orientam pelas regras e normas incorporadas nos algoritmos para maximizar suas preferências. Os algoritmos dão forma a diferentes situações nas quais os indivíduos interagem ao reagir ao ambiente, mas quem age são os indivíduos. Compreender os resultados dessas interações e suas consequências é essencial para o institucionalismo algorítmico.

Um exemplo de sistema algorítmico que reflete essas duas preocupações analíticas é o sistema de crédito social do governo chinês.[40] Na primeira dimensão analítica, esse sistema é desenhado pelo governo para otimizar a reforma moral da sociedade chinesa por meio da expansão de mecanismos de vigilância e da definição de recompensas e punições para as usuárias e os

sição externa. A teoria dos jogos não se limita a esses jogos e tem diferentes aplicações para a ciência política, a sociologia, a economia, a biologia e a ciência da computação, entre outras áreas.

39 Noam Nisan et al. (orgs.), *Algorithmic Game Theory*. Cambridge: Cambridge University Press, 2007.

40 Xin Dai, "Enforcing Law and Norms for Good Citizens: One View of China's Social Credit System Project". *Development*, v. 63, 2020.

usuários do sistema. O sistema interliga elementos os mais diversos, tais como hábitos de compra, amigos, trabalho voluntário, posicionamentos políticos e obediência às normas sociais para produzir *scores* de crédito social que definem o acesso a bens sociais e serviços estatais. Embora diversas referências interpretem o desenvolvimento do crédito social como uma característica intrínseca do autoritarismo político do governo chinês, vale notar que diferentes plataformas adotam estratégias similares.[41] Exemplos disso são as plataformas algorítmicas de serviços financeiros ou de recrutamento e contratação de trabalhadores. O sistema de crédito social modifica as interações na sociedade ao fazer com que usuárias e usuários joguem com o algoritmo a fim de maximizar sua utilidade e evitar punições.

O institucionalismo de escolha racional nos faz atentar para o *design* dos algoritmos e também para a maneira como os indivíduos interagem com interfaces digitais movidas por algoritmos. As teorias da escolha racional são uma ferramenta proveitosa para a análise das complexidades da agregação de preferências e das maneiras pelas quais os algoritmos guiam ações ao mesmo tempo que são afetados pela agência.

Institucionalismo histórico

O institucionalismo histórico é uma abordagem que se concentra no modo como o tempo, as sequências históricas e a dependência de trajetória conformam as instituições que afetam o comportamento social, político e econômico, acima de tudo, ao limitar as opções apresentadas como viáveis. Ele geralmente começa por quebra-cabeças surgidos de observações empíricas,

41 Jenna Burrell e Marion Fourcade, "The Society of Algorithms". *Annual Review of Sociology*, v. 47, 2021, p. 225.

para, então, definir as situações e os quadros que orientam as preferências.[42]

Essa abordagem crítica ao institucionalismo de escolha racional parte da premissa de que as preferências dos atores não podem ser compreendidas ou inferidas sem a análise do contexto. Enquanto a abordagem da escolha racional emprega a lógica dedutiva para designar preferências aos atores e criar modelos formais, o institucionalismo histórico usa a lógica indutiva, analisando as preferências em contexto.[43] Os estudos que se baseiam no institucionalismo histórico são em geral diacrônicos, e neles o tempo é visto como variável fundamental para a compreensão das preferências.[44] Um ponto central dessa abordagem é a atenção significativa ao desenvolvimento histórico das instituições e à dependência de trajetória delas.

Conceito central para a compreensão das raízes do institucionalismo histórico, a dependência de trajetória significa que o desenvolvimento histórico de uma instituição produz dinâmicas inerciais. Quando uma instituição se forma, escolhas iniciais influenciam futuras possibilidades e escolhas.[45] Para o institucionalismo histórico, as preferências são endógenas às instituições, moldadas por ideias e trajetórias que exercem nos

42 K. Thelen, "Historical Institutionalism in Comparative Politics", op. cit.

43 Margaret Levi, "A Model, a Method and a Map: Rational Choice in Comparative and Historical Analysis", in M. I. Lichbach e A. S. Zuckerman (orgs.), *Comparative Politics: Rationality, Culture and Structure*. Cambridge: Cambridge University Press, 1997.

44 Paul Pierson, *Politics in Time: History, Institutions, and Social Analysis*. Princeton: Princeton University Press, 2004.

45 Stephen D. Krasner, "Sovereignty: An Institutional Perspective". *Comparative Political Studies*, v. 21, n. 1, 1988; Theda Skocpol, *Protecting Soldiers and Mothers: The Political Origins of Social Policy in the United States*. Cambridge: Belknap, 1992; Paul Pierson, "Increasing Returns, Path Dependence and the Study of Politics". *American Political Science Review*, v. 94, n. 2, 2000; Paul Pierson e Theda Skocpol, "Historical Institutionalism in Contemporary Political Science", in I. Katznelson e H. V. Milner (orgs.), *Political Science: State of the Discipline*, op. cit.

agentes uma motivação cognitiva. Elas ganham forma em contextos marcados por quadros. Compreender por que os indivíduos se comportam conforme as normas significa compreender a consistência cognitiva formada historicamente, dando, assim, significado às ações.[46] Os agentes não atuam no interior de uma estrutura racional motivada pela análise de custo-benefício, e sim em contextos de significado construídos com o tempo.[47]

Os institucionalistas históricos veem as instituições como um legado de processos históricos concretos.[48] O *feedback* positivo explica a formação e a transformação das instituições, desde as escolhas institucionais iniciais, e como ele próprio reforça tais escolhas.[49] As estruturas cognitivas que dão forma às ações dos agentes são criadas pelos crescentes retornos relacionados a esse *feedback* positivo. O desenvolvimento histórico das instituições depende desses retornos crescentes e condiciona o processo de mudança.[50] Por exemplo, o desenvolvimento institucional conduz o desenvolvimento tecnológico, não por meio da evolução, mas de mudanças baseadas nos retornos crescentes e nas

46 Um exemplo ilustrativo pode ser encontrado no uso de algoritmos para aferir a tendência de um indivíduo para reincidir na criminalidade. Nos Estados Unidos, os experimentos realizados em tribunais equipados com o *software* Correctional Offender Management Profiling for Alternative Sanctions (Compas - Gestão da Caracterização do Perfil de Infratores Correcionais para Sanções Alternativas) chegaram a resultados que impunham maiores punições a pessoas negras que a pessoas brancas com histórico similar. A automação da justiça criminal tendeu a incorporar suas trajetórias de dependência porque os dados tipicamente remetiam a escolhas ou ideias iniciais que estruturavam a instituição naquele momento. Ver Andrew Lee Park, "Injustice Ex Machina: Predictive Algorithms in Criminal Sentencing". UCLA *Law Review*, 19 fev. 2019.

47 Sven Steinmo, "Historical Institutionalism the Cognitive Foundations of Cooperation". *Public Performance & Management Review*, v. 44, n. 5, 2019.

48 Karen Orren e Stephen Skowronek, "Beyond the Iconography of Order: Notes for a 'New Institutionalism'", in L. C. Dodd e C. Jillson (orgs.), *The Dynamics of American Politics*. Boulder: Westview. 1994.

49 P. Pierson, "Increasing Returns, Path Dependence and the Study of Politics", op. cit.

50 John Zysman, "How Institutions Create Historically Rooted Trajectories of Growth". *Industrial and Corporate Change*, v. 3, n. 1, 1994.

dinâmicas históricas.[51] Em geral, as mudanças tecnológicas respeitam a dependência de trajetória de acordo com o *feedback* positivo, em um processo no qual os agentes ajustam suas estratégias aos padrões prevalecentes.[52] A mudança surge de processos condicionados pela dependência de trajetória, em que conjunturas críticas muitas vezes criam as condições para eventos e em que atores fazem escolhas que terão legados e compelirão opções futuras.[53] Para além de suas intuições iniciais sobre o papel de fatores exógenos, como as crises, os institucionalistas históricos complexificaram suas perspectivas, enriquecendo-as com nuances ao conceber as mudanças como algo gradual, decorrente da pressão exercida pelos atores e das dinâmicas políticas endógenas que ocorrem no interior da instituição.

O institucionalismo histórico pode ser uma ferramenta analítica interessante para abordar o poder dos algoritmos. Uma leitura institucional histórica destes tem como premissa a maneira

51 O conceito de retornos crescentes se originou da economia e foi incorporado à análise histórica das instituições. Retornos crescentes consistem na tendência do ator que já está à frente a avançar ainda mais no mercado, na indústria ou nos negócios. Em contrapartida, atores que perdem a vantagem tendem a perder ainda mais. Os retornos crescentes são mecanismos de *feedback* positivo que reforçam o que é exitoso ou enfraquecem o que está em baixa. Esse conceito é aplicado ao estudo de mudanças tecnológicas, mostrando como o *feedback* positivo tende a reforçar a liderança em mercados ou em determinado setor econômico, amplificando o poder político e de mercado com o passar do tempo. Por exemplo, o poder político das empresas de tecnologia deriva de sua função como intermediárias de mercado, em que o poder de mercado se converte em poder político porque os consumidores são motivados pela conveniência produzida pelos algoritmos. O *feedback* positivo, baseado na conveniência do consumidor, cria retornos crescentes e tendências a reforçar o poder de mercado de alguns setores da tecnologia, como as grandes empresas tecnológicas do Vale do Silício. Ver Pepper D. Culpepper e Kathleen Thelen, "Are We All Amazon Primed? Consumers and the Politics of Platform Power". *Comparative Political Studies*, v. 53, n. 2, 2021.

52 W. Brian Arthur, "Competing Technologies, Increasing Returns, and Lock-In by Historical Events". *Economic Journal*, v. 99, n. 394, 1989.

53 Giovanni Capoccia, "Critical Junctures and Institutional Change", in J. Mahoney e K. Thelen (orgs.), *Advances in Comparative-Historical Analysis*. Cambridge: Cambridge University Press, 2015.

pela qual eles estruturam as relações de poder ao longo do tempo, codificando as escolhas iniciais e desencadeando processos de dependência de trajetória que influenciam o comportamento futuro (tanto de humanos como de outros algoritmos). Os sistemas algorítmicos trazem em si estruturas cognitivas, o que os leva a reproduzir estruturas e normas por meio do enquadramento de modelos de negócios que produzem *feedbacks* positivos, além de criar uma tendência de reforço das escolhas iniciais que definem as trajetórias.

O *design* do algoritmo, seguindo uma leitura institucionalista histórica, estará voltado à compreensão do contexto histórico mais amplo que ajuda a entender como aquela instituição passou a existir, e também os retornos e o *feedback* positivo que levaram a desenvolvimentos marcados pela dependência de trajetória. Um algoritmo incorpora sua própria dependência de trajetória, pois sua formação (*design*) e suas interações dependem de *feedback* positivo e da produção de retornos crescentes para organizar estruturas cognitivas a partir dos quadros. O poder dos algoritmos reside em como eles organizam a consistência cognitiva para orientar o comportamento de cidadãs e cidadãos.

As interações dos indivíduos com os algoritmos, segundo os termos do institucionalismo histórico, serão moldadas pelos processos históricos em que os algoritmos incorporam mudanças, adaptam-se ao ambiente e produzem padrões.[54] Os algoritmos incorporam esses padrões em seu desenho e reproduzem uma

54 Um dos postulados do *design* de algoritmos é que estes devem garantir a otimização a fim de que se alcance um objetivo determinado previamente. O argumento aqui defendido é o de que regras racionais para a validação de sistemas nem sempre dependem de otimização; às vezes, dependem também de processos históricos que requerem a constante adaptação e modificação do algoritmo. Nesse sentido, um algoritmo nem sempre é uma solução definitiva, dependendo de padrões construídos no tempo. Os retornos crescentes se fundamentam nesse processo.

trajetória anterior quando ela tiver retornos crescentes. Mudanças posteriores no algoritmo são condicionadas por essa trajetória, o que pode ocorrer por meio de sobreposição [*layering*], deriva [*drift*], conversão [*conversion*] ou deslocamento [*displacement*].[55]

O aprendizado de máquina, a programação dinâmica e os algoritmos recursivos ou de *backtracking* incorporam uma lógica que aprende com o passado para resolver problemas e cumprir tarefas. Os algoritmos de aprendizado de máquina criam consistência cognitiva a partir de dados, a fim de produzir classificações e, com base nisso, organizar decisões fundamentadas por preferências estruturadas que precedem a resolução de problemas. Mesmo que um sistema algorítmico incorpore novas práticas a partir de conjunturas críticas, suas mudanças tendem a ser graduais, à medida que escolhas, regras e procedimentos reforcem decisões iniciais.

Embora os algoritmos mudem com o tempo, as interações disparadas por eles tendem a reiterar as escolhas iniciais do

55 A mudança institucional é um tópico comum nos estudos do institucionalismo histórico. As instituições podem mudar como resultado de choques exógenos ou de conjunturas críticas, ou então podem mudar como resultado de desenvolvimentos endógenos que tenham um caráter incremental. Essas mudanças incrementais, segundo Mahoney e Thelen, podem ocorrem a partir de quatro tipos ideais: (1) a sobreposição acontece por meio de emendas, revisões ou acréscimos a regras existentes; (2) a deriva ocorre quando as regras permanecem as mesmas, mas seus efeitos mudam em decorrência de alterações nas condições externas; (3) a conversão resulta do redirecionamento das instituições, promovido pelos atores, para metas e efeitos que não estavam no cerne de suas propostas e enfoques iniciais; (4) o deslocamento ocorre quando novas regras substituem as anteriores. O deslocamento pode ser uma mudança abrupta e acarretar uma alteração radical, como frequentemente mostram as principais teorias institucionalistas. Ver J. Mahoney e K. Thelen, "A Theory of Gradual Institutional Change", op. cit.; ver também Jacob S. Hacker, Paul Pierson e Kathleen Thelen, "Drift and Conversion: Hidden Faces of Institutional Change", in J. Mahoney e K. Thelen (orgs.), *Advances in Comparative-Historical Analysis*. Cambridge: Cambridge University Press, 2015; Edward Anthony Koning, "The Three Institutionalisms and Institutional Dynamics: Understanding Endogenous and Exogenous Change". *Journal of Public Policy*, v. 36, n. 4, 2016.

design e parte de suas consequências inesperadas. Por exemplo, discursos de ódio, informações equivocadas e desinformação continuam a ser disseminados nas mídias sociais mesmo com as camadas de controle estabelecidas pelas mudanças regulatórias. As corporações que controlam os algoritmos das mídias sociais não são totalmente capazes de mudar as escolhas iniciais do modelo de negócio das plataformas, pois o discurso de ódio e as informações equivocadas ou falsas estão entranhados em seu modo de funcionar. A regulação de conteúdo das plataformas é, portanto, inerente e continuamente marcada pela dependência de trajetória.

Institucionalismo discursivo

O institucionalismo discursivo abrange tradições bastante diferentes entre si, mas que reconhecem a centralidade dos discursos na construção de preferências e na maneira pela qual são estabelecidas as orientações normativas que moldam as interações. A partir das contribuições de John Dryzek, Vivien Schmidt aponta que o "'institucionalismo' do institucionalismo discursivo sugere que essa abordagem não se limita à comunicação de ideias ou ao 'texto', mas também se volta ao contexto institucional no qual, e por meio do qual, as ideias são comunicadas mediante o discurso".[56] O institucionalismo discursivo sinaliza o poder das ideias incorporadas nos discursos.[57] Ele desvenda a relevância dos discursos em dar forma às regras e aos padrões que governam a interação humana, ao mesmo tempo que revela como as

56 Vivien A. Schmidt, "Discursive Institutionalism: The Explanatory Power of Ideas and Discourse". *Annual Review of Political Science*, v. 11, 2008, p. 5.
57 Id., "Taking Ideas and Discourse Seriously: Explaining Change through Discursive Institutionalism as the Fourth 'New Institutionalism'". *European Political Science Review*, v. 2, n. 1, 2010.

interações humanas criadoras de sentido afetam essas regras e esses padrões.

O papel das ideias está bem documentado na literatura institucionalista, com contribuições relevantes do institucionalismo histórico[58] e do institucionalismo sociológico.[59] O institucionalismo discursivo, porém, enfatiza como as ideias ganham forma nos discursos e por meio deles, dado que eles intermedeiam interações humanas.[60] Os discursos simultaneamente refreiam e viabilizam a ação humana, a ponto de funcionarem como uma força estrutural – delimitando o que é concebível e capaz de ser expresso –, mas também como um campo de ação criativa e inovações.[61] Os discursos são a base comum que acolhe e molda nossas interações, ao mesmo tempo que expressam a dimensão inovadora da agência em relação a essa esfera comunal.

Nesse sentido, os discursos são particularmente relevantes para a compreensão da estabilidade e da mudança na realidade social.[62] De um lado, eles expressam e estabelecem valores sociais, significados culturais subentendidos e as relações de poder de determinado contexto. De outro, podem lançar luz sobre esses elementos sociopolíticos e promover a mudança. Os discursos estão assentados em quadros, que são padrões compartilhados de interpretação que permeiam a maneira como os

58 Peter A. Hall, "The Movement from Keynesianism to Monetarism: Institutional Analysis and British Economic Policy in the 1970s", in S. Steinmo, K. Thelen e F. Longstreth (orgs.), *Structuring Politics*. Cambridge: Cambridge University Press, 1992; P. Pierson, *Politics in Time*, op. cit.

59 W. R. Scott, *Institutions and Organizations*, op. cit.

60 Norman Fairclough, *Analysing Discourse: Textual Analysis for Social Research*. New York: Routledge, 2003; C. Hay, "Constructivist Institutionalism", op. cit.; V. A. Schmidt, "Discursive Institutionalism", op. cit.

61 John S. Dryzek, *Deliberative Democracy and Beyond: Liberals, Critics, Contestations*. New York: Oxford University Press, 2000.

62 N. Fairclough, *Discurso e mudança social*, trad. Izabel Magalhães et al. Brasília: Editora UnB, 2001.

atores sociais definem uma situação e se engajam nela.[63] Embora os quadros sejam reproduzidos e cristalizados por meio de suas encarnações discursivas, eles também são desafiados por outros quadros nas interações discursivas.

O institucionalismo discursivo se funda sobre essas concepções a fim de compreender os processos interativos por meio dos quais as instituições surgem, persistem ou mudam. De acordo com Schmidt, o institucionalismo discursivo é particularmente útil em *endogenizar* a mudança, "explicando em grande medida como e por que atores públicos promovem a mudança institucional por meio da ação pública".[64] Ao investigar as atividades de criação de sentido dos indivíduos em suas interações discursivas, a abordagem pode captar como os atores constroem problemas públicos e buscam transformar os contextos nos quais agem por meio da mudança dos quadros usados para definir esses contextos. Mais que um conjunto de regras formais, as instituições são vistas como construtos contingentes baseados em quadros discursivos, indicando o jogo complexo entre estrutura e agência.

A abordagem do institucionalismo discursivo, portanto, concebe as instituições como um produto de entendimentos sociais, negociáveis e renegociáveis nas práticas discursivas. As instituições representam regras baseadas em entendimentos contingentes e contextuais que são incorporados em discursos.[65] Dado que as instituições são contingentes, o institucionalismo discursivo está menos preso à afirmação da permanência e da previsibilidade na sociedade e mais ligado à perspectiva da mudança. As instituições precisam se adaptar e lidar com as mudanças no ambiente, em vez de funcionar como fundações estáveis de pedra

63 E. Goffman, *Os quadros da experiência social*, op. cit.

64 V. A. Schmidt, "Discursive Institutionalism", op. cit., p. 308.

65 C. Hay, "Good in a Crisis: The Ontological Institutionalism of Social Constructivism". *New Political Economy*, v. 21, n. 6, 2016.

maciça que coordenam ou exercem coerção sobre as interações sociais.[66] No institucionalismo discursivo, as mudanças no discurso são componentes necessários da mudança institucional. Ao analisar discursos, uma pessoa pode captar a natureza dinâmica das instituições. Quando alguém investiga, por exemplo, os embates discursivos relativos à mudança climática observados na Organização das Nações Unidas (ONU), pode mapear as tensões, contradições, tendências e perspectivas dominantes que permeiam as decisões dessa instituição.

Os algoritmos podem ser vistos pela lente do institucionalismo discursivo de, pelo menos, quatro maneiras, pois as experiências algorítmicas são sempre, de algum modo, discursivas.[67] Primeiro, há quadros incorporados aos algoritmos, moldando entendimentos de mundo. Quando os algoritmos reproduzem vieses raciais, por exemplo, percebe-se como certas concepções de mundo são assimiladas de maneira supostamente técnica.[68] Segundo, os algoritmos enquadram o contexto em que atuam, ajudando a moldar o envolvimento de outros algoritmos e de humanos em determinada situação. Eles criam contextos de sentido e *affordances* para as ações de outros agentes (que podem

66 N. Fairclough, *Discurso e mudança social*, op. cit.; Vivien A. Schmidt, "Speaking of Change: Why Discourse is Key to the Dynamics of Policy Transformation". *Critical Policy Studies*, v. 5, n. 2, 2011.

67 André Lemos e Leonardo Pastor, "Experiência algorítmica: Ação e prática de dado na plataforma Instagram". *Contracampo*, v. 39, n. 2, 2020.

68 Em muitas situações, os algoritmos de inteligência artificial reproduzem vieses ou formas de discriminação, a partir da falta de diversidade nos processos de *design* de tecnologia. Resulta disso que o sexismo, o racismo e outras formas de discriminação acabem se incorporando aos algoritmos de aprendizado de máquina subjacentes à tecnologia por trás de muitos sistemas "inteligentes" que moldam como somos categorizados e retratados. Em muitos sentidos, essas formas de discriminação derivam de uma indústria computacional da qual fazem parte poucas mulheres, pessoas negras ou de diferentes orientações sexuais, por exemplo. A esse respeito, ver Kate Crawford, *Atlas of AI*, op. cit.

ou não ser humanos).[69] Terceiro, os algoritmos podem ser vistos como argumentos em disputas discursivas mais amplas em curso na esfera pública.[70] Quarto, os algoritmos podem ser desafiados por outros discursos, capazes de trazer à luz suas estruturas ou apontar suas implicações possíveis e efetivas. Em essência, os algoritmos podem ser confrontados discursivamente, o que ocasionalmente leva à mudança, à regulação e à governança.

A perspectiva institucionalista na análise de sistemas algorítmicos

Os ramos do novo institucionalismo apresentados anteriormente definem diferentes maneiras pelas quais os algoritmos podem ser abordados como instituições. Essas abordagens não são necessariamente conflitantes, e as fronteiras entre uma e outra muitas vezes se confundem.[71] Trata-se de perspectivas gerais que organizam diferentes maneiras de abordar como regras formais e informais estabelecidas pelas instituições moldam relações de poder e campos de ação humana.

Os sistemas algorítmicos, quando concebidos como instituições, podem ser abordados através das lentes analíticas dessas perspectivas. A partir dos conceitos introduzidos até aqui, nossa grade analítica exige atenção a seis aspectos-chave: construção e desenho de instituições; processos históricos; regras e normas;

69 A criação de sentido é central para as bases do novo institucionalismo. Esses sentidos definem a legitimidade de uma instituição e os termos do comportamento apropriado dos indivíduos na sociedade. Ver J. G. March e J. P. Olsen, "The New Institutionalism", op. cit. Mais que jogos ou interações, ou mesmo processos históricos e organizações, as instituições encarnam estruturas de sentido para os indivíduos, conforme quadros definidos em sistemas de valor.

70 C. Wagner et al., "Measuring Algorithmically Infused Societies", op. cit.

71 K. Thelen, "Historical Institutionalism in Comparative Politics", op. cit.

relações de poder; *gaming*; e dimensões discursivas. Esses aspectos podem, de um lado, conduzir a uma leitura abrangente e nuançada dos sistemas algorítmicos nas sociedades contemporâneas. De outro lado, também nos ajudam a refletir sobre as novidades trazidas pelas sociedades algorítmicas a fim de interpretar as instituições contemporâneas. Olhar para as instituições é lançar luz sobre o papel desempenhado pelos algoritmos, ao passo que olhar para os algoritmos é lançar luz sobre a necessidade de inovação nas teorias institucionalistas.

Construção e desenho de instituições

Uma compreensão adequada dos algoritmos que esteja fundamentada no institucionalismo algorítmico deve começar pelo entendimento de que os sistemas algorítmicos são, como qualquer outra instituição, construídos por atores sociais. As instituições não existem *a priori*, acima dos seres humanos. Elas são construídas socialmente e, portanto, carregam as marcas das relações e intenções de seu contexto.

Além disso, o processo de construção de algoritmos envolve o *design*. Enquanto algumas instituições sociais aparecem a partir da estabilização de padrões de interação pressupostos, os algoritmos são desenvolvidos intencionalmente, ainda que suas consequências não possam ser totalmente planejadas ou antevistas. Os algoritmos são planejados como ferramentas para a racionalização de processos decisórios diante de um dado contexto de incertezas, recorrendo a uma série de prescrições.[72] O fato de serem projetados não significa que seus *designers* tenham consciência completa de todas as pressuposições presentes nesses artefatos. O *design* acontece em contextos sociais, e fatores

72 H. A. Simon, *The Sciences of the Artificial*. Cambridge: MIT Press, 1996.

culturais e políticos pressupostos estão sempre no núcleo de sua construção. Some-se a isso que o *design* não garante uma previsibilidade completa dos resultados nem controle humano total sobre o escopo de decisões. Os algoritmos são partes de complexos sistemas algorítmicos e, assim, moldam as interações humanas com interfaces digitais e interagem com outros algoritmos e humanos, o que resulta em *outputs* não totalmente previsíveis e em um *design* mais dinâmico do que se costuma imaginar.

> [Algoritmos] consistem de partes que em geral são produzidas independentemente, muitas vezes de maneira distribuída. Sobretudo quando os algoritmos se materializam como código, eles não são tanto um todo definível, e sim pecinhas e pedacinhos de partes reutilizáveis compartilhadas por toda a internet e inseridas em milhares de sistemas. Códigos e algoritmos dificilmente são, portanto, produto de um único criador, seja ele um indivíduo, seja uma organização. Seu trabalho é global, distribuído, realizado pouco a pouco, e emprega fluxos de trabalho que, por meio do labor humano, reúnem fragmentos em produtos.[73]

O institucionalismo algorítmico exige um detido escrutínio desses processos complexos de construção institucional. Quem foi responsável pelo desenvolvimento do algoritmo? Quais foram os propósitos originais de sua criação? Como transcorreu o processo de *design*? Em que contexto ele ocorreu? Como essa peça algorítmica interage com outros algoritmos em conjuntos [*assemblages*] complexos? Que fatores afetaram esses processos de construção? Qual foi o papel desempenhado pelos humanos nas muitas fases do *design* desse algoritmo? De maneira mais geral, qual é o contexto social da construção de algoritmos hoje?

73 C. Aradau e T. Blanke, *Algorithmic Reason*, op. cit., p. 6.

Uma segunda dimensão presente em uma análise orientada pelo institucionalismo algorítmico é a histórica. Assim como ocorre com qualquer instituição, uma compreensão adequada de determinado sistema algorítmico requer um entendimento de seu lugar no tempo. Isso significa que os algoritmos são artefatos, nascidos em contextos específicos e que passam por um desenvolvimento constante no que diz respeito a suas circunstâncias históricas. Os algoritmos incorporam trajetórias e são produzidos, sedimentados e transformados ao longo do tempo. Longe de serem a-históricos, trata-se de incorporações situadas de relações sociais em padrões de tomada de decisão. Não é por acaso, para ficar em dois exemplos, que alguns algoritmos de contratação de pessoal tenham vieses capacitistas[74] ou que algoritmos empregados no sentenciamento criminal revelem profundos vieses racistas.[75]

A dimensão histórica do institucionalismo algorítmico sugere a necessidade de dar atenção especial a dois conceitos derivados do institucionalismo. O primeiro é o de *conjunturas críticas*.[76] Trata-se de momentos de incerteza nos quais a mudança é mais provável e os atores, como fator causal, podem ser mais decisivos na indicação de uma direção para a mudança institucional. Situações de *deriva* e *conversão* são particularmente relevantes nessas conjunturas críticas.[77] Nas primeiras, uma dada instituição permanece tal como era em meio a um contexto de mudanças, enquanto nas últimas os atores redirecionam as instituições de

74 Podem-se encontrar mais informações no relatório de 2020 do Center for Democracy and Technology (CDT): *Algorithms in Hiring Tests Make It Easier to Discriminate against People with Disabilities*.

75 A. L. Park, "Injustice Ex Machina", op. cit.; Tarcízio Silva, *Racismo algorítmico: Inteligência artificial e discriminação nas redes digitais*. São Paulo: Edições Sesc, 2022.

76 P. Pierson, *Politics in Time*, op. cit.

77 J. S. Hacker, P. Pierson e K. Thelen, "Drift and Conversion", op. cit.

modo a alterá-las significativamente em relação a suas origens. Nesse sentido, os algoritmos podem ser transformados ou mantidos no lugar em momentos de incerteza e abertura.

O segundo conceito com relevância central para o institucionalismo algorítmico é o de *dependência de trajetória*.[78] As dinâmicas inerciais das instituições mostram que algumas escolhas têm implicações porque influenciam escolhas futuras. No contexto dos algoritmos, as implicações são de dois tipos. Em primeiro lugar, o desenvolvimento de algoritmos é marcado pela dependência de trajetória, pois as decisões-chave afetam as decisões subsequentes. Em segundo lugar, os algoritmos podem ser considerados uma reificação da dependência de trajetória. Ao desenhar sequências lógicas, eles não são capazes de dar espaço à reflexividade (gerada pela dúvida) em seus processos de tomada de decisões. Com isso, constroem profecias autorrealizáveis, projetando futuros que são retratos do passado. A flexibilidade que a lógica algorítmica é capaz de acomodar não é aquela demandada pela reflexibilidade, que surge da incerteza em relação ao próximo passo. Desprovidos de hesitação, os algoritmos seguem padrões estabelecidos, projetando-se, assim, no futuro. Por exemplo, lidar com sistemas legados é algo essencial para empresas e governos no processo de mudança e inovação. Isso porque tais sistemas velhos e ultrapassados definem as regras de negócio iniciais; estas seguem incorporadas aos sistemas sociotécnicos, o que pode restringir a evolução do sistema e reforçar a dependência de trajetória.[79]

O enfoque histórico de uma análise fundamentada no institucionalismo algorítmico pode se voltar a muitas questões relevantes: qual foi a trajetória histórica de um sistema algorítmico?

78 S. D. Krasner, "Sovereignty", op. cit.

79 Ashley R. Davis, "A Conceptual Framework for Understanding Path Dependency and Technology Option Evaluation when Valuing IT Opportunities". *International Journal of Business and Social Science*, v. 6, n. 1, 2015.

Que valores orientaram explícita e implicitamente o *design* desse algoritmo específico? O sistema algorítmico mudou com o passar do tempo? Em caso afirmativo, como, por que e em que direção? Quais foram as conjunturas críticas que possibilitaram a mudança ou foram superadas sem que houvesse mudança? As escolhas feitas na ocasião do *design* do algoritmo demonstraram a tendência para se reproduzir com o tempo? Como esse sistema algorítmico projeta escolhas passadas na construção de futuros?

Regras e normas

A terceira dimensão da perspectiva do institucionalismo algorítmico é o mapeamento de regras e normas que estabelecem o escopo de possibilidades para o comportamento dos indivíduos e suas consequências para a coletividade. Esse é o cerne da grade analítica. Tal como ocorre com qualquer outra instituição, os algoritmos afetam seu contexto social ao estabelecer regras formais e informais que balizam (sem determinar) o comportamento humano.

Há dois níveis possíveis de análise aqui. O primeiro enfoca algoritmos específicos, compreendendo suas *affordances*, os rumos de ação que eles podem ensejar e os tipos de comportamento que tendem a induzir ou restringir. Algoritmos de *matching*, a exemplo dos usados por aplicativos de encontros como o Tinder, tendem a induzir certas formas de comportamento e a descartar determinadas informações em detrimento de outras, afetando profundamente não apenas os indivíduos como a própria maneira de vivenciar o amor nas sociedades contemporâneas.[80] O segundo nível de análise se detém não

80 Eva Illouz, *O amor nos tempos do capitalismo*, trad. Vera Ribeiro. Rio de Janeiro: Zahar, 2011.

em um algoritmo específico, mas no ambiente algorítmico de maneira mais ampla, a fim de compreender como ele influencia formas de comportamento. É o caso, por exemplo, de estudos que indicam como as mídias sociais (de maneira geral, não apenas plataformas específicas) moldam formas mais polarizadas de disputa política.[81] É também o caso de estudos variados que mostram como o racismo pode ser aprofundado pelo viés racial entranhado nos mais diversos tipos de algoritmo, desde artefatos de vigilância até ferramentas de diagnóstico de saúde.[82]

Nessa terceira dimensão, o institucionalismo algorítmico busca tratar de questões-chave: que regras formais e informais são estabelecidas ou fortalecidas por esse sistema algorítmico? Que tipos de comportamento individual são induzidos ou coibidos por esses algoritmos? Como essa influência acontece? Que consequências coletivas podem ser observadas a partir desses conjuntos de regras? Quão fortes são essas regras? Que mecanismos de garantia são usados para mantê-las?

Relações de poder

O poder está no centro da grade analítica do institucionalismo algorítmico e merece uma discussão mais atenta. A definição de poder é marcada por debates e controvérsias intensos nas ciências sociais, por ele ser multifacetado e intangível. Com sua natureza dual, o poder restringe mas também viabiliza a ação.

81 Jakob Ohme, "Algorithmic Social Media Use and Its Relationship to Attitude Reinforcement and Issue-Specific Political Participation. The Case of the 2015 European Immigration Movements". *Journal of Information Technology & Politics*, v. 18, n. 1, 2021.
82 Safiya Umoja Noble, *Algoritmos da opressão: Como o Google fomenta e lucra com o racismo*, trad. Felipe Damorim. Santo André: Rua do Sabão, 2021; Ruha Benjamin, *Race after Technology*. New York: Polity, 2019; T. Silva, *Racismo algorítmico*, op. cit.

O poder está intrinsecamente ligado à agência, ao mesmo tempo que revela estruturas profundamente enraizadas que dão forma a contextos e atores. Nosso ponto de partida deve considerar que os algoritmos estão inseridos em relações que exercem e efetivam o poder na sociedade, com implicações políticas diversas.

Entre as muitas definições de poder, a concepção de Thomas Hobbes enfatizou sua natureza coercitiva, concebendo-o como um instrumento para assegurar a obediência.[83] O caráter vertical da concepção hobbesiana pode ser sintetizado na expressão "poder sobre". Max Weber expandiu essa noção de "poder sobre" ao enfatizar o caráter relacional do poder, definindo-o como a "probabilidade de impor a própria vontade numa relação social, mesmo contra resistências".[84] O poder é, assim, uma capacidade inerentemente relacional e encarna assimetrias. Relações de poder dependem de instrumentos e recursos disponíveis aos agentes, tais como a coerção[85] ou a habilidade retórica de lidar com ideias e valores.[86]

Esse entendimento tornou-se mais complexo conforme outras dimensões do poder foram reveladas. Primeiramente, Bachrach e Baratz apontaram uma segunda dimensão, que é o poder de evitar a ação ou decisões.[87] O controle sobre a agenda é central para uma compreensão adequada de como o poder é exercido. Lukes acrescentou uma terceira dimensão ao conceito, afirmando que o poder muitas vezes operava de maneiras mais

83 Thomas Hobbes, *Leviatã: Ou matéria, forma e poder de uma república eclesiástica e civil*, org. R. Tuck, trad. João Paulo Monteiro e Maria Beatriz Nizza da Silva. São Paulo: Martins Fontes, 2003.

84 Max Weber, *Economia e sociedade*, v. 1, op. cit., p. 33.

85 Ibid.

86 Harold D. Lasswell e Abraham Kaplan, *Power and Society: A Framework for Political Inquiry*. New York: Routledge, 2017.

87 Peter Bachrach e Morton S. Baratz, "Duas faces do poder", trad. Gustavo Biscaia de Lacerda. *Revista de Sociologia Política*, v. 19, n. 40, 2011.

sutis e invisíveis, conformando a vontade dos indivíduos por meio de estruturas e instituições.[88]

Michel Foucault debruçou-se sobre uma concepção similar através de caminhos teóricos diversos. Para ele, o poder tem um caráter difuso, moldando as estruturas que reproduzem os padrões responsáveis por dar sentido às ações.[89] Com isso, Foucault também se mostrou atento às forças geradoras do poder. O poder não é apenas repressão; "deve-se considerá-lo como uma rede produtiva que atravessa todo o corpo social".[90] O poder não é episódico: ele transcende o corpo social e o incorpora no discurso, no conhecimento e nos regimes de verdade. Buscando explicar o funcionamento presente do poder, Foucault apresenta o conceito de *governamentalidade*, que se refere a uma racionalidade baseada em instituições, procedimentos, estratégias, técnicas e práticas usadas para administrar populações - algo que, para ele, estava no cerne das instituições contemporâneas.[91]

Essas variadas concepções levam a entendimentos diversos do poder dos sistemas algorítmicos. Por uma perspectiva hobbesiana, o poder dos algoritmos está em uma estrutura mais coercitiva que conduz a uma espécie de *algocracia*. Tal definição foi cunhada por A. Aneesh para buscar compreender espaços virtuais transnacionais nos quais as relações de trabalho passam a ser construídas coercitivamente em códigos e dados.[92] O termo se refere a "uma situação na qual sistemas baseados em algoritmos estruturam e restringem as oportunidades para a participação humana na tomada de decisões pública e na

88 Steven Lukes, *Power: A Radical View*. London: Palgrave-Macmillan, 2005.

89 Michel Foucault, *Nascimento da biopolítica*, trad. Eduardo Brandão. São Paulo: Martins Fontes, 2008.

90 Id., *Microfísica do poder*, trad. Roberto Machado. Rio de Janeiro: Paz e Terra, 2017, p. 8.

91 Id., *Nascimento da biopolítica*, op. cit.

92 A. Aneesh, *Virtual Migration*, op. cit.

compreensão dela".[93] John Danaher atualmente trata o conceito como a habilidade que os sistemas algorítmicos têm de impor uma nova ordem social baseada em mecanismos coercitivos movidos a algoritmos.[94] A partir dessa perspectiva, os sistemas algorítmicos definem um novo tipo de Leviatã, formado por estruturas coercivas associadas à adesão voluntária - ainda que tácita - das pessoas a essa nova ordem.[95]

Uma abordagem mais complexa do poder algorítmico assenta-se na definição de Foucault. Conforme os sistemas algorítmicos permeiam mais intensamente a sociedade, eles funcionam com um instrumento de administração da população, amplificando as possibilidades de governamentalidade.[96] A noção de governamentalidade algorítmica, proposta por Antoinette Rouvroy e Thomas Berns, baseia-se em uma racionalidade que extrai conhecimento de atitudes individuais, acumulando-o a fim de administrar populações por meio não de médias estatísticas, mas da criação de perfis baseados nas relações entre pontos de dados.[97] "O processamento em massa de dados não tem como objetivo o julgamento, a punição ou o controle de comportamentos passados; ao contrário, busca guiar comportamentos futuros a fim de governar ou domar a incerteza."[98] Ao enfocar as formas de relação e a decomposição dos sujeitos em pontos de dados, a

93 John Danaher, "The Threat of Algocracy: Reality, Resistance and Accommodation". *Philosophy & Technology*, v. 29, 2016, p. 246.

94 Ibid.

95 Pascal D. König, "Dissecting the Algorithmic Leviathan: On the Socio-political Anatomy of Algorithmic Governance". *Philosophy & Technology*, v. 33, 2019.

96 Antoinette Rouvroy, "Governing Without Norms: Algorithmic Governmentality". *Psychoanalytical Notebooks*, n. 32, 2018.

97 A. Rouvroy e Thomas Berns, "Algorithmic Governmentality and Prospects of Emancipation". *Réseaux*, v. 177, n. 1, 2013.

98 Marco Antonio Souza Alves e Otávio Morato de Andrade, "Autonomia individual em risco? Governamentalidade algorítmica e a constituição do sujeito". *Cadernos Metrópole*, v. 24, n. 55, 2022, p. 1015.

governamentalidade algorítmica promove processos rarefeitos de subjetivação, que frustram o surgimento de sujeitos críticos ativos.[99]

Também influenciada por Foucault, Taina Bucher defende que os sistemas algorítmicos governam situações discursivas e a construção do conhecimento, criando novos regimes de verdade sustentados pelas mídias sociais. Sistemas algorítmicos não têm um poder intrínseco, pois não detêm o poder como uma capacidade. Os algoritmos são, em vez disso, "tecnologias de governo" que moldam novas formas de conhecimento e maneiras disruptivas de disciplina.[100] David Beer afirma, no mesmo sentido, que o poder dos sistemas algorítmicos não depende de capacidades intrínsecas desses artefatos, mas de como eles são construídos socialmente, "tentando entender como noções de algoritmo passam a habitar o mundo, como são enquadradas pelo discurso e o que se acredita que são capazes de alcançar".[101] O poder dos algoritmos reside na noção mais ampla de como eles mudam estruturas inteiras de comunicação e significado.

Essas diferentes abordagens do poder – e do poder algorítmico, mais especificamente – são importantes para a compreensão dos algoritmos como instituições. Uma compreensão abrangente do poder dos sistemas algorítmicos deve considerar seu caráter coercitivo, sua capacidade de influenciar decisões individuais por meio da limitação de alternativas disponíveis, seus efeitos no controle de agendas públicas, suas consequências para as preferências, os desejos e as concepções de si dos indivíduos, bem como suas implicações sociais mais amplas na configuração das relações sociais e das racionalidades que guiam a vida social. Ademais,

99 Ibid.
100 T. Bucher, *If... Then*, op. cit.
101 D. Beer, "The Social Power of Algorithms", op. cit., p. 10.

uma noção complexa do poder algorítmico deve compreender o poder não como uma capacidade intrínseca das tecnologias, mas como emergências relacionais, que se espalham pelo tecido social de maneiras mais ou menos tácitas. O poder algorítmico precisa, ainda, ser visto como algo que ao mesmo tempo possibilita e restringe, de modo a inibir determinados comportamentos e resultados sociais enquanto promove outros.

O institucionalismo, em sua diversidade, lida com essas diversas dimensões e aspectos do poder. Em termos gerais, conforme vimos neste capítulo, as teorias institucionais atentam para a maneira pela qual um artefato relacional (no caso, as instituições) oferecem regras, *scripts* e práticas que reduzem a incerteza ao restringir o leque de possibilidades disponíveis aos actantes ao mesmo tempo que possibilitam a ação. O poder das instituições está em sua capacidade de enquadrar os contextos em que os actantes exercem a agência. Ao configurar contextos de ação, as instituições estabelecem regras para a distribuição de recursos e, com isso, também as fronteiras para a ação (e a inação ou o impedimento da ação dos outros). Esse enquadramento de contextos está inserido historicamente e é permeado por assimetrias de poder e desigualdades sociais. Além disso, o poder das instituições está presente nos processos de socialização, afetando a construção de identidades e a formação de sentimentos de pertencimento, preferências e desejos. Isso também afeta a maneira como outras instituições operam, contribuindo de maneira mais ampla para a tessitura do tecido social.

Diferentes correntes da teoria institucional revelam as variadas raízes das relações de poder nas quais as instituições se inserem. O institucionalismo de escolha racional atribui o poder das instituições à sua capacidade de estabelecer equilíbrios no desempenho de certas funções por meio do acréscimo de incentivos (negativos e positivos) aos cálculos feitos pelos agentes.[102] O institucionalismo histórico defende que as instituições incorporam processos históricos e seus equilíbrios de poder instáveis e temporários.[103] O institucionalismo sociológico lança luz sobre o poder que as instituições têm de legitimar determinadas práticas, valores, escolhas, ideias e distribuição de recursos em detrimento de outras, de modo a estabilizar ou desafiar ordens existentes. Por fim, o institucionalismo discursivo enfatiza o poder dos discursos em enquadrar a realidade, guiando o envolvimento individual com outros actantes.[104]

Conforme aponta Napoli, quando pensados como instituições, os sistemas algorítmicos mostram-se entranhados em relações de poder, que interagem tanto com a estrutura como com a agência.[105] Esses sistemas organizam os contextos em que outros actantes exercem sua agência, sem determinar a maneira como os indivíduos vão se comportar, por exemplo. Olhando pela lente do institucionalismo, o poder dos sistemas algorítmicos reside em como as regras inscritas nos algoritmos calculam e organizam diferentes ambientes, definindo fronteiras para o envolvimento humano. Os algoritmos são artefatos que medeiam os relacionamentos entre humanos e entre humanos e sistemas, atribuindo papéis, classificando pessoas e hierarquizando interesses e diferentes perspectivas sobre o mundo.[106]

O institucionalismo algorítmico encara o desafio de compreender um processo complexo de profunda mudança nas regras e normas que guiam as interações sociais. Essas transformações

102 Douglass C. North, *Institutions, Institutional Change and Economic Performance*, op. cit.

103 K. Thelen, "Historical Institutionalism in Comparative Politics", op. cit.

104 C. Hay, "Constructivist Institutionalism", op. cit.; V. A. Schmidt, "Discursive Institutionalism", op. cit.

105 P. Napoli, "Automated Media", op. cit.

106 Ibid.

ficam evidentes, por exemplo, no surgimento de novas formas de regulação do comportamento humano,[107] de novas formas de manipulação e construção de agendas,[108] nas profundas mudanças organizacionais em muitas frentes,[109] nos novos padrões de governança e governamentalidade,[110] nas mudanças quanto ao entendimento da segurança[111] e na erosão das instituições democráticas.[112] Em todas essas situações, temos relações de poder.

O poder dos sistemas algorítmicos pressupõe novas práticas e novas maneiras de institucionalizar as coisas. Como veremos, essas relações de poder entre humanos e sistemas algorítmicos implicam formas de dominação e resistência, adesão e manipulação, legitimação e contestação, as quais afetam as práticas sociais por meio de suas instituições algorítmicas. Os algoritmos proporcionam aos seres humanos *insights* acionáveis que vão desde cálculos simples até aplicações mais complexas que podem influenciar, manipular ou gerir o comportamento.[113]

107 Karen Yeung, "Algorithmic Regulation: A Critical Interrogation". *Regulation & Governance*, v. 12, n. 4, 2018.
108 Tarleton Gillespie, "A relevância dos algoritmos", trad. Amanda Jurno. *Parágrafo*, v. 6, n. 1, 2018.
109 P. Napoli, "Automated Media", op. cit.
110 A. Rouvroy e T. Berns, "Algorithmic Governmentality and Prospects of Emancipation", op. cit.; Michael Veale e Irina Brass, "Administration by Algorithm? Public Management Meets Public Sector Machine Learning", in K. Yeung e M. Lodge (orgs.). *Algorithmic Regulation*. Oxford: Oxford University Press, 2019.
111 Louise Amoore, "Security and the Incalculable". *Security Dialogue*, v. 45, n. 5, 2014.
112 David Runciman, *Como a democracia chega ao fim*, trad. Sergio Flaksman. São Paulo: Todavia, 2018; John Keane, *The New Despotism*. Cambridge: Harvard University Press, 2020; Bryan Ford, "Technologizing Democracy or Democratizing Technology? A Layered Architecture Perspective on Potentials and Challenges", in L. Bernholz, H. Landemore e R. Reich (orgs.), *Digital Technology and Democratic Theory*. Chicago: The University of Chicago Press, 2021.
113 Hamid R. Ekbia, "Heteronomous Humans and Autonomous Agents: Toward Artificial Relational Intelligence", in J. Romportl, E. Zackova e J. Kelemen (orgs.), *Beyond Artificial Intelligence: The Disappearing Human-Machine Divide*. Cham: Springer, 2015.

Ao observar esses fenômenos complexos, o institucionalismo algorítmico busca se voltar a uma série de questões: como determinado algoritmo incorpora relações de poder? Quão poderoso é um sistema algorítmico? Como esse poder funciona? Os indivíduos têm resistido a esse poder? Quais são os resultados dessas relações de poder? Existem tentativas de controlar o poder de um algoritmo e responsabilizá-lo por suas consequências? As relações de poder existentes têm sido atualizadas e remodeladas por sistemas algorítmicos? Como as relações de poder dos algoritmos estão afetando as relações de poder nas sociedades contemporâneas?

Gaming

No mundo dos negócios, *gaming* é o termo usado para o ato de subverter a intenção de regras ou leis sem tecnicamente desrespeitá-las, de modo a ganhar algum tipo de vantagem, como classificações de crédito elevadas ou acesso a capital em termos favoráveis.[114] De maneira mais geral, trata-se de estratégias e táticas de usuárias e usuários para interagir de maneiras criativas com uma ordem estabelecida – algo como driblar ou contornar. Como há tempos demonstram os teóricos da escolha racional, os indivíduos lidam com regras e podem reinventá-las por meio de sua agência. Para a teoria institucional, isso se mostrou relevante para a contestação das análises que observam apenas a força das estruturas, antevendo, assim, uma espécie de determinismo institucional. As regras importam e dão forma a situações de ação, mas a agência continua sendo uma característica fundamental da existência humana.

114 Malcolm S. Salter, "Lawful but Corrupt: Gaming and the Problem of Institutional Corruption in the Private Sector". Working Paper n. 11-060. Cambridge: Harvard Business School, 2010.

A quarta dimensão da nossa grade analítica considera como os indivíduos interagem com sistemas algorítmicos, afetando suas funções e decisões. Os indivíduos podem aprender a lidar com mecanismos automatizados de tomada de decisões, enquadrando suas escolhas e ações no sentido de encaminhar-se para desfechos diferentes, que vão desde a obtenção de resultados mais benéficos até simples mudanças nas rotas seguidas pelos algoritmos.[115] Muita gente manipula suas atividades nas mídias sociais para escapar do que veem como uma bolha fechada em si mesma ou para dar pistas falsas às plataformas, com a finalidade de proteger sua privacidade.[116] Pode-se, por exemplo, dar uma avaliação sem sentido a um filme em uma plataforma de *streaming* pura e simplesmente para não ser transparente aos algoritmos, anuviando sua eficácia e dando margem ao acaso. Os indivíduos agem e, ao fazê-lo, resistem ao poder dos algoritmos e o afetam.

Ao observar as estratégias de *gaming*, o institucionalismo algorítmico se empenha em responder a múltiplas questões: como os indivíduos lidam com sistemas algorítmicos? Como os afetam? Eles jogam intencionalmente com os padrões seguidos pelos artefatos automatizados de tomada de decisão? Ações individuais afetam o funcionamento de determinados algoritmos de maneira não intencional? Como elas podem escapar de *scripts* previstos por determinados algoritmos e reinventá-los? A agência humana afeta os resultados de certo sistema algorítmico? Ela

115 As plataformas de mídias sociais tentam estabelecer maneiras de controlar e punir usuários que manipulam os algoritmos. Em geral, os esforços vão no sentido de identificar a manipulação ou a tentativa de driblar os algoritmos, mas as sanções tendem a ser paternalistas. As plataformas usam acusações de *gaming* para reafirmar seu poder e autoridade, mobilizados por seu algoritmo. Ver, a esse respeito, Caitlin Petre, Brooke Erin Duffy e Emily Hund, "'Gaming the System': Platform Paternalism and the Politics of Algorithmic Visibility". *Social Media + Society*, v. 5, n. 4, 2019.

116 Ricardo Fabrino Mendonça, Fernando Filgueiras e Virgílio Almeida, "The Infrapolitics of Algorithmic Resistance". *Communications of the ACM*, v. 66, n. 11, 2023.

tem um impacto mais abrangente na estrutura do algoritmo, remodelando seus padrões? Em suma, como as pessoas têm jogado com esses algoritmos?

Dimensões discursivas

A sexta dimensão da grade analítica do institucionalismo algorítmico requer que se olhe mais de perto para discursos, ideias e significados. Vimos que instituições têm um papel central na atribuição de sentido a atores e eventos. Elas conformam comportamentos ao enquadrar as situações em que os indivíduos se inserem. Ainda que a corrente do novo institucionalismo mais dedicada a esse aspecto seja o institucionalismo discursivo, devemos reconhecer que significados, ideias e discursos são importantes para as diferentes abordagens em que nos baseamos.

A análise da dimensão discursiva dos algoritmos exige, primeiramente, compreender os quadros incorporados a determinado algoritmo ou conjunto deles. As decisões tomadas por sistemas algorítmicos são sempre fundamentadas em determinadas visões de mundo, compreendendo a realidade a partir de determinados ângulos (e não outros). Isso fica claro, por exemplo, nos tipos de dados usados por um algoritmo ou nos usos que deles são feitos. Se um sistema algorítmico infere a qualidade dos professores a partir das notas dos estudantes, por exemplo, ele pressupõe uma perspectiva específica, deixando de lado muitos outros fatores potencialmente relevantes, incluindo a maneira pela qual os indivíduos podem contornar esses algoritmos.[117]

Outra dimensão discursiva dos algoritmos diz respeito à maneira pela qual eles dão forma ao contexto para outras interações sociais. Eles não trazem quadros, mas funcionam

117 C. O'Neil, *Algoritmos de destruição em massa*, op. cit.

como estruturas capazes de enquadrar, interpelando entidades agentes (humanas ou não) de maneiras específicas. Os algoritmos ajudam a desenhar as situações em que interagimos. Uma importante contribuição do institucionalismo algorítmico é justamente a de mapear o percurso em que os algoritmos estabelecem os quadros a partir dos quais outros atores definem uma situação e agem.

Em terceiro lugar, não podemos esquecer que os algoritmos podem ser vistos como textos. Eles são comandos que estabelecem padrões de decisão. São, portanto, peças discursivas participando de interações discursivas maiores que ocorrem na esfera pública. Podem ser interpretados como argumentos, expressando posições perante outros atores. Suas performances constituem formas simbólicas de ação com consequências efetivas nos processos discursivos mais amplos que constituem a esfera pública.

Por fim, é importante prestar atenção aos processos discursivos em torno dos algoritmos. Na esfera pública, os riscos e problemas de algoritmos específicos - ou do cenário maior das sociedades algorítmicas - podem alimentar debates sobre o tema. Como aponta Frank Fischer, a compreensão adequada de processos políticos requer atenção às contestações discursivas que os cercam.[118] Esses debates estão no cerne da construção de problemas sociais, desempenhando papéis importantes na maneira pela qual os atores atribuem significado a fenômenos sociais e promovem mudanças.

Agora que delineamos esse grande mapa de dimensões discursivas, muitas questões mostram-se relevantes pela perspectiva do institucionalismo algorítmico: como esse algoritmo

118 Frank Fischer, "In Pursuit of Usable Knowledge: Critical Policy Analysis and the Argumentative Turn", in F. Fischer et al. (orgs.), *Handbook of Critical Policy Studies*. Cheltenham: Edward Elgar, 2015.

enquadra a realidade? Que visões e valores estão presentes no texto algorítmico? Quem é a audiência desses discursos, e que papel ela desempenha nesse texto? O algoritmo é planejado como um texto aberto polissêmico ou organizado como uma estrutura fechada e opaca? Quais são seus efeitos perlocucionários? Como esse algoritmo configura quadros para situações de interação? Ele estabelece *affordances* para os atores?

Observações finais

Este capítulo buscou apresentar uma grade analítica acadêmica para o campo que denominamos institucionalismo algorítmico. A partir de contribuições de diferentes tradições do novo institucionalismo, defendemos que os algoritmos trabalham como conjuntos de regras, conformando contextos de agência ao mesmo tempo que são conformados pela agência em contextos históricos e discursivos, de modo a afetar as relações de poder.

A grade analítica aqui esboçada dá atenção a seis aspectos fundamentais, mas está suficientemente aberta a diferentes abordagens metodológicas e tipos de investigação. Além disso, não precisa ser utilizada para analisar todos os aspectos dos sistemas sociotécnicos. Pesquisas voltadas a dimensões específicas dessa grade analítica podem lançar luz sobre diferentes elementos das sociedades algorítmicas contemporâneas. Ao considerar os papéis desempenhados pelos sistemas algorítmicos na sociedade contemporânea, impõe-se uma reconceituação das teorias institucionais, o que implica não apenas atualizar sua agenda de pesquisa, mas também repensar a própria forma de conceber as instituições.

Neste capítulo, buscamos reunir um conjunto de enfoques relevantes para uma compreensão adequada dos algoritmos como instituições. As agendas apresentadas por essa grade analítica abrem caminho para analisar como os algoritmos estão mudando as sociedades contemporâneas, criando ordens políticas ao institucionalizar novas práticas, significados e horizontes de ação. Essas mudanças precisam ser analisadas criticamente à luz do papel cada vez maior dos algoritmos.

Tendo isso em vista, a seguir vamos nos aprofundar em três conjuntos de casos utilizando as lentes do institucionalismo algorítmico. Começamos, no capítulo 3, pela observação do emprego de algoritmos no campo da segurança.

3. a segurança em tempos algorítmicos

Durante o Carnaval de 2020, a cidade de Salvador esbanjava alegria. Cerca de 16 milhões de pessoas haviam tomado as ruas da capital baiana desde o pré-Carnaval para celebrar o mais brasileiro dos feriados. Como sempre, a multidão juntou-se em blocos e seguiu atrás dos trios elétricos, dançando sem parar. O Carnaval de Salvador é conhecido por promover uma espécie de anonimato, elemento importante dessa festa. Em um contexto marcado por tamanha concentração de pessoas bebendo e dançando juntas, ninguém esperaria ser identificado ou ter suas ações monitoradas.

No entanto, em meio ao clima de anonimato, a polícia local conseguiu capturar, em pleno festejo, 42 foragidos da justiça após recorrer a tecnologias de reconhecimento facial. O aplicativo FaceCheck possibilitou a recuperação, em questão de segundos, de diversas informações espalhadas sobre esses indivíduos em um banco de dados estadual.[1] Criado em 2018, o aplicativo foi desenvolvido pela Secretaria da Segurança Pública da Bahia e testado primeiramente em Feira de Santana, em 2019. Ele também influenciou outros desenvolvimentos tecnológicos naquele estado. Em junho de 2022, por exemplo, 1,2 mil câmeras a mais foram instaladas nas ruas de Salvador, a um custo de 665 milhões de reais.[2]

Esse exemplo ilustra uma tendência global: o reconhecimento facial é cada vez mais empregado no mundo. Estima-se que, ao fim de 2021, havia 1 bilhão de câmeras de circuito fechado (CCTV, sigla em inglês) funcionando em todo o planeta, o que possibilitou à inteligência artificial comparar e identificar imagens de pessoas

1 Aliny Gama, "Reconhecimento facial por app captura 42 foragidos no Carnaval de Salvador". *UOL*, 26 fev. 2020.

2 "Mais de mil câmeras são instaladas para monitoramento das ruas em Salvador e região metropolitana". *G1*, 15 jun. 2022.

em inúmeros bancos de dados com informações individuais.[3] Um relatório publicado pela Comparitech apontou que, de 99 países analisados, apenas 6 não tinham indícios de uso de tecnologias de reconhecimento facial. Essas tecnologias são usadas por 70% dos governos, em alguns casos de maneiras notadamente invasivas. China, Rússia e Emirados Árabes Unidos ocupam a liderança no uso delas.[4] Desde 2019, a Índia vem implementando um dos maiores sistemas de reconhecimento facial do mundo.[5] Na América Latina, a difusão dos sistemas de circuito fechado de televisão também tem sido rápida, o que viabiliza projetos baseados nas tecnologias de reconhecimento facial.[6]

Essas tecnologias estão no centro dos esforços contemporâneos de promoção da segurança:[7] "Quase 70% das forças policiais ao redor do mundo têm acesso a algum tipo de tecnologia de reconhecimento facial", e mais de 60% dos países a utilizam em aeroportos para controle de imigração.[8] Ao lado de outras tecnologias de biometria, que utilizam impressões digitais, padrões vasculares das mãos, a íris, o modo de caminhar ou a fala, a tecnologia de reconhecimento facial é empregada com o objetivo de identificar possíveis ameaças, como indivíduos potencialmente

3 Lucas D. Introna e Helen Nissenbaum, "Facial Recognition Technology: A Survey of Policy and Implementation Issues". Lancaster University Management School, Working Paper n. 2010/030. The Center for Catastrophe Preparedness & Response. New York: New York University, 2009.

4 Paul Bischoff, "Facial Recognition Technology (FRT): Which Countries Use It? [100 Analyzed]". *Comparitech*, 24 jan. 2022.

5 "Privacy Concerns as India Readies Facial Recognition System". *Al Jazeera*, 7 nov. 2019.

6 Rodrigo José Firmino et al., "Fear, Security, and the Spread of CCTV in Brazilian Cities: Legislation, Debate, and the Market". *Journal of Urban Technology*, v. 20, n. 3, 2013.

7 Louise Amoore, "Biometric Borders: Governing Mobilities in the War on Terror". *Political Geography*, v. 25, n. 3, 2006; L. D. Introna e H. Nissenbaum, "Facial Recognition Technology", op. cit.

8 P. Bischoff, "Facial Recognition Technology (FRT)", op. cit.

perigosos, mas também aspectos do comportamento que possam indicar intenções e atitudes futuras.

O uso generalizado de tecnologias de biometria como essas é, no entanto, apenas uma faceta entre muitas dos desenvolvimentos algorítmicos no campo da segurança. Em paralelo ao uso do reconhecimento facial, vemos a expansão de tecnologias de policiamento preditivo,[9] *softwares* que apontam as chances de reincidência em julgamentos criminais[10] e armas letais autônomas.[11] Os sistemas algorítmicos têm um papel cada vez maior no desenho e na implementação de estratégias voltadas à promoção da segurança, o que traz implicações profundas para o exercício da coerção e para a reivindicação do monopólio do uso legítimo da força pelo Estado em determinado território.

O policiamento preditivo é provavelmente o exemplo mais eloquente nesse sentido.[12] Com o passar do tempo, as políticas de segurança foram desenhadas a partir de uma gramática ditada pela matemática e da capacidade algorítmica de cálculos que moldam a ação policial com base nesse conhecimento. Resumidamente, o policiamento preditivo envolve a coleta de uma ampla variedade de dados para estimar, por meio de diversas correlações, quando e onde há maior probabilidade de ocorrerem

9 Sarah Brayne, "Big Data Surveillance: The Case of Policing". *American Sociological Review*, v. 82, n. 5, 2017; Albert Meijer e Martijn Wessels, "Predictive Policing: Review of Benefits and Drawbacks". *International Journal of Public Administration*, v. 42, n. 12, 2019.

10 Jennifer Skeem e Christopher Lowenkamp, "Using Algorithms to Address Trade-Offs Inherent in Predicting Recidivism". *Behavioural Sciences & the Law*, v. 38, n. 3, 2020; Aleš Završnik, "Algorithmic Justice: Algorithms and Big Data in Criminal Justice Settings". *European Journal of Criminology*, v. 18, n. 5, 2021.

11 Stuart Russell, "Why We Need to Regulate Non-State Use of Arms". *World Economic Forum Annual Meeting*, 18 maio 2022.

12 David Lyon, "Surveillance, Snowden, and Big Data: Capacities, Consequences, Critique". *Big Data & Society*, v. 1, n. 2, 2014; Odhran James McCarthy, "AI & Global Governance: Turning the Tide on Crime with Predictive Policing". *United Nations University Centre for Policy Research Blog*, 26 fev. 2019.

crimes, a fim de empregar, com maior eficiência, os recursos disponíveis para evitá-los.[13] Em geral, as predições são feitas por meio de avanços no aprendizado de máquina e com a construção de redes neurais artificiais. A aplicação desses algoritmos à segurança requer enormes quantidades de dados e bases robustas de treinamento para que os sistemas de vigilância consigam administrar riscos, antecipá-los e promover estratégias para mitigá-los, monitorar ameaças e prever futuros possíveis.[14] Algumas tecnologias mais recentes afirmam ser possível prever um crime com uma semana de antecedência, em uma área de cerca de 90 metros quadrados, com 90% de precisão.[15]

Em teste pela polícia de Los Angeles desde 2008, essa estratégia viu sua adoção crescer significativamente após 2012, com programas em importantes cidades dos Estados Unidos, como Chicago, Nova Orleans e Nova York.[16] O policiamento preditivo também tem sido empregado na China, na Dinamarca, na Alemanha, na Índia, no Japão, nos Países Baixos e no Reino Unido.[17] Em uma ampla revisão da literatura, Meijer e Wessels mostram que as evidências sobre a eficácia do policiamento preditivo são ambivalentes e inconclusivas. Sua "conclusão preliminar é a de que essa abordagem tem potencial, mas nem todo tipo de crime pode ser efetivamente reduzido por modelos de policiamento preditivo. Portanto, os agentes que executam essas estratégias

13 Walter L. Perry et al., *Predictive Policing: The Role of Crime Forecasting in Law Enforcement Operations*. Santa Monica: RAND Corporation, 2013; C. O'Neil, *Algoritmos de destruição em massa*, op. cit.; A. Meijer e M. Wessels, "Predictive Policing", op. cit.; Chen, Ray Surette e Mubarak Shah, "Automated Monitoring for Security Camera Networks: Promise from Computer Vision Labs". *Security Journal*, v. 34, 2021.

14 L. Amoore, "Security and the Incalculable", op. cit.

15 Victor Rotaru et al., "Event-Level Prediction of Urban Crime Reveals a Signature of Enforcement Bias in US Cities". *Nature Human Behavior*, v. 6, 2022.

16 Tim Lau, "Predictive Policing Explained". *Brennan Center for Justice*, abr. 2020.

17 O. J. McCarthy, "AI & Global Governance", op. cit.

devem usar tais modelos de maneira adequada".[18] A ineficiência levou à interrupção de alguns programas de policiamento preditivo em cidades estadunidenses, a exemplo de Palo Alto, Los Angeles, Nova York, São Francisco, Berkeley, Oakland, Boston, Springfield, Rio Rancho e Santa Cruz. Em 2 de fevereiro de 2025, entra em vigor, por decisão do Parlamento Europeu, a proibição das práticas do policiamento preditivo discriminatório.[19]

As tecnologias de reconhecimento facial e o policiamento preditivo ilustram como as tecnologias algorítmicas estão institucionalizando novas políticas de segurança de maneira ampliada e abrangente, haja vista que os sistemas algorítmicos incorporam regras, normas e padrões que moldam a ação de governos, polícias e organizações militares, em aliança com grandes empresas privadas. Este capítulo utiliza as lentes do institucionalismo algorítmico para enfocar a análise dos sistemas algorítmicos empregados na segurança. Com isso, buscamos mostrar que o arcabouço analítico apresentado no capítulo 2 pode fornecer uma perspectiva proveitosa e extensiva para dar sentido a fenômenos contemporâneos. Este capítulo também indica a necessidade de atualizar teorias institucionalistas com base no contexto das sociedades algorítmicas.

Começamos com uma breve discussão sobre segurança e sua relação com as tecnologias. Passamos, em seguida, para uma interpretação do uso de algoritmos na segurança com base nas seis categorias do institucionalismo algorítmico. Para finalizar, indicamos novas direções para o institucionalismo que foram impulsionadas pelo contexto atual.

18 A. Meijer e M. Wessels, "Predictive Policing", op. cit.
19 EU Artificial Intelligence Act, "Article 5: Prohibited AI Practices", 2 fev. 2025.

Segurança, vigilância e algoritmos

Segurança é um conceito escorregadio, que pode ser concebido de diferentes maneiras. Enquanto conceito normativo, funciona mais como uma meta que se transforma no decorrer da história. Enquanto conceito politicamente disputado, sua normatividade ganha diferentes significados e pode ser interpretada segundo diferentes caminhos. Apesar de sua natureza cambiante, em termos gerais, a segurança pode ser vista como um objetivo-chave em qualquer ordem política. Desde o *Leviatã* de Hobbes, publicado em 1651, a segurança é frequentemente considerada o centro da legitimidade política.

De acordo com Baldwin, a segurança, vista como alicerce da comunidade política, é a preservação de valores adquiridos que sustentam políticas voltadas a confrontar ameaças a indivíduos, comunidades políticas e a comunidade internacional.[20] Entre uma série de valores adquiridos, incluem-se independência política e territorial, preservação da vida e da paz, prosperidade econômica, saúde e bem-estar. Desde os anos 1970, o conceito de segurança da ONU ampliou-se em diferentes direções, com base na premissa de que a segurança nacional envolve variados aspectos da sociedade cobertos pelo generoso guarda-chuva dos direitos humanos.[21] Concebida como a preservação de valores adquiridos pela sociedade, a segurança exige a limitação das ameaças e a prevenção de cenários futuros de destruição e falência do Estado. Ela não é voltada para eventos passados ou presentes, mas construída com a intenção de enfrentar ameaças futuras e, muitas vezes, demanda a instrumentalização do

20 David A. Baldwin, "The Concept of Security". *Review of International Studies*, v. 23, n. 1, 1997.

21 Human Security Unit, *Training Manual: Human Security Regional Training*. New York: United Nations, 2010.

presente para promover a antecipação e a adaptação. No velho jargão das teorias realistas da área de relações internacionais, os Estados mantêm forças militares e fabricam armas para manter a paz no futuro. O Estado deve instrumentalizar o presente para evitar cenários catastróficos no futuro.

Os governos necessitam de instituições que promovam a segurança, e diferentes estratégias podem ser exigidas a fim de alcançar esse objetivo. Apesar do amplo leque de possibilidades, um ponto essencial é a identificação apropriada dos indivíduos, e o estabelecimento de padrões de identificação civil contribui para isso. A fim de mitigar ameaças potenciais – sejam elas contra indivíduos, a comunidade ou a nação –, cidadãos e cidadãs devem ser identificáveis e rastreáveis.[22] Um crime contra a vida ou a propriedade, por exemplo, deve ser atribuído a alguém que seja identificado pelo Estado e, posteriormente, punido. Na dimensão da comunidade, em situações como a da pandemia de covid-19, a segurança sanitária deve identificar indivíduos a fim de reduzir a disseminação do vírus e distinguir quem foi vacinado e quem não foi. Por fim, na arena internacional, o fluxo de estrangeiros é controlado, o que requer do Estado a identificação e o reconhecimento de cidadãos de outros países para conter possíveis ameaças.

As instituições desempenham um papel-chave tanto nesse processo de identificação como na definição de uma ordem de comportamentos apropriados para a comunidade política.[23] Por isso, a vigilância se tornou um componente central das sociedades modernas, dando base para formas de controle social que visam evitar potenciais ameaças à ordem política e à vida dos

22 L. Amoore, "Governing by Identity", in C. J. Bennett e D. Lyon (orgs.), *Playing the Identity Card: Surveillance, Security, and Identification in Global Perspective*. London: Routledge, 2008.

23 J. March e J. Olsen, "The Logic of Appropriateness", op. cit.

cidadãos. Foucault demonstrou como as instituições modernas disciplinam os corpos por meio da vigilância.[24] Seu trabalho foi particularmente relevante para a compreensão dos processos mediante os quais as instituições modernas viabilizaram a internalização de mecanismos de vigilância, de modo a facilitar a manutenção de ordens existentes. Instituições como a escola, a prisão, o hospital e a família contribuíram, de diferentes maneiras, para o comportamento disciplinado que os indivíduos vivenciavam como se estivessem sendo vigiados o tempo todo. Para Foucault, a disciplina estava no centro das subjetividades modernas, fazendo parte de um projeto maior que prometia segurança por meio do controle social.

Um conjunto cada vez maior de trabalhos enfatiza o papel dos sistemas algorítmicos em ampliar estratégias de vigilância e disciplina. Variadas tecnologias digitais são empregadas para prever cenários futuros e evitar diferentes tipos de ameaça. É sempre válido lembrar que uma miríade de tecnologias digitais foi originalmente desenvolvida para fins militares, em geral com objetivos de segurança. Quando Alan Turing desenvolveu a Bombe para decifrar os códigos da máquina nazista Enigma, ele forneceu uma prova potente da importância das tecnologias de computação para lidar com crises e fomentar a segurança. Hoje, a identificação de indivíduos costuma se basear na visão computacional e em sistemas preditivos baseados em aprendizado de máquina e aprendizado profundo, que se mostraram ferramentas essenciais para a segurança.

O uso desses sistemas algorítmicos não é restrito à identificação; ele também envolve ações coercitivas - tanto em espaços urbanos, com o uso de robôs, quanto na arena internacional,

24 Michel Foucault, *Vigiar e punir: Nascimento da prisão*, trad. Raquel Ramalhete. Petrópolis: Vozes, 1987.

com o crescente uso de sistemas de armas letais autônomas em situações de conflito.[25] Em todos esses casos, os algoritmos trazem em si as regras, as normas e os padrões considerados relevantes para a promoção da segurança.

A importância dos sistemas algorítmicos na administração de corpos para fins de segurança é o ponto crucial dos debates contemporâneos. Influenciada por Foucault, a literatura sobre o tema procura compreender como os algoritmos modificam a velha metáfora do panóptico a fim de permitir uma observação total e permanente. Diferentemente do modelo original discutido por Bentham e Foucault, não é mais possível para os indivíduos ignorar que vivemos em um mundo sob vigilância. O monitoramento tornou-se onipresente, e os indivíduos hoje sabem que estão sendo observados. A visão computacional e a inteligência artificial estendem a engenharia do panóptico e o tornam ubíquo, estando presente em diferentes tecnologias de vigilância e garantia da lei. Sistemas distintos estão digitalmente integrados em grandes conjuntos [*assemblages*] de vigilância nos quais diferentes dispositivos, plataformas e bancos de dados convergem a fim de possibilitar um sistema de monitoramento mais abrangente.[26]

Nesse sentido, Rafael Sanches defende que a privacidade é um luxo experimentado por pouquíssimos privilegiados ao longo da história e se torna cada vez mais rara. Esse autor mobiliza a noção de governamentalidade algorítmica para enfocar o papel desempenhado pelos processos de vigilância e datificação (isto é, de transformação de informações em dados digitais) na construção de subjetividades, moldando formas de existência que visam

25 Paul Scharre, *Army of None: Autonomous Weapons and the Future of War*. New York: W. W. Norton & Company, 2018; S. Russell, *Human Compatible*, op. cit.

26 Kevin D. Haggerty e Richard V. Ericson, "The Surveillant Assemblage". *British Journal of Sociology*, v. 51, n. 4, 2000.

manter ordens existentes.[27] Antoinette Rouvroy mobilizou o conceito de governamentalidade algorítmica para analisar uma forma de gestão dos comportamentos e corpos fundamentada em uma abstração técnica da desincorporação [*disembeddedness*].[28] Codificada nos *softwares* e baseada em correlações estatísticas complexas, essa forma de governança fragmenta o mundo e seus sujeitos em dados, possibilitando decisões que conformam comportamentos de maneiras que não podem ser compreendidas plenamente. Para Rouvroy, a governamentalidade algorítmica seria gerada pelos desenvolvimentos do capitalismo e, ao mesmo tempo, causaria muitas de suas transformações:

> a governamentalidade algorítmica seria tanto uma radicalização quanto uma estratégia imunológica do capitalismo e do neoliberalismo, "purificada" ou "purgada" de tudo que poderia levar a uma "crise", ou seja, de qualquer coisa que poderia interrompê-la e fazê-la bifurcar: o próprio mundo (substituído pura e simplesmente por fluxos digitais), a vida (em sua inoportunidade, como no nascimento, em sua interruptibilidade, como na morte), sujeitos (capazes de reticência - de não fazerem o que são capazes de fazer - e de fabulação, suscetíveis a bifurcar o rumo das coisas).[29]

Zuboff também enfatiza a dimensão econômica dos mecanismos de vigilância.[30] Ela afirma que o capitalismo de vigilância é uma

27 Rafael Antônio da Luz Sanches, *Economia política digital: Um ensaio crítico sobre as condições para a vida democrática no contemporâneo*. Dissertação de mestrado em Ciência Política. Universidade Federal de Minas Gerais, 2019.

28 Antoinette Rouvroy, "Technology, Virtuality and Utopia: Governmentality in an Age of Autonomic Computing", in M. Hildebrandt e A. Rouvroy (orgs.), *Law, Human Agency and Autonomic Computing: The Philosophy of Law Meets the Philosophy of Technology*. London: Routledge, 2011; "Algorithmic Governmentality: Radicalisation and Immune Strategy of Capitalism and Neoliberalism?". *La Deleuziana*, n. 3, nov. 2016.

29 Id., "Algorithmic Governmentality", op. cit., p. 35.

30 S. Zuboff, *A era do capitalismo de vigilância*, op. cit.

forma nova e sem precedentes de produção econômica que extrai lucro da captura e instrumentalização de traços comportamentais. No que diz respeito à vigilância estabelecida pelas companhias de tecnologia, para Zuboff, ela lembra os Estados autoritários, pois enfraquece a possibilidade de autonomia. A *despossessão digital* impulsionada pelas empresas de tecnologia por meio de sistemas algorítmicos fragmenta os indivíduos, tornando-os em entes compreensíveis e fontes de lucro. Essa forma de opressão econômica que usa os indivíduos como meios para seus fins é alimentada pela observação, predição e influência sobre comportamentos, enfraquecendo profundamente o livre-arbítrio. Os indivíduos não passam de fontes de dados a serem extraídos e visados, alimentando processos voltados para a acumulação.

Couldry e Mejias definem como *colonialismo de dados* esse processo de extrair valor econômico de indivíduos com base nos dados,[31] destacando que

> as práticas de dados atuais representam não apenas uma continuidade do colonialismo/capitalismo mas uma etapa totalmente nova do colonialismo, que estabelece as bases para novos desenvolvimentos do capitalismo, assim como a tomada de terras original do colonialismo possibilitou o surgimento do capitalismo e os séculos subsequentes de opressão colonial.[32]

Partindo das contribuições de Simone Browne,[33] eles afirmam que o colonialismo empregou sistematicamente tecnologias

31 Nick Couldry e Ulises Ali Mejias, "The Decolonial Turn in Data and Technology Research: What Is at Stake and Where Is It Heading?". *Information, Communication & Society*, v. 26, n. 4, 2021.

32 Ibid., p. 3.

33 Simone Browne, *Dark Matters: On the Surveillance of Blackness*. Durham: Duke University Press, 2015.

para vigiar corpos negros ao longo dos séculos. De maneira semelhante, o colonialismo de dados aplica formas de vigilância racial por meio de sistemas algorítmicos que legitimam o encarceramento ininterrupto da população negra e o viés racial que permeia muitas políticas de segurança. Shakir Mohamed, Marie-Therese Png e William Isaac veem essa questão pelas lentes da *colonialidade algorítmica*, que reproduziria o poder colonial por meio de sistemas algorítmicos.[34]

Aqui, dois aspectos de nosso argumento devem ficar claros. Primeiro, os algoritmos desempenham um papel crescente na maneira de conceber e implementar a segurança. Segundo, esse papel central tem implicações dúbias que (com o tempo) podem levar a políticas efetivas e, ao mesmo tempo, reproduzir assimetrias e opressões que estão na base de formas capitalistas de acumulação. A forma onipresente e difusa de vigilância que embasa estratégias de segurança – tais como o amplo emprego de tecnologias de reconhecimento facial e o policiamento preditivo – tem profundas implicações políticas e afeta a ideia de indivíduos autônomos, pois os sistemas algorítmicos são institucionalizados para fins de segurança.

Em meio à crescente atenção dada a esses fenômenos, o institucionalismo algorítmico pode lançar nova luz para compreendê-los – na medida em que oferece uma grade analítica abrangente – e desvendar diversas dimensões da segurança em sociedades algorítmicas. Ao conceber algoritmos como instituições, essa perspectiva fornece uma maneira complexa de compreender a maneira confusa e quase sempre pouco transparente por meio da qual se tomam as decisões importantes sobre segurança hoje em dia. A seguir, vamos discutir cada uma das

34 Shakir Mohamed, Marie-Therese Png e William Isaac, "Decolonial AI: Decolonial Theory as Sociotechnical Foresight in Artificial Intelligence". *Philosophy & Technology*, v. 33, 2020.

seis dimensões do institucionalismo algorítmico apresentadas no capítulo 2: construção e desenho de instituições; processos históricos; regras e normas; relações de poder; *gaming*; e dimensões discursivas. Essas discussões mostram não apenas como as perspectivas institucionais nos ajudam a entender a segurança algorítmica mas também como os algoritmos podem conduzir as teorias institucionais para novas direções.

Construção e desenho de instituições

Quando pensados como instituições, os sistemas algorítmicos empregados na segurança podem ser vistos como a produção de uma complexa inter-relação de agentes. Assim como ocorre com qualquer instituição, não se pode conceber que eles sejam forjados pelas intenções de um único agente. Instituições são arranjos dinâmicos, multifacetados, que emergem e mudam por meio de uma série de interações de atores situados em diferentes pontos.

Isso não significa negar que haja atores desenhando instituições e dando forma inicial a elas com base em certos valores e objetivos. No campo da segurança, esses formuladores iniciais com frequência são empresas privadas de tecnologia que buscam oferecer soluções para problemas diagnosticados a fim de obter lucros. Companhias como IBM, Microsoft, Amazon, Google, Hanwang Technology e Meta têm sido importantes para o desenvolvimento da tecnologia de reconhecimento facial. Embora parte delas tenha interrompido a venda de seus *softwares* de análise e dispositivos, o mercado de vigilância está em crescimento vertiginoso:

> Hoje, a tecnologia de reconhecimento facial faz parte da vida cotidiana de um número alarmante de pessoas. Do desbloqueio de

> nossos telefones e do acesso aos aplicativos de bancos até o escaneamento de nosso rosto para checagem em bancos de dados criminais, essa tecnologia cresceu a taxas exponenciais. Especialistas chegaram a prever que o mercado global de reconhecimento facial vá mais que dobrar entre 2020 e 2025, indo de 3,8 bilhões de dólares para 8,5 bilhões.[35]

Atualmente, no mercado de policiamento preditivo, empresas como Palantir, HunchLab e Predpol vendem suas tecnologias a muitas cidades. A Northpointe (cujo nome mudou para Equivant em 2017) foi a empresa responsável pelo *design* do Compas, *software* empregado por vários tribunais estaduais nos Estados Unidos para verificar a probabilidade de reincidência, o que supostamente tornaria a elaboração de sentenças mais objetiva.

Um dos problemas causados pela mercantilização da segurança resultante do desenvolvimento privado de sistemas algorítmicos é que, para continuar vendendo seus produtos, as companhias não podem dar total transparência à maneira como eles funcionam. O caso do Compas ganhou interesse porque pessoas condenadas tentaram entender como eram avaliadas, mas o sistema algorítmico vendido pela Northpointe estava protegido por *copyright*, o que impedia a possibilidade de compreender como ele de fato funcionava.[36] Da mesma maneira, a compra sistemática de *software* desenvolvido e atualizado por empresas privadas faz crescer o risco de que organizações estatais, secretarias e ministérios se tornem reféns delas. Além disso, como

35 P. Bischoff, "Facial Recognition Technology (FRT)", op. cit.

36 Julia Angwin et al., "Machine Bias: There's Software Used across the Country to Predict Future Criminals. And It's Biased against Blacks". *ProPublica*, 23 maio 2016; Adam Liptak, "Sent to Prison by a Software Program's Secret Algorithms". *The New York Times*, 1º maio 2017; Julia Dressel e Hany Farid, "The Accuracy, Fairness, and Limits of Predicting Recidivism". *Science Advances*, v. 4, n. 1, 2018.

aponta Helen Margetts, o processo acaba por estabelecer burocracias ocultas, dado que os especialistas e técnicos contratados por essas companhias conduzem atividades de Estado sem estarem submetidos ao mesmo tipo de fiscalização e *accountability* aplicado a servidores públicos regulares.[37]

As empresas privadas não são, porém, os únicos atores responsáveis pelo *design* dos sistemas algorítmicos empregados com objetivos de segurança. As Forças Armadas têm um papel-chave na pesquisa e no financiamento de projetos de inteligência artificial empregados na segurança,[38] o que traz implicações óbvias para a maneira de concebê-la e de estabelecer rumos de desenvolvimento tanto para ela como para a inteligência artificial.

As universidades também desempenham um papel importante no desenvolvimento dessas tecnologias:

> Uma das primeiras ferramentas de predição criminal desenvolvidas na América Latina foi criada no Chile pelo Centro de Análise e Modelamento em Segurança da Universidade do Chile. [...] Um novo projeto envolvendo a Universidade Nacional [da Colômbia] e a Quantil, uma empresa privada, envolve o estabelecimento de uma plataforma de predição criminal em Bogotá que evite intencionalmente a reprodução de vieses e a caracterização de perfis.[39]

No Brasil, o estado do Ceará estabeleceu uma parceria com o Instituto Federal do Ceará para desenvolver um aplicativo que possibilitasse às forças policiais correlacionar o reconhecimento

37 Helen Margetts, "New Players: Government Contracting of Information Technology", in *Information Technology in Government: Britain and America*. New York: Routledge, 2012.

38 Margarita Konaev et al., "U.S. Military Investments in Autonomy and AI: Executive Summary". Center for Security and Emerging Technology, out. 2020.

39 Katherine Aguirre, Emile Badran e Robert Muggah, "Future Crime: Assessing Twenty First Century Crime Prediction". *Igarapé Institute Strategic Note*, v. 33, jul. 2019.

facial com diferentes bancos de dados. O Ceará tem altas taxas de criminalidade, com 4.788 homicídios registrados em 2018 - a população total do estado no mesmo ano era de 9,2 milhões de pessoas.[40] Naquele ano, o estado criou a Superintendência de Pesquisa e Estratégia de Segurança Pública (Supesp), que fomentava a convergência e operação conjunta de diferentes bancos de dados públicos para coletar dados por meio de sistemas de vigilância e financiar o desenvolvimento de tecnologias de vigilância para o combate ao crime. Instituições de pesquisa e organizações não governamentais (ONGs) muitas vezes têm interesses econômicos no desenvolvimento de algoritmos usados para a segurança, mas também representam possibilidades de investigação e debate sobre as implicações desses sistemas. Elas são uma voz relevante no processo de compreensão dos dilemas e direções no que diz respeito ao desenho dessas instituições.

A complexidade do desenvolvimento de sistemas algorítmicos também é extremamente dependente dos indivíduos que fornecem ou se tornam os dados que permitirão o trabalho efetivo do algoritmo. Isso vale especialmente para o caso da inteligência artificial. O estabelecimento de padrões e correlações que criam os *outputs* dos sistemas algorítmicos não são totalmente desenhados e controlados pelos desenvolvedores: eles também derivam de processos de aprendizado de máquina, que, às vezes, encontram padrões onde os *designers* jamais imaginariam. Assim, quando pensamos sobre o *design* dos algoritmos contemporâneos, devemos ter em mente o papel desempenhado por quem nem sequer sabe que está contribuindo para o estabelecimento dessas instituições.

De certo modo, isso lembra o que vemos na maior parte das instituições. As instituições não são apenas desenhadas; elas são

40 Jânia Perla Diógenes de Aquino, "Segurança pública no Ceará: Finalmente, as estatísticas de mortes violentas sofrem efetivas reduções", in Fórum Brasileiro de Segurança Pública, *Anuário brasileiro de segurança pública: 2018-2021*. São Paulo: FBSP, 2022.

efetivadas em uma série de práticas que moldam a interpretação e a aplicação das regras formais e que reinventam as regras informais por meio da ação. Esses indivíduos podem não estar totalmente cientes de sua agência, mas suas práticas estão no cerne de como a instituição funciona. No caso de sistemas algorítmicos, no entanto, não são apenas (e exatamente) a agência e a prática que acabam moldando a instituição. Os dados biométricos e os registros de milhões de indivíduos em diversos conjuntos de dados informam o modo de trabalho das tecnologias de reconhecimento facial e os *softwares* de policiamento preditivo. A transformação e fragmentação dos indivíduos em dados alimentam os algoritmos de aprendizado de máquina, que se sobrepõem a outros algoritmos de mesmo tipo no *design* de intricados sistemas de inteligência artificial que dão forma ao *output* de maneiras não totalmente compreensíveis - não apenas para os indivíduos que são transformados em dados mas também para os ditos *designers*.

Isso não significa negar que valores, interesses e intenções importam e ajudam a conformar o *output*. Como bem mostra Tarcízio Silva, não faltam evidências de viés racial nos sistemas algorítmicos empregados na segurança.[41] Os parâmetros estabelecidos para a operação de sistemas de inteligência artificial não são descolados da sociedade, ainda que não devam ser lidos como uma tradução exata de valores e interesses individuais. O institucionalismo algorítmico aponta esse complexo encontro de fatores que dá forma às estruturas das instituições.

Além disso, os atores não são os únicos que importam no processo de moldar instituições: o contexto também tem enorme relevância. Conforme mencionamos, as tecnologias de reconhecimento facial depararam com um revés significativo

41 T. Silva, *Racismo algorítmico*, op. cit.

na pandemia em função da necessidade de adaptar *softwares* existentes ao uso de máscaras.[42] Ao mesmo tempo, também era necessário conceber novos usos, como a combinação do reconhecimento facial com a termografia para detectar casos de febre em espaços públicos.[43]

O contexto também é relevante para as teorias institucionalistas, como fica claro nas discussões sobre o *isomorfismo institucional*,[44] que aponta para tendências de homogeneidade como decorrência de mecanismos coercitivos, miméticos e normativos. No campo da segurança, é impressionante a rapidez com que algumas tecnologias viajam de um contexto para outro. O policiamento preditivo passou por um *boom* desde 2012, sendo adotado por uma corporação policial atrás da outra, fazendo com que os *softwares* se disseminassem rapidamente. As críticas e os desafios a essas tecnologias também levam ao surgimento de normas e valores que remodelam suas possibilidades em diferentes contextos. Depois que o policiamento preditivo foi banido em diferentes cidades nos Estados Unidos, a União Europeia tem seguido na mesma direção. Em 2 de fevereiro de 2025, entrou em vigor a proibição aprovada pelo Parlamento Europeu do uso discriminatório da inteligência artificial no policiamento preditivo e nas decisões judiciais.[45] A questão aqui é que o *design* de tecnologias e seu uso são profundamente afetados pelos contextos, e muitos atores tendem a adotar comportamentos similares, imitando uns aos outros ou repensando as práticas deles.

42 Martin Pollard, "Even Mask Wearers Can Be ID'd, China Facial Recognition Firm Says". *Reuters*, 9 mar. 2020.

43 Dermalog, "Temperature Detection in Operation at Hanover Exhibition Grounds". Hamburg/Hanover, 27 fev. 2020.

44 P. DiMaggio e W. Powell, "The Iron Cage Revisited", op. cit.

45 EU Artificial Intelligence Act, "Article 5: Prohibited AI Practices", 2 fev. 2025.

Processos históricos

As instituições mudam com o tempo, assim como os sistemas algorítmicos. Na seção anterior, vimos, por exemplo, como as tecnologias de reconhecimento facial evoluíram durante a pandemia a fim de lidar com a demanda por novas funções e formas de monitoramento. O processo de transformação da cibersegurança também ilustra a natureza dinâmica dos sistemas algorítmicos. Para proteger dispositivos, redes e dados de acessos não autorizados ou tentativas de destruição, os sistemas de segurança precisam mudar constantemente. Como afirmam Khaleel Ahmad e colaboradores:

> Os ataques à segurança cibernética estão crescendo exponencialmente. Os especialistas em segurança devem se ocupar no laboratório em montar novos esquemas voltados a preservar os recursos e controlar qualquer ataque que surja. Há, assim, vários algoritmos e técnicas surgindo, a saber, DES, AES, IDEA, WAKE, CAST5, Serpent Algorithm, Chaos-Based Cryptography, McEliece, Niederreiter, NTRU, Goldreich-Goldwasser-Halevi, Identity-Based Encryption e Attribute-Based Encryption.[46]

A mudança observada nas instituições - e nos algoritmos - não se reduz, porém, aos processos de adaptação e evolução. O contexto e o uso podem conduzir as tecnologias em direções radicalmente diferentes, reinventando seus usos e propósitos. A própria internet foi criada como um projeto militar e acabou alterando profundamente grande parte das dimensões da existência humana. Muitas tecnologias de inteligência artificial

46 Khaleel Ahmad et al. (orgs.), *Emerging Security Algorithms and Techniques*. Boca Raton: Taylor & Francis, 2019.

desenvolvidas com propósitos militares hoje são empregadas, por exemplo, na agricultura: na colheita, no monitoramento do solo, no diagnóstico de pragas, na fumigação inteligente e na robotização de diversas tarefas.[47] Nos trigais argentinos e nos campos de soja brasileiros, *drones* desenvolvidos por companhias como a Taranis utilizam visão computacional para monitorar rapidamente o surgimento de pragas: "O algoritmo ensina a si mesmo a assinalar algo tão minúsculo quanto um único inseto muito antes que qualquer humano normalmente identificaria o problema".[48]

Também existem conjuntos de dados e algoritmos criados com diferentes propósitos e que foram incorporados por governos e empresas para fins de segurança. No Brasil, um caso interessante é o do desenvolvimento do sistema Córtex pela Secretaria de Operações Integradas (Seopi), subordinada ao Ministério da Justiça e Segurança Pública. O sistema rastreia placas de veículos com o auxílio de milhares de câmeras espalhadas por todo o país, acessando conjuntos de dados confidenciais que foram gerados para outras finalidades. Apesar das negativas de seus desenvolvedores, há acusações de que o sistema acessaria dados da Relação Anual de Informações Sociais (RAIS), mantida pelo Ministério da Fazenda, o que daria a cerca de 10 mil trabalhadores das forças de segurança acesso a formas de vigilância altamente abrangentes.[49] Esse conjunto de dados não foi criado para tal fim, mas poderia ser utilizado para monitorar e intimidar cidadãs e cidadãos. Segundo Rubens Valente, a Seopi foi

47 Tanha Talaviya et al., "Implementation of Artificial Intelligence in Agriculture for Optimisation of Irrigation and Application of Pesticides and Herbicides". *Artificial Intelligence in Agriculture*, v. 4, 2020.

48 Daniel T. Allen, "Farmers Are Using AI to Spot Pests and Catch Diseases-And Many Believe It's the Future of Agriculture". *Business Insider*, 8 nov. 2019.

49 Aiuri Rebello, "Da placa de carro ao CPF". *Intercept Brasil*, 21 set. 2020.

a agência responsável pela produção do dossiê que monitorou agentes policiais e professores considerados *antifas* durante o governo Bolsonaro.[50]

Compreender os algoritmos pelas lentes institucionalistas requer que se atente à natureza transitória deles. As instituições não são talhadas em pedra; elas mudam com o tempo, estabelecendo novos padrões, regras e funções. Elas enfrentam diferentes desafios contextuais e são levadas a distintas direções pelos vários atores que as põem em ação por meio de suas práticas. Atores, em seus contextos, recriam continuamente as instituições, tal como ocorre com os sistemas algorítmicos. Elas são levadas a diferentes direções pelas práticas dos agentes – e pelos dados extraídos deles. Nesse processo, as instituições em transformação também afetam as próprias práticas que as põem em ação. A guerra em tempos de armas autônomas e inteligência artificial, por exemplo, é algo completamente diferente das batalhas medievais ou dos conflitos do início do século XX.

O que queremos dizer é que os algoritmos devem ser lidos como construtos históricos que revelam elementos das sociedades. Não são abstrações pairando acima de nossa existência. Eles incorporam padrões de comportamento, pontos de vista e normas dadas de antemão. E isso não necessariamente por serem desenhados de tal ou tal maneira, mas porque a inteligência artificial é também um produto de seu contexto. No campo da segurança, uma quantidade enorme de evidências mostra, por exemplo, como os sistemas algorítmicos reafirmam assimetrias raciais.

As tecnologias de reconhecimento facial costumam ser muito mais precisas ao identificar pessoas brancas, o que tem levado uma grande quantidade de pessoas negras a serem acusadas de

50 Rubens Valente, "Ação sigilosa do governo mira professores e policiais antifascistas". *UOL*, 24 jul. 2020.

crimes. "Um corpo crescente de pesquisas expõe taxas de erro divergentes conforme o grupo demográfico, mostrando de forma consistente pior precisão em relação a mulheres negras entre 18 e 30 anos de idade."[51] Robert Julian-Borchak Williams - detido por engano em Detroit em consequência da identificação incorreta feita por um algoritmo de reconhecimento facial - é apenas um dentre muitos casos famosos.[52] No caso citado do conjunto de sistemas de segurança do Ceará, o ator estadunidense Michael B. Jordan teve sua imagem incluída em uma lista de suspeitos por um massacre em Fortaleza. O crime ocorreu em janeiro de 2022, mas o ator só esteve no Brasil em 2018, e ainda em outro estado. Para dar outro exemplo brasileiro, 80% dos indivíduos que comprovaram ter sido injustamente detidos em decorrência de erros de reconhecimento facial no estado do Rio de Janeiro são negros.[53]

O uso de sistemas de reconhecimento facial em aeroportos no Canadá também discriminou pessoas muçulmanas em razão de bancos de dados racializados,[54] e algoritmos de avaliação de risco têm sido criticados por cristalizarem o viés racial, como mostra um conhecido relatório da *ProPublica*.[55]

Esse viés racial, ou ao menos a dificuldade de desafiar as consequências raciais dos sistemas algorítmicos, está profundamente conectado a fatores históricos. O viés pode decorrer do *design* do algoritmo, de seu treinamento ou de uma suposta

51 Alex Najibi, "Racial Discrimination in Face Recognition Technology". *Harvard Griffin GSAS Science Policy Group Blog*, 24 out. 2020.

52 Kashmir Hill, "Wrongfully Accused by an Algorithm". *The New York Times*, 24 jun. 2020.

53 Fabiana Sampaio, "80% das prisões errôneas por reconhecimento facial no RJ são de negros". EBC, *Rádio Nacional*, 12 jan. 2022.

54 Constantine Gidaris, "The Carceral Airport: Managing Race as Risk through Biometric Systems and Technologies". *Public*, v. 30, n. 60, 2020.

55 J. Angwin et al., "Machine Bias", op. cit.

valorização da precisão que desconsidera implicações sociais. O caso do policiamento preditivo é particularmente relevante nesse sentido. Índices de crimes cometidos por pessoas negras levaram ao aumento da vigilância em bairros negros, o que reforçou as taxas de crimes identificados cometidos por pessoas negras. O'Neil explica que a justiça de um algoritmo pode requerer uma precisão menor – o que inclui, por exemplo, a desconsideração de delitos menores – a fim de desafiar esse círculo vicioso.[56]

O institucionalismo ajuda a interpretar isso tudo por meio da noção de dependência de trajetória, uma vez que situações passadas são a própria base dos cálculos sobre futuros prováveis.[57] Os sistemas de segurança usam dados do passado para desenhar o presente e agir no sentido de alcançar um futuro supostamente mais seguro.[58] Esse futuro, no entanto, baseia-se em profecias que reificam e reproduzem o passado,[59] replicando os vieses existentes sob a aparência de medidas objetivas.[60] A dependência de trajetória mostra a dificuldade de interromper esses ciclos, com profundas implicações morais. Basta pensar, por exemplo, nos sistemas de armas letais autônomas, cada vez mais usadas em situações militares. Programados para identificar situações ameaçadoras e decidir quando eliminá-las, eles trabalham com dados do passado e bases de conhecimento frequentemente

56 C. O'Neil, *Algoritmos de destruição em massa*, op. cit.

57 P. Pierson, *Politics in Time*, op. cit.

58 D. Lyon, "Surveillance, Snowden, and Big Data", op. cit.

59 A. Završnik, "Big Data: What Is It and Why Does It Matter for Crime and Social Control?", in A. Završnik (org.), *Big Data, Crime, and Social Control*. London: Routledge, 2019; Sarah Brayne, *Predict and Surveil: Data, Discretion, and the Future of Policing*. New York: Oxford University Press, 2021.

60 S. U. Noble, *Algoritmos da opressão*, op. cit.; Kelly Joyce et al., "Toward a Sociology of Artificial Intelligence: A Call for Research on Inequalities and Structural Change". *Socius*, v. 7, 2021.

discriminatórias e colonialistas.[61] As implicações dessas tecnologias algorítmicas para os direitos humanos são desafiadoras e requerem novas perspectivas no direito internacional.[62]

Regras e normas

As instituições são conjuntos de regras e normas que estruturam algumas relações.[63] Elas configuram arenas de interação, conformando comportamentos e, assim, moldando resultados coletivos. Elas estabelecem quadros e *scripts* que embasam escolhas e estratégias. Os sistemas algorítmicos empregados na segurança também operam claramente nesse sentido: eles estabelecem regras formais e informais, marcando comportamentos e processos sociais. Mas as tecnologias de reconhecimento facial e policiamento preditivo não são meras ferramentas que podem promover uma vigilância efetiva; elas se impregnam no tecido da sociedade, afetando as relações de sociabilidade, a maneira como os indivíduos vivenciam a cidade e as ações das forças de segurança.

Tal como ocorre com qualquer outra instituição, algumas das regras instituídas pelos sistemas algorítmicos de segurança são formais e visíveis. A "Guerra ao Terror" após os ataques de 11 de setembro de 2001, por exemplo, levou a muitas mudanças explícitas no controle de fronteiras e nas leis, que passaram a permitir atividades até então vistas como violações de privacidade. A Lei de Prevenção ao Terrorismo e Reforma da Inteligência (Intelligence Reform and Terrorism Prevention Act)

61 P. Scharre, *Army of None*, op. cit.

62 Eileen Donahoe e Megan MacDuffee Metzger, "Artificial Intelligence and Human Rights". *Journal of Democracy*, v. 30, n. 2, 2019.

63 D. C. North, *Institutions, Institutional Change and Economic Performance*, op. cit.

de 2004 e a Lei Patriota (USA PATRIOT Act) de 2001 alteraram formalmente as regras de acesso e processamento de dados com o objetivo de proteger o "mundo livre".[64] Desde então, o poder dos algoritmos de minerar volumes gigantescos de dados cresceu exponencialmente, e o caso Snowden expôs a capilaridade da capacidade da Agência de Segurança Nacional (NSA) dos Estados Unidos em monitorar a vida das pessoas.[65] Trocas de *e-mails* conflituosas, comportamentos nas mídias socias e tecnologias de reconhecimento facial podem impedir uma pessoa de embarcar em um avião, caso ela seja inserida em uma lista de exclusão (*no-fly*), por exemplo.

Os casos do Compas e do policiamento preditivo também mostram o impacto dos algoritmos no estabelecimento de regras formais que levam a decisões e ações. Muitos juízes são legalmente autorizados a utilizar *softwares* de avaliação de risco na fundamentação de suas decisões sobre o tempo de encarceramento de uma pessoa. As forças policiais reorganizam sua logística e reestruturam suas atividades com base em decisões algorítmicas que indicam áreas focais da cidade. Em muitas situações, as tecnologias preditivas definem e mudam *scripts* de ação nas políticas de segurança pública, garantindo critérios para a ação policial por meio de escolhas feitas por conjuntos de vigilância.[66]

Os sistemas algorítmicos utilizados na segurança têm, no entanto, uma capacidade mais ampla de estabelecer regras e normas informais que moldam o comportamento. Há quem defenda, por exemplo, que as tecnologias de reconhecimento facial possam levar a comportamentos mais altruístas porque os indivíduos

64 Jeff Jonas e Jim Harper, "Effective Counterterrorism and the Limited Role of Predictive Data Mining". *Policy Analysis*, v. 584, 11 dez. 2006.

65 Peter Margulies, "Surveillance by Algorithm: The NSA, Computerized Intelligence Collection, and Human Rights". *Florida Law Review*, v. 68, n. 4, 2016.

66 S. Brayne, *Predict and Surveil*, op. cit.

tendem a fazer o bem quando sentem que estão sendo observados.[67] Jon Elster teorizou, com sagacidade, sobre a força civilizadora da hipocrisia.[68] Ainda assim, essas tecnologias podem levar à ansiedade, ao medo e à segmentação de comunidades e grupos que ocupam diferentes áreas da cidade. Pode ser que algumas pessoas se sintam mais seguras circulando por áreas hipermonitoradas, mas outras ficarão temerosas, em razão de seu histórico de interações com forças policiais. A raça é certamente uma variável central na maneira pela qual os sistemas algorítmicos aplicados à segurança pública podem reforçar clivagens espaciais urbanas.

Assim, regras informais alimentadas pelos sistemas algorítmicos podem naturalizar diferenças sociais e justificá-las sob a fachada de decisões objetivas. Bairros negros e latinos nos Estados Unidos podem ser mais frequentemente visados por operações policiais, sob a justificativa de que os algoritmos os apontam como áreas violentas, ainda que parte dessa violência decorra exatamente da interação com as forças policiais; em contrapartida, a "paz" de certos bairros pode ter origem na falta de monitoramento policial. Ao interagir com outras instituições, os algoritmos estabelecem padrões de ocupação do espaço urbano e gramáticas de interação social, indicando, por exemplo, quem é confiável e quem não é.

Relações de poder

Tal como ocorre com outros tipos de instituição que moldam e enquadram contextos de interações, os sistemas algorítmicos

67 Thomas J. L. van Rompay, Dorette J. Vonk e Marieke L. Fransen, "The Eye of the Camera: Effects of Security Cameras on Prosocial Behavior". *Environment and Behavior*, v. 41, n. 1, 2009.

68 Jon Elster, "Arguing and Bargaining in Two Constituent Assemblies". *Journal of Constitutional Law*, v. 2, n. 2, 2000.

têm consequências políticas. Eles permeiam as relações de poder nas sociedades, justificando parte delas, naturalizando outras, estabelecendo novas, e mesmo deslocando algumas das relações de poder já existentes. Seja por sua habilidade de definir *scripts* de ação para forças de segurança, seja por delinearem profecias autorrealizáveis, os algoritmos afetam escolhas coletivas e configuram parâmetros para comportamentos individuais.

No campo da segurança, os algoritmos primariamente conformam e institucionalizam formas tecnocráticas de poder. Eles ocultam a natureza política da tomada de decisões por meio de processos despersonalizados, opacos e muitas vezes acríticos, que acabam sendo vistos como apolíticos. Medidas de segurança com profundas implicações sobre a vida individual e a sociedade são justificadas como se não se baseassem na dimensão humana. E, ainda assim, tais decisões beneficiam determinados atores em detrimento de outros, fundamentando hierarquias sociais.

Nas seções anteriores, argumentamos que os sistemas algorítmicos empregados na segurança frequentemente reproduzem vieses raciais, de modo a naturalizar, justificar e reforçar assimetrias raciais. Como ocorre com outras instituições, os algoritmos não apenas refletem desigualdades racionais como desempenham papéis ativos em sua afirmação e construção. Como afirmam Couldry e Mejias, em diálogo com Safiya Noble e Ruha Benjamin, os algoritmos "reproduzem e amplificam a diferenciação racial sob um perigoso verniz de objetividade e verdade científica [...]. O resultado serve muito mal a uma 'democracia multirracial' [...] e facilita modos raciais de controle social".[69]

Na área da segurança, as implicações políticas dos algoritmos são particularmente relevantes porque estamos lidando

69 N. Couldry e U. A. Mejias, "The Decolonial Turn in Data and Technology Research", op. cit., p. 791; S. U. Noble, *Algoritmos da opressão*, op. cit.; R. Benjamin, *Race after Technology*, op. cit.

com questões de vida e morte. Decisões baseadas em algoritmos podem levar ao encarceramento, à perseguição e a danos físicos. Quem é afetado ou afetada por essas decisões muitas vezes não é capaz de confrontá-las efetivamente.[70] Os sistemas algorítmicos levam com frequência a violações de direitos individuais em contextos que tendem a restringir as possibilidades de *accountability*. Gerards, por exemplo, defende que os algoritmos de segurança afetam os direitos de privacidade, a liberdade de expressão, o direito à não discriminação e os direitos procedimentais de tratamento igualitário nos tribunais.[71]

Em muitos contextos, o poder sem transparência das tecnologias de vigilância e dos algoritmos de segurança pode ser o caminho mais curto para formas de autoritarismo. Não é por acaso que China e Rússia estiveram na vanguarda do desenvolvimento e da implementação de tecnologias de reconhecimento facial. Tampouco é por acaso que os aspirantes a autocratas demonstram interesse em *spywares* que lhes permitem olhar seus cidadãos e cidadãs bem de perto. Vale mencionar o Pegasus, por exemplo, *spyware* desenvolvido em 2011 pela empresa israelense NSO Group. Essa tecnologia explora falhas em sistemas operacionais para conseguir acesso irrestrito a dispositivos privados, quebrando sistematicamente comunicações criptografadas sem o conhecimento de usuárias e usuários. O *software* possibilita acessar qualquer coisa armazenada em um dispositivo, bem como sua câmera e seu microfone.

70 Jeanna Matthews et al., "The Right to Confront Your Accusers: Opening the Black Box of Forensic DNA Software". *Proceedings of the 2019 AAAI/ACM Conference on AI, Ethics, and Society*, 2019; Cade Metz e Adam Satariano, "An Algorithm That Grants Freedom, or Takes It Away". *The New York Times*, 6 fev. 2020.

71 Janneke Gerards, "The Fundamental Rights Challenges of Algorithms". *Netherlands Quarterly of Human Rights*, v. 37, n. 3, 2019.

O *spyware* tem sido usado por muitos países para combater terroristas, traficantes de drogas e redes internacionais de abuso de menores. No entanto, também tem sido usado para perseguir adversários políticos. De acordo com Bergman e Mazzetti,

> o México mobilizou o *software* não apenas contra membros de quadrilhas mas também contra jornalistas e dissidentes políticos. Os Emirados Árabes Unidos o utilizaram para hackear o telefone de um ativista pelos direitos civis que o governo havia aprisionado. A Arábia Saudita o usou contra ativistas pelos direitos das mulheres e, de acordo com um processo aberto por um dissidente saudita, para espionar os meios de comunicação utilizados por Jamal Khashoggi, colunista do *Washington Post* que foi morto e esquartejado em Istambul por enviados sauditas em 2018.[72]

Segundo Valença, o clã Bolsonaro tentou comprar esse *software*, além de outras armas cibernéticas do NSO que possibilitam formas difusas de espionagem.[73] O *software* foi vendido para a Índia de Modi, a Hungria de Orbán e a Polônia de Szydło, e seu uso na espionagem de ativistas, jornalistas e adversários tem sido denunciado em diversos contextos.[74] Tais casos sugerem os perigos representados por esse *software* para as democracias, dado que governos autoritários podem usar sistemas algorítmicos para perseguir adversários. John Keane alertou recentemente sobre o papel dos sistemas algorítmicos em permitir aos novos governos despóticos formas mais precisas e cirúrgicas

72 Ronen Bergman e Mark Mazzetti, "The Battle for the World's Most Powerful Cyberweapon". *The New York Times*, 28 jan. 2022.

73 Lucas Valença, "Além de Pegasus, Carlos Bolsonaro queria sistema para monitorar o Planalto". UOL, 3 ago. 2021.

74 R. Bergman e M. Mazzetti, "The Battle for the World's Most Powerful Cyberweapon", op. cit.

de vigilância e perseguição, alinhadas à era de abundância comunicativa.[75]

Há ainda um segundo nível de relações políticas envolvendo a mobilização de tecnologias como o Pegasus. Há evidências de que Israel tenha empregado o acesso à tecnologia como moeda diplomática:

> Países como México e Panamá mudaram de posição em relação a Israel em questões-chave votadas na Organização das Nações Unidas após ganharem acesso ao Pegasus. Reportagem do [*New York*] *Times* também revela como as vendas do Pegasus tiveram um papel essencial e sem precedentes na garantia do apoio de nações árabes à campanha de Israel contra o Irã e mesmo na negociação dos Acordos de Abraão, resoluções diplomáticas de 2020 que normalizaram as relações entre Israel e alguns de seus adversários árabes de longa data.[76]

No entanto, na arena diplomática, os desenvolvimentos tecnológicos do NSO levaram a conflitos entre os Estados Unidos e Israel. O Pegasus não tinha capacidade para espionar telefones de linhas operadas nos Estados Unidos, mas o NSO criou outro *software*, chamado Phantom [Fantasma], que tinha – e deveria ser vendido apenas a autoridades governamentais daquele país. A controvérsia em torno do Phantom levou o NSO a ser considerado um perigo à segurança nacional e proibido de comprar insumos de empresas estadunidenses. Mais recentemente, oficiais israelenses alertaram o assessor de segurança da Casa Branca de que o enfraquecimento do NSO pode fortalecer empresas de

75 John Keane, *The New Despotism*. Cambridge: Harvard University Press, 2020.
76 R. Bergman e M. Mazzetti, "The Battle for the World's Most Powerful Cyberweapon", op. cit.

hackeamento chinesas e russas e, consequentemente, a influência geopolítica desses países.

O caso NSO ilustra algumas das muitas dimensões em que os sistemas algorítmicos empregados na segurança afetam as relações de poder, com implicações profundas não apenas para a vida comum de cada indivíduo como também para a organização das forças de segurança e a construção e o deslocamento de alinhamentos nas arenas internacionais.

Gaming

Já deve ter ficado claro que diferentes formas de poder são exercidas por meio de sistemas algorítmicos e permeiam as operações desses sistemas. Tais instituições balizam contextos de interação, permeando relações de poder. Pelas lentes das teorias institucionalistas, porém, as instituições não são meras regras e normas abstratas; elas são efetivadas, reproduzidas e deslocadas por agentes cujas práticas podem cristalizar, atualizar ou desafiar regras existentes. Um ponto importante para uma compreensão institucionalista dos algoritmos é como os indivíduos interagem com tecnologias algorítmicas e mudam suas funções e ações; ou seja, como os indivíduos jogam com os algoritmos para expandir sua função de utilidade ou para prevenir a ação deles sobre suas subjetividades.

No caso das políticas de segurança, a expansão da vigilância para todas as dimensões da vida cotidiana levou a diferentes formas de reação humana a esse aparato institucional emergente. Definir indivíduos ou regiões com precisão e situá-los em *clusters* é uma dimensão fundamental na maneira de efetivar o poder dos algoritmos empregados na segurança. Por meio de sistemas algorítmicos, as forças de segurança coletam dados sobre como os indivíduos e outras máquinas se comportam, sentem, pensam e tomam decisões: "Interligados ou analisados separadamente, esses pontos de dados constituem uma nova identidade virtual, um *self* digital que é agora mais tangível, legitimado e demonstrável, mais fixo e mais capaz de ser provado que nossos *selves* ["eus"] analógicos.[77] Os sistemas algorítmicos ajudam a localizar determinados indivíduos ou grupos de indivíduos com precisão para antever rumos de ação e intervir apropriadamente (seja lá o que isso signifique): "Somos classificados, categorizados e pontuados em centenas de modelos com base em nossas preferências e padrões exibidos".[78]

Entre as muitas tentativas de resistir ao poder difuso dos algoritmos ou reenquadrá-lo,[79] destacamos algumas práticas comuns mediante as quais indivíduos buscam impedir sua total identificação. Cidadãos e cidadãs com frequência jogam com os algoritmos para frustrar a capacidade deles de promover a identificação. Na *infrapolítica*[80] da vida comum, quem tenta evitar ser reconhecido pode recorrer até a estratégias de desidentificação a fim de enganar os sistemas algorítmicos. A desidentificação é uma ação política que busca confrontar uma ordem de controle social.[81] Nas sociedades conformadas pelos algoritmos, essa é uma maneira relevante de se opor ao poder dos algoritmos empregados na segurança.[82] Ao negar a naturalidade de um lugar que lhe foi atribuído, uma pessoa pode resistir ao poder dos algoritmos.

77 Bernard E. Harcourt, *Exposed: Desire and Disobedience in the Digital Age*. Cambridge: Harvard University Press, 2015, p. 1.

78 C. O'Neil, *Algoritmos de destruição em massa*, op. cit., p. 112.

79 Nardine Alnemr, *Citizens and Intelligent Machines: Algorithms in Deliberative Democracy*. Tese de doutoramento em Filosofia. University of Canberra, Canberra, 2021.

80 James C. Scott, *Domination and the Arts of Resistance*. New Haven: Yale University Press, 1990.

81 Jacques Rancière, *O desentendimento: Política e filosofia*, trad. Ângela Leite Lopes. São Paulo: Editora 34, 1996.

82 A. Završnik, "Big Data", op. cit.

O repertório da desidentificação perante sistemas algorítmicos inclui diferentes práticas. A anonimização é a primeira tática adotada pelos indivíduos, e a mais frequente. Para se manter parcialmente anônimos, muitos deles usam os navegadores no modo anônimo, por exemplo, ou acessam a *dark web* para escapar das restrições impostas pelos algoritmos de plataforma.

Outra tática central de disputa consiste em enganar os algoritmos. Isso fica claro, por exemplo, na escolha de formas alternativas para grafar palavras, a fim de evitar respostas automáticas que vão da censura a resultados desagradáveis nas buscas. Escrever com pontos entre letras ou substituir algumas delas por algarismos em palavras é uma estratégia frequente para se manter fora do radar.[83] A escolha do engano também é evidente quando indivíduos fingem ter gostado de algo ou propositalmente buscam algo de que não gostam com o único objetivo de confundir os algoritmos quanto a seus reais interesses e gostos. Às vezes, os usuários e usuárias sabem como um algoritmo opera e reagem intencionalmente a ele, alterando os fluxos de entrada de informação a fim de afetar os fluxos de saída.

Por fim, algumas formas de resistência podem impedir a coleta de dados biométricos, que são particularmente importantes na área da segurança. As estratégias adotadas para a desidentificação do corpo incluem o uso de máscaras, bonés, capacetes ou mesmo maquiagem e outros artefatos que possam frustrar os sensores de reconhecimento facial. O artista e acadêmico Zach Blas, por exemplo, criou uma série de máscaras para resistir aos algoritmos de reconhecimento facial, promovendo o que chamou de *invisibilidade informática*.[84] Outra

83 Ricardo Fabrino Mendonça, Mariana Abreu e Rayza Sarmento, "Repertórios discursivos e as disputas políticas contemporâneas". *Novos Estudos Cebrap*, v. 40, n. 1, 2021.
84 Patricia De Vries e Willem Schinkel, "Algorithmic Anxiety: Masks and Camouflage in Artistic Imaginaries of Facial Recognition Algorithms". *Big Data & Society*, v. 6, n. 1, 2019.

tática utilizada ocasionalmente é a obstrução ou mesmo a destruição de sensores. Em manifestações públicas ocorridas em Hong Kong, por exemplo, os sensores foram desafiados por diversos ativistas, que pintaram a lente das câmeras para não serem identificados.

Segundo a perspectiva do institucionalismo algorítmico, a agência dos indivíduos para afetar os algoritmos por dentro é fundamental, pois, como vimos, os resultados dos sistemas algorítmicos são gerados por uma sobreposição de fatores intermediários. Ao jogar com regras, normas, *scripts* e quadros que integram essas instituições, os indivíduos interagem e desempenham um papel na efetivação e na reinvenção delas. Tal como ocorre com outras instituições, pode-se considerar que os sistemas algorítmicos são capazes de exercer forças restritivas, mas eles também são altamente dependentes da agência de atores que não são totalmente determinados por essas forças.

Dimensões discursivas

Pensar os algoritmos no campo da segurança pela perspectiva do institucionalismo algorítmico exige atenção às dimensões discursivas deles. Como vimos no capítulo 2, há ao menos quatro maneiras de articular os algoritmos ao institucionalismo discursivo: os algoritmos se fundamentam em quadros discursivos com entendimentos específicos do mundo; os sistemas algorítmicos enquadram contextos de ação em que outras interações ocorrem; os algoritmos são argumentos em disputas discursivas mais amplas; e os algoritmos são frequentemente discutidos na esfera pública.

As três possibilidades iniciais foram contempladas nas seções anteriores. Discutimos como as tecnologias de reconhecimento facial, o policiamento preditivo e os *softwares* de avaliação de risco usados por tribunais enquadram a realidade de determinadas maneiras, com frequência no sentido de naturalizar vieses raciais, entre outros. Os algoritmos se fundamentam em maneiras específicas de compreender a realidade e, assim, as linhas de códigos acabam oferecendo argumentos práticos sobre como o mundo deveria ser visto e como deveria funcionar. Ao definir que certos bairros são mais perigosos que outros em razão de uma maneira específica de definir o que é "perigo" e como ele deve ser medido, os algoritmos garantem certos rumos de ação e justificam diferentes tipos de sentimentos e comportamentos. Trata-se de argumentos com fortes efeitos perlocucionários, dado que coisas bastante concretas são feitas por meio deles. São um exemplo bem claro da famosa afirmação de J. L. Austin: dizer é fazer.[85] Em contraste com muitas outras formas de expressão argumentativa, porém, os argumentos apresentados por meio de funções algorítmicas parecem ser menos visíveis. Frequentemente não são percebidos como discursos que justificam certas perspectivas e rumos de ação, o que oculta sua natureza argumentativa e, com isso, apresenta novos desafios à esfera pública.

Além disso, muitos sistemas algorítmicos voltados para a área da segurança enquadram a realidade de maneiras que solapam a confiança, alimentando uma sensação generalizada de que qualquer pessoa é uma ameaça potencial e de que a falta de vigilância necessariamente acarretará criminalidade e violência. Com isso, os sistemas algorítmicos empregados na segurança enquadram outros contextos de ação, configurando *affordances*, regras e normas que marcam muitas interações. Desde o controle de fronteiras à vigilância cotidiana, diversos contextos

85 John Langshaw Austin, *Quando dizer é fazer: palavras e ação*, trad. Danilo Marcondes de Souza Filho. Porto Alegre: Artes Médicas, 1990.

de interação foram afetados por essas tecnologias. Um estudo sobre a implementação de reconhecimento facial na favela do Jacarezinho, no Rio de Janeiro, gera apreensão sobre como essa tecnologia pode afetar um contexto fortemente marcado pela violência. O Jacarezinho foi palco de um massacre com ao menos 28 mortes durante uma operação policial em 2021. Implementado em 2022, o sistema pode trazer uma nova ferida a uma comunidade já por demais estigmatizada, moldando muitas interações entre seus moradores e outros cidadãos e cidadãs. Chama a atenção o fato de que ele "terá somente uso repressivo e para fortalecer a produção de provas de inocência policial. Os dados não serão colocados à disposição das eventuais vítimas de excessos e violações [de direitos humanos] por parte das forças de segurança repressivas do Estado".[86]

Como esses pontos anteriores já foram contemplados em outras seções, vamos nos concentrar aqui no quarto: os algoritmos são frequentemente desafiados e apoiados por outros discursos na esfera pública. Há controvérsias crescentes em relação aos conjuntos de vigilância na esfera pública, e elas têm recebido maior atenção. O caso dos sistemas de armas letais autônomas é bastante ilustrativo. De um lado, eles têm seus defensores na esfera pública, particularmente na indústria que desenvolve esses dispositivos, os quais vêm revolucionando os combates bélicos.[87] O argumento é de que essas armas exigem menos recursos, reduzem o número de baixas e ampliam o campo de batalha, de modo a cobrir áreas antes inacessíveis.[88] Parte deles

86 Gabrielle Alves et al., "Favelas precisam de justiça racial, não de reconhecimento facial". *Le Monde Diplomatique Brasil*, 9 jun. 2022.

87 Emilia Javorsky, Max Tegmark e Ira Helfand, "Lethal Autonomous Weapons". *BMJ*, v. 364, 2019.

88 Jeffrey S. Thurnher, "No One at the Controls: Legal Implications of Fully Autonomous Targeting", *Joint Force Quarterly*, v. 67, 2012; Michael W. Byrnes, "Nightfall: Machine Autonomy in Air-to-Air Combat". *Air and Space Power Journal*, v. 28, n. 3,

acredita que robôs assassinos seriam mais éticos ao evitar danos desnecessários: "Diversos especialistas em questões militares e em robótica defendem que os sistemas de armas autônomas não apenas devem ser considerados moralmente aceitáveis como até mesmo eticamente preferíveis a combatentes humanos".[89]

De outro lado, há diversas vozes que se opõem ao uso dos sistemas de armas letais autônomas. Para elas, os riscos são de diversas espécies. Tais sistemas representariam novos perigos aos direitos humanos e à estabilidade internacional, e seu uso traria o risco de alimentar o terrorismo e os Estados párias por seu potencial de permitir que um grupo pequeno de pessoas provoque, proposital ou acidentalmente, danos em enorme escala a um custo baixo.[90] Também há o risco de que mudanças no *software* levem a transformações radicais na escala do dano potencialmente causado. Por isso, é grande a pressão pelo banimento desses sistemas de armas, sob o argumento de que a regulação não conseguirá restringir os danos potenciais. Em 2015, uma carta aberta publicada pela Conferência Internacional Conjunta sobre Inteligência Artificial defendeu a proibição das armas autônomas.[91] A carta foi assinada por proeminentes acadêmicos da robótica e apoiada por indivíduos tão distintos entre si quanto Jack Dorsey, Stephen Hawking, Noam Chomsky, Elon Musk e Steve Wozniak. Encabeça a lista de signatários Stuart Russell, cientista da computação da Universidade da Califórnia

2014; Amitai Etzioni e Oren Etzioni, "Pros and Cons of Autonomous Weapons Systems", in A. Etzioni (org.), *Happiness is the Wrong Metric: A Liberal Communitarian Response to Populism*. Cham: Springer Open, 2018.

89 A. Etzioni e O. Etzioni, "Pros and Cons of Autonomous Weapons Systems", op. cit., p. 255.

90 Ronald C. Arkin et al., "A Path towards Reasonable Autonomous Weapons Regulation". IEEE *Spectrum*, 21 out. 2019.

91 International Joint Conference on Artificial Intelligence, "Autonomous Weapons Open Letter: AI & Robotics Researchers". Future of Life Institute, 9 fev. 2016.

em Berkeley que tem sido uma das principais vozes a apontar os perigos das armas autônomas. Em um de seus artigos, ele alerta que atores não estatais podem agora desenvolver armas autônomas caseiras, uma vez que o desenvolvimento das tecnologias foi muito mais rápido que a capacidade dos Estados de assinar um tratado de proibição ou ao menos acordos de não proliferação.[92] Por todo o mundo, iniciativas como o Stop Killer Robots buscam mobilizar e convocar ações contra o poder destrutivo das armas autônomas, fomentando debates na esfera pública.

O mesmo pode ser dito em relação aos discursos em torno do reconhecimento facial, do policiamento preditivo e dos *softwares* de avaliação de risco. A esfera pública está saturada de opiniões e avaliações a respeito dos riscos e dos benefícios dessas tecnologias. Há quem afirme que tecnologias baseadas em algoritmos são importantes para a segurança, por prevenirem ataques, otimizarem recursos e evitarem a impunidade. Elas dariam à polícia e aos tribunais maior inteligência e capacidade de prevenir o mal, em vez da mera repressão à criminalidade ou de deixar um único juiz decidir se alguém tem chance de reincidir.[93] Ainda assim, muitas vozes denunciam sua inefetividade e seus riscos, chamando atenção para suas implicações sociais e éticas.

Com o aumento da resistência a essas tecnologias, os apelos pela proibição passam a ressoar. Um exemplo já mencionado é o das muitas cidades que, após implementarem projetos envolvendo o reconhecimento facial e o policiamento preditivo,

92 S. Russell, "Why We Need to Regulate Non-State Use of Arms", op. cit

93 Danielle Kehl, Priscilla Guo e Samuel Kessler, "Algorithms in the Criminal Justice System: Assessing the Use of Risk Assessments in Sentencing". Responsive Communities Initiative, Berkman Klein Center for Internet & Society, Harvard Law School, 2017; A. Meijer e M. Wessels, "Predictive Policing", op. cit.

acabaram por abortá-los ou deixá-los em compasso de espera.[94] Em 2025, entrou em vigor na União Europeia a legislação que bane a "a colocação no mercado, a disponibilização para este fim específico ou a utilização de sistemas de IA que criem ou ampliem bases de dados de reconhecimento facial por meio da coleta indiscriminada de imagens faciais da internet ou de filmagens de CCTV".[95] Nos Estados Unidos, mais de vinte estados e cidades também proibiram o uso dessas tecnologias[96] e, na Índia, a resistência a elas cresce em alguns dos lugares mais vigiados do mundo.[97] Grupos minorizados, estudantes e servidores públicos lideram a batalha contra a rápida expansão das câmeras de circuito fechado em cidades como Hyderabad e Nova Déli, onde a polícia tem usado esses sistemas para monitorar protestos: há um temor corrente de que essa tecnologia acabe mirando os direitos de muçulmanos, *dalits*, pessoas trans e outros grupos marginalizados. No Brasil, iniciativas como o #SaiDaMinhaCara e o #TireMeuRostoDaSuaMira visam mobilizar a sociedade civil contra o reconhecimento facial.[98]

Se dermos um passo atrás para ter uma visão mais ampla dos detalhes de todos esses casos, o que nos interessa aqui é que os sistemas algorítmicos surgem e se desenvolvem no interior de redes discursivas que podem levá-los a diferentes direções. O discurso está no cerne da criação e dos desdobramentos dessas tecnologias. A esfera pública pode lançar luz sobre os elementos

94 Eileen Li, "Europe's Next Steps in Regulating Facial Recognition Technology". *Columbia Journal of Transnational Law*, 7 nov. 2021.

95 EU Artificial Intelligence Act, "Article 5: Prohibited AI Practices", 2 fev. 2025.

96 Paresh Dave, "U.S. Cities Are Backing Off Banning Facial Recognition as Crime Rises". *Reuters*, 12 maio 2022.

97 "Facial Recognition Taken to Court in India's Surveillance Hotspot". *Al Jazeera*, 20 jan. 2022.

98 Debora Pio, "Iniciativas que apoiam o banimento do reconhecimento facial avançam no Brasil". *Lavits – Rede Latino-Americana de Estudos sobre Vigilância, Tecnologia e Sociedade*, 3 ago. 2022.

perigosos delas, indicando a necessidade de mudanças, proibições e regulações que afetem a forma de tais instituições e suas consequências. Os discursos não são abstrações ilusórias, e sim conjuntos de práticas incorporadas que têm consequências sobre outras práticas. As instituições - e, portanto, os algoritmos - são permeadas por discursos concretos que lhes dão corpo e podem levá-las em diferentes direções.

Observações finais

Este capítulo buscou aplicar a grade analítica desenvolvida no capítulo 2 à interpretação dos sistemas algorítmicos empregados na área da segurança. Em sua concepção dos algoritmos como instituições, o institucionalismo algorítmico indica seis dimensões a serem consideradas, proporcionando uma matriz complexa para a interpretação de diversos fenômenos, como as tecnologias de reconhecimento facial, o policiamento preditivo, os *softwares* de avaliação de risco e os sistemas de armas autônomas letais.

Começamos com uma definição abrangente de segurança, para em seguida demonstrar a crescente relevância dos sistemas algorítmicos para muitas de suas esferas. Discutimos o desenho de conjuntos [*assemblages*] de segurança, que decorre de um processo complexo no qual interagem governos, corporações, universidades e indivíduos. Demonstramos também a presença do isomorfismo institucional nesses conjuntos, uma vez que algumas tecnologias - como as de reconhecimento facial - viajam rapidamente de um contexto a outro.

Os conjuntos de segurança são históricos e refletem os valores e vieses dos contextos nos quais surgiram, como fica evidente quando decisões automatizadas reproduzem injustiças raciais.

A dependência de trajetória reforça o caráter inercial dessas instituições, o que levanta muitos dilemas quando pensamos sobre as tecnologias de reconhecimento facial e os sistemas de armas autônomas letais.

Abordamos, também, como os algoritmos empregados na segurança efetivam, estabilizam e desafiam normas e regras, conformando interações sociais diversas. Regras informais fomentadas pelos conjuntos de segurança podem naturalizar as diferenças sociais, como se verificou nos projetos de policiamento preditivo.

Assim, os conjuntos de segurança contribuem para institucionalizar formas tecnocráticas e não transparentes de poder, que podem fortalecer tendências autoritárias. Os indivíduos, no entanto, jogam com o poder dos algoritmos, reinventando as estruturas que conformam sua agência. No caso dos conjuntos de segurança, não faltam tentativas de enganar os algoritmos e frustrar sua capacidade de identificar indivíduos, em microformas de resistência cotidiana.

Exploramos, por fim, como os conjuntos de segurança podem ser vistos como argumentos que enquadram as compreensões sobre risco e segurança. Há, ainda, debates importantes em torno desses algoritmos, como se vê nas tentativas de problematizar o desenvolvimento de sistemas de armas letais autônomas.

A perspectiva do institucionalismo algorítmico abre um caminho proveitoso para a compreensão dos algoritmos, que costumam ser pensados de maneiras um tanto abstratas. A já extensa trajetória da análise de instituições mostrou alguns caminhos a serem seguidos, mapeando diversas facetas de questões contemporâneas. Tecnologias de reconhecimento facial, policiamento preditivo, *softwares* de avaliação de risco e sistemas de armas letais autônomas têm profundas implicações em muitas arenas de interação, marcando o caminho pelo qual institucionalizamos políticas a fim de prevenir riscos e promover a segurança.

A figura tradicional do Leviatã de Hobbes consiste em um monstro composto da união de todos os indivíduos. Em uma das mãos, esse monstro porta a espada, representando o monopólio dos meios de violência, e, na outra, o cetro, representando a lei. Os artefatos construídos no interior dos complexos industriais de vigilância refletem escolhas políticas, mas as tecnologias algorítmicas utilizadas na segurança constroem um novo tipo de Leviatã. Grandes empresas privadas têm um papel-chave em moldá-lo e capitalizam em cima dos conjuntos de vigilância para propósitos variados, tornando-os ferramentas onipresentes, com consequências diversas para as entidades políticas. Talvez a representação desse novo Leviatã seja a de um algoritmo composto dos perfis pessoais de cada um e cada uma, com uma espada e um cetro em sua imagem.

Nesse sentido, este capítulo conseguiu avançar em seu segundo objetivo principal: se o institucionalismo indica caminhos para prosseguir na compreensão dos algoritmos, a realidade dos sistemas algorítmicos também aponta para a necessidade de atualizar teorias institucionais, fundamentando-as no contexto das sociedades algorítmicas. O capítulo destaca ao menos três aspectos para os quais a análise dos algoritmos sugere atualizações relevantes para as abordagens institucionais.

Primeiro, como discutido na seção dedicada ao *design* ou desenho, se os indivíduos permanecem centrais para a configuração das instituições, então eles afetam a forma destas não apenas por meio das práticas mas também (e principalmente) por meio de sua fragmentação em dados que alimentam os desenvolvimentos do aprendizado de máquina de maneiras frequentemente imprevisíveis. Isso acrescenta mais uma camada de complexidade ao desenho institucional, dificultando o controle reflexivo sobre as instituições.

Segundo, existem distinções importantes em como os discursos operam dentro das instituições e entre elas. Se os algoritmos têm seu papel como argumentos na esfera pública, eles surgem como um argumento cifrado que garante certas posições e rumos de ação, muitas vezes sem serem percebidos como argumentos. Os algoritmos têm claros efeitos perlocucionários, mas raramente são lidos em suas dimensões locucionária e ilocucionária. Além disso, mesmo se escolhermos uma concepção mais tradicional de esfera pública e enfocarmos as tentativas de vocalizar prós e contras dos sistemas algorítmicos utilizados na segurança, ingressaremos em uma esfera de linguagem técnica altamente especializada e difícil de traduzir para a linguagem cotidiana natural, cercada de segredos derivados tanto do mercado quanto das preocupações de segurança nacional. Portanto, é extremamente difícil manter conversas públicas bem-informadas sobre as maneiras pelas quais os sistemas algorítmicos afetam as sociedades.

Terceiro e último, os algoritmos estão mudando nossa maneira de pensar as instituições tradicionalmente centrais para a segurança. Os Estados e as potências centrais estão, de algum modo, prejudicados pelo poder ao mesmo tempo massivo e difuso que pode se manifestar por meio dos sistemas algorítmicos, como fica claro no caso das armas autônomas caseiras. O nível de descentralização e de desenvolvimentos incontroláveis parece não ter precedentes, colocando questões difíceis com relação ao exercício da autoridade institucional. Curiosamente, o progresso técnico fomentado pelos propósitos de segurança representa, ao mesmo tempo, um dos principais desafios à segurança das instituições existentes.

E o campo da segurança indica apenas uma pequena faceta dos diversos desafios encarados pelas instituições. Como veremos nos capítulos 4 e 5, são muitas as camadas relevantes para um entendimento apropriado dos papéis institucionais desempenhados pelos algoritmos e dos dilemas que surgem nas sociedades contemporâneas.

4. redesenhando governos com sistemas algorítmicos

Quando a Organização Mundial de Saúde (OMS) declarou, em 11 de março de 2020, que estávamos vivendo uma pandemia de coronavírus, muita gente viu sua vida virar de cabeça para baixo. De uma hora para outra, fomos tomados pela consciência de um perigo que, embora não pudesse ser visto, era forte o bastante para fechar fronteiras e reduzir drasticamente muitas das principais atividades econômicas do mundo. Ordens de ficar em casa, *lockdowns* e quarentenas foram adotados na maior parte dos países, mudando de maneiras muito significativas a rotina de trabalhadores, estudantes e famílias.

Os governos tiveram de lidar com essa catástrofe colossal e inventar soluções rápidas para velhos e novos problemas em um contexto dinâmico. Inovações digitais ganharam proeminência em muitas frentes: o trabalho remoto, a telemedicina e o ensino a distância, por exemplo, subitamente estavam no centro da vida cotidiana, possibilitando que seguíssemos em frente naqueles tempos difíceis, mas também criando novos problemas e demandas para a administração pública.

Outra área que demandou célere inovação digital foi a assistência social. Conforme a economia amargava as consequências da pandemia, muitas pessoas perderam suas fontes de renda. A situação foi especialmente dramática em países com altos índices de trabalho informal. No Brasil, por exemplo, cerca de 40% da população ocupada não tinha estabilidade no emprego nem fonte estável de renda em 2020. Naquele ano, 24,1% dos 210 milhões de brasileiros viviam na pobreza, recebendo menos de 5,50 dólares por dia.[1]

Assim como muitos outros países, o Brasil implementou uma estratégia de emergência para lidar com o rápido empobre-

1 Alana Gandra, "Pesquisa do IBGE mostra enfraquecimento do mercado de trabalho em 2020". *Agência Brasil*, 3 dez. 2021.

cimento de uma população que já era pobre. O Congresso Nacional aprovou o Auxílio Emergencial para garantir às cidadãs e aos cidadãos mais vulneráveis uma renda mínima, buscando mitigar os duros impactos da crise econômica. Inicialmente, o programa previa transferências mensais de 600 reais para trabalhadores informais e contribuintes individuais do Instituto Nacional do Seguro Social (INSS). Em 2020, mais de 66 milhões de brasileiros – cerca de 32% da população – receberam esse benefício.

Além das dificuldades econômicas de implementar um subsídio que custava mais de 60 bilhões de dólares, os responsáveis pela política pública tinham uma enorme tarefa à sua frente: precisavam desenhar um programa capaz de localizar quem dele necessitava e desenvolver soluções que fizessem o dinheiro chegar a essas pessoas. Iniciativas anteriores, como o Bolsa Família, foram úteis nesse processo. No entanto, não eram suficientes para lidar com a quantidade de informação necessária a fim de estabelecer uma assistência emergencial rápida. Em decorrência disso, foram criadas novas plataformas e aplicativos, e os sistemas algorítmicos desempenharam um papel fundamental na categorização de uma quantidade enorme de dados a fim de decidir quem tinha direito ao benefício, cruzando e juntando diferentes bancos de dados e registros públicos. Uma vez tomada a decisão algorítmica sobre quem tinha direito ao benefício, o governo autorizava a Caixa Econômica Federal a pagar o dinheiro para os cidadãos indicados. Então, outro sistema algorítmico fazia a auditoria da implementação, alertando sobre alguns casos em que haviam sido detectadas inconsistências. O mesmo algoritmo de auditoria recomendava aos cidadãos beneficiados por pagamentos indevidos a devolução do valor sem a aplicação de multas ou procedimentos legais, buscando estimulá-los a se comportar adequadamente.

Esse exemplo mostra o escopo e a relevância dos sistemas algorítmicos na produção de políticas públicas atualmente. Os algoritmos são usados em muitas decisões importantes, com implicações de vida e morte: dos serviços de saúde à assistência social, da segurança pública à educação, do *compliance* ambiental à mobilidade urbana, os algoritmos estão hoje no centro do desenho, da implementação e da avaliação de muitas políticas em todo o mundo.[2] Em paralelo, a pandemia acelerou a crescente plataformização dos governos, com a incorporação de mais sistemas algorítmicos para desempenhar diferentes tarefas e tomar decisões sobre aspectos variados das políticas públicas.

No entanto, os algoritmos não são meras ferramentas para a produção de políticas públicas. Eles estão modificando significativamente essas políticas e se situam no centro de reformas administrativas disseminadas por diferentes organizações internacionais, alterando o modo de funcionamento dos governos. Ainda que às vezes possibilitem a continuidade de objetivos perseguidos há tempos, eles o fazem modificando a maneira pela qual os governos trabalham e pensam conduzir as tarefas da administração.[3] Os governos passam por um processo de plataformização, incorporando algoritmos à tomada de decisões e automatizando tarefas administrativas. Os algoritmos são parte central dos esforços por racionalizar a tomada de decisões

2 Sarah Giest, "Big Data for Policymaking: Fad or Fast Track?". *Policy Sciences*, v. 50, 2017; Peter Henderson et al., "Beyond Ads: Sequential Decision-Making Algorithms in Public Policy". *arXiv*, 13 dez. 2021.

3 Em sua pesquisa sobre políticas sociais e sistemas algorítmicos empregados para administrar o acesso a benefícios sociais, Eubanks defende que esses sistemas podem ser compreendidos como um *abrigo digital* [*digital poorhouse*] que dá prosseguimento a tentativas implementadas desde o século XIX para excluir a população pobre. No mesmo sentido, Aradau e Blanke enfatizam que o foco nas mudanças pode obscurecer a percepção de que a razão algorítmica com frequência dá continuidade a formas já existentes de exclusão. Ver V. Eubanks, *Automating Inequality*, op. cit.; C. Aradau e T. Blanke, *Algorithmic Reason*, op. cit.

utilizando *big data*; portanto, têm seu papel na reorganização de tarefas operacionais.

Aqui, tratamos da ideia dos algoritmos como instituições no contexto da plataformização dos governos e de como estes estão sendo transformados pelos sistemas algorítmicos. Começamos com uma breve introdução à plataformização governamental, para em seguida interpretá-la pela perspectiva do institucionalismo algorítmico, introduzida no capítulo 2.

Plataformização dos governos

As possibilidades de uso dos sistemas algorítmicos em políticas públicas se assentam na expansão da infraestrutura computacional para o processamento de uma variedade e um volume gigantescos de dados a uma velocidade extraordinária de coleta e com uma enorme capacidade de armazenamento. Os governos são importantes coletores e produtores de dados sobre os mais diversos aspectos da vida dos indivíduos. Isso possibilita a crescente automatização da administração pública no contexto da plataformização governamental.

De acordo com Michael Veale e Irina Brass, são duas as principais maneiras pelas quais os sistemas algorítmicos são incorporados à administração pública e às políticas públicas:

> Os sistemas de automação tentam aumentar a quantidade ou a eficiência das operações rotineiras do setor público por meio da computação [...] [enquanto] sistemas de aumento [se fundamentam na] crença de que o aprendizado de máquina não apenas ajuda a baratear ou apressar a tomada de decisões como também a aperfeiçoa.[4]

4 M. Veale e I. Brass, "Administration by Algorithm?", op. cit., pp. 4-5.

Se os primeiros, por meio da replicação de tarefas e modelos existentes, expandem a capacidade do que já é feito, os últimos se concentram em novas possibilidades, mobilizando várias fontes de dados para fazer as coisas de outra maneira. É com base nessas promessas que muitos países têm experimentado uma tendência crescente rumo à plataformização do governo.[5] A administração pública está mudando seus aspectos institucionais e organizacionais com o uso de plataformas, conforme as tecnologias digitais intermedeiam o desempenho das organizações públicas,[6] e sistemas algorítmicos são usados como ferramentas para atingir os objetivos das políticas públicas.[7]

Os sistemas algorítmicos propiciam um redesenho dos governos, amplificando os fluxos de dados de entrada coletados pelas plataformas e fomentando novos padrões de produção de conhecimento, novas dinâmicas de formulação de soluções para problemas públicos e diferentes padrões operacionais que afetam a implementação de políticas.

As plataformas governamentais podem produzir diversos benefícios para a sociedade. Primeiro, promovem a integração dos serviços públicos, evitando a agencificação da administração pública.[8] Segundo, são capazes de propiciar uma prestação de

5 As plataformas são espaços virtuais que oferecem serviços de maneira integrada e estabelecem modelos de interação e conexão com diferentes tipos de usuários. Ver Brett Frischmann e Evan Selinger, *Re-engineering humanity*. Cambridge: Cambridge University Press, 2018.

6 Patrick Dunleavy et al., "New Public Management Is Dead-Long Live Digital-Era Governance". *Journal of Public Administration Research and Theory*, v. 16, n. 3, 2006.

7 Fernando Filgueiras e Virgílio Almeida, *Governance for the Digital World: Neither More State nor More Market*. London: Palgrave-MacMillan, 2021.

8 Agencificação é a criação de agências semiautônomas visando implementar tarefas de políticas públicas. Ela é uma consequência das reformas na administração pública que adotaram o paradigma da Nova Gestão Pública, produzindo uma fragmentação do serviço público que levou a sérios problemas de coordenação. Ver, a esse respeito, Koen Verhoest, "Agencification Processes and Agency Governance: Organizational

serviços mais eficiente, racionalizando processos e facilitando a dinâmica da implementação de políticas. Terceiro, a plataformização expande as capacidades estatais de desenhar políticas públicas com base em informações e evidências. Quarto, as plataformas podem garantir maior integridade pública, na medida em que diferentes ações são realizadas com menor intervenção humana, institucionalizando regras de *compliance* e barreiras ao comportamento corrupto.[9]

As plataformas incorporam sistemas algorítmicos a fim de transformar a arquitetura de decisões públicas e as operações de governo subjacentes à implementação de políticas. As plataformas gov.uk e gov.br, respectivamente dos governos britânico e brasileiro, incorporam toda a estrutura do serviço público prestado às usuárias e aos usuários. Os dados de entrada das interações de cidadãs e cidadãos com essas plataformas podem ser usados pelos governos para tentar antecipar suas demandas e mudar processos de implementação a fim de otimizar a agenda de políticas.[10] Nesse sentido, as metas de políticas públicas se modificam no percurso, à medida que os sistemas algorítmicos trabalham para antecipar as demandas de cidadãs e cidadãos e produzir um fluxo de dados de saída que facilitam o cumprimento de objetivos das políticas e a prestação de serviços à sociedade.[11] Os sistemas algorítmicos são incorporados para facilitar variadas operações do governo, transformando, por sua vez, toda a lógica organizacional e institucional das políticas

Innovation at a Global Scale?", in P. Valkama, S. J. Bailey e A.-V. Anttiroiko (orgs.), *Organizational Innovation in Public Services*. London: Palgrave Macmillan, 2013.

9 Em nosso entendimento, integridade pública é o alinhamento e a aderência consistentes do comportamento de gestores públicos com valores éticos, princípios e regras que priorizem o interesse público.

10 Christopher Hood e Helen Margetts, *The Tools of Government in the Digital Age*. Basingstoke: Palgrave Macmillan, 2007.

11 S. Giest, "Big Data for Policymaking", op. cit.

públicas, bem como a dinâmica burocrática e os modos de interação entre governos e cidadãos e cidadãs.

Apesar de seus potenciais benefícios, tais mudanças também levam a novos riscos para a sociedade. Peter Henderson e colaboradores apontam que, para serem usados em políticas públicas, os algoritmos deveriam ser efetivos, confiáveis e justos.[12] No entanto, a literatura contemporânea nessa área mostra como tais valores são difíceis de alcançar. Um dos problemas ligados à plataformização da administração pública é o risco de vazamento de dados.[13] Outro é a exclusão digital enfrentada por segmentos da população, mas essa é apenas uma dentre muitas maneiras pelas quais os sistemas algorítmicos podem levar à cristalização de desigualdades e injustiças. Um caso bastante conhecido da área da saúde mostra como a injustiça racial pode ser alimentada por decisões enviesadas tomadas pelos sistemas algorítmicos. Em 2019, Obermeyer e colegas analisaram um algoritmo utilizado em hospitais dos Estados Unidos para classificar os pacientes conforme suas necessidades de saúde esperadas.[14] O estudo mostrou que, "assim como ocorre com a predição de riscos pelos algoritmos, as pessoas negras eram significativamente mais afetadas pelas doenças que as brancas".[15] Isso significa que pessoas brancas a quem determinado tipo de tratamento havia sido recomendado encontravam-se em melhores condições que as pessoas negras a quem se recomendara o mesmo tratamento. A principal razão para esse viés foi a centralidade dos gastos no cálculo feito para avaliar as condições de

12 P. Henderson et al., "Beyond Ads", op. cit.

13 Chirantan Chatterjee e D. Daniel Sokol, "Data Security, Data Breaches, and Compliance", in B. Rooij e D. D. Sokol (orgs.), *The Cambridge Handbook of Compliance*. Cambridge: Cambridge University Press, 2021.

14 Ziad Obermeyer et al., "Dissecting Racial Bias in an Algorithm Used to Manage the Health of Populations". *Science*, v. 366, n. 6.464, 2019.

15 Ibid., p. 448.

saúde: como em geral se gasta menos dinheiro com pacientes negras e negros, o algoritmo reproduziu esse padrão, em um círculo vicioso de injustiça.

Entre benefícios e riscos potenciais, os algoritmos gradualmente ocupam um espaço institucional nos governos, alterando diferentes aspectos da administração e das políticas públicas. Por serem novas instituições que moldam os governos, eles atuam como sistemas de decisão que desempenham papéis-chave na definição do que deve ser permitido, evitado, facilitado ou impedido, moldando assim os comportamentos humanos individuais de modo a obter resultados coletivos. A algoritmização da formulação de políticas públicas representa um novo padrão tecnocrático, no qual decisões essenciais são tomadas automaticamente e mediadas por máquinas.[16]

Nesse sentido, tal algoritmização traz um novo conjunto de interesses analíticos para a teoria institucionalista. Ao desempenhar diferentes papéis na elaboração de políticas públicas, os sistemas algorítmicos mudam a maneira como as normas são estabelecidas, transformando as estratégias operacionais dos governos e criando novas formas de interação entre governos e atores sociais. Nas seções seguintes, analisamos diferentes camadas de mudanças pelas lentes do institucionalismo algorítmico.

16 J. Danaher, "The Threat of Algocracy", op. cit.; Albert Meijer, Lukas Lorenz e Martijn Wessels, "Algorithmization of Bureaucratic Organizations: Using a Practice Lens to Study How Context Shapes Predictive Policing Systems". *Public Administration Review*, v. 81, n. 5, 2021.

Construção e desenho de instituições: por que os governos estão sendo redesenhados pelos algoritmos?

Em 15 de setembro de 2008, foi anunciada a falência do banco de investimento Lehman Brothers. Foi um evento-chave da chamada crise do *subprime*, na qual grandes instituições financeiras viram investimentos perderem todo o seu valor em razão do estouro de uma bolha imobiliária. O terremoto financeiro que se desdobrou a partir da quebra do Lehman Brothers teve um efeito cascata, levando a uma crise global que forçou o Federal Reserve (o Banco Central dos Estados Unidos) e o Banco Central Europeu a injetarem centenas de bilhões de dólares e euros no mercado financeiro. A crise ganhou proporções globais, com efeitos devastadores para as economias do centro e da periferia do capitalismo. A dívida pública dos Estados Unidos saltou de 55% para 100% do PIB em um curto espaço de tempo. As despesas públicas diretas em infraestrutura, criação de empregos e programas de resgate de grandes empresas, como a General Motors, perfizeram cerca de 750 bilhões de dólares.[17]

Essa crise econômica global, frequentemente comparada à que teve início em 1929, forçou diferentes governos em todo o mundo a formular soluções e intervenções. Mais de 400 milhões de pessoas ficaram desempregadas no mundo todo em decorrência da crise, o que exigiu respostas governamentais que, de um lado, reforçaram medidas de austeridade e, de outro, criaram políticas sociais voltadas a ajudar quem estava mais vulnerável.

Algumas das principais iniciativas - motivadas pelas políticas de austeridade - foram as reformas para elevar a produtividade

17 Andrew Ross Sorkin, *Too Big to Fail: The Inside Story of How Wall Street and Washington Fought to Save the Financial System - and Themselves*. New York: Penguin, 2010.

do setor público, com cortes de gastos, aumento da integridade e definição de padrões globais para operações governamentais. A transformação digital surgiu como um grande consenso sobre o redesenho dos governos com a finalidade de cumprir seus objetivos de política pública em um contexto de turbulência fiscal. A crise e o avanço tecnológico criaram, assim, as condições para mudanças institucionais.[18] Essa janela de oportunidade levou à institucionalização de novas práticas, perspectivas e *scripts* de ação para burocratas, mudando de maneira fundamental vários aspectos da formulação de políticas públicas e da administração pública.

No fim dos anos 1990, por exemplo, a Estônia enfrentou a quebra de seu sistema financeiro com uma política de austeridade que incluiu a digitalização de toda a estrutura de governo, com o apoio do sistema bancário.[19] Experiências similares se espalharam por outros governos, com o apoio de diversas organizações, incluindo a OCDE, o Banco Mundial e o Fórum Econômico Mundial. Desde então, essas entidades disseminaram reformas de governança visando promover a digitalização dos serviços públicos, o que resultou no aumento da coleta, do processamento e do compartilhamento de dados entre agências governamentais e atores privados. Especialistas em tecnologia desenharam as estratégias, forneceram modelos e revisaram as soluções consolidadas. Os sistemas algorítmicos foram incorporados ao desenho institucional das políticas e das operações administrativas, automatizando procedimentos e criando novas práticas para a tomada de decisões.

18 Patrick Dunleavy e Helen Margetts, "The Second Wave of Digital-Era Governance: A Quasi-paradigm for Government on the Web". *Philosophical Transactions of the Real Society a*, v. 371, n. 1.987, 2013.

19 Rainer Kattel e Ines Mergel, "Estonia's Digital Transformation: Mission Mystique and the Hiding Hand", in P. 't Hart e M. Compton (orgs.), *Great Policy Successes*. Oxford: Oxford University Press, 2019.

Segundo o conceito de governo digital, como disseminado pela OCDE e por outras entidades, os governos devem ser: *de concepção digital*, usando tecnologias digitais para repensar e reestruturar processos do setor público, simplificando procedimentos, e para criar novos canais de comunicação e envolvimento com as partes interessadas [*stakeholders*]; *orientados por dados*, concebendo-os como um ativo estratégico e estabelecendo mecanismos de governança, acesso, compartilhamento e reúso a fim de aprimorar a tomada de decisões e a prestação de serviços; *plataformizados*, mobilizando plataformas, padrões e serviços para ajudar as equipes a enfocar as necessidades dos usuários no planejamento e na prestação de serviços; *abertos por padrão*, com dados e processos disponíveis ao público, facilitando a participação e o envolvimento das partes interessadas; *orientados para usuárias e usuários*, conferindo papel central às necessidades das pessoas e às conveniências na formatação de processos, serviços e políticas; e *proativos*, graças à adoção de mecanismos que tornem isso possível, antecipando as necessidades das pessoas e respondendo rapidamente a elas.[20]

A OCDE promoveu o conceito de transformação digital e propostas visando ao redesenho da arquitetura governamental, com amplos impactos na maneira pela qual os governos formulam, decidem, implementam e avaliam as políticas públicas. O desenho institucional difundido é tecnocrático, baseado em uma concepção de conhecimento apoiado por dados e em modelos que mudam todo o ciclo das políticas públicas. A adoção de sistemas algorítmicos na administração e nas políticas públicas é difundida por organizações internacionais e configurada, na prática, em parceria com a indústria, que desenvolve

20 OECD, *Recommendation of the Council on Digital Government Strategies*. Paris: OECD, 2014.

instituições algorítmicas por tentativa e erro e com testes de precisão de modelos matemáticos para otimização da agência. Assim, a adoção de governos digitais impacta diretamente nas instituições de Estado, modifica o conjunto de regras e promove uma reengenharia governamental, desconsiderando questões políticas relacionadas a justiça e efetividade da política pública.

Orientada pela ideia de transformação digital, com respostas governamentais às crises econômicas como pano de fundo, a plataformização do governo promove a inserção de sistemas algorítmicos no trabalho institucional do Estado, definindo, por meio de algoritmos, as regras de operação do governo e as estratégias da burocracia, além de incentivos e restrições do referencial regulatório. A adoção de sistemas algorítmicos codifica procedimentos para os agentes da burocracia, rearranjando diversas práticas burocráticas.[21] A algoritmização das organizações burocráticas está ainda mais profundamente incorporada nas mudanças das rotinas de trabalho, agilizando muitos processos e alterando a lógica do trabalho organizacional.

Tais algoritmos são desenhados como *scripts* de ação burocrática, modificando procedimentos de decisão a fim de lidar com um enorme volume de dados e reenquadrando a maneira de construir e entender problemas. Os algoritmos também possibilitam novos modos de pensar em soluções, na medida em que diferentes alternativas podem ser formuladas e simuladas, afetando também, portanto, os *scripts* de implementação. O desenho institucional de diferentes políticas públicas tem sido moldado por algoritmos difundidos em uma nova dinâmica do conhecimento.

Como vimos, o redesenho institucional dos governos por meio da adoção de sistemas algorítmicos para solucionar

21 A. Meijer, L. Lorenz e M. Wessels, "Algorithmization of bureaucratic organizations", op. cit.

diferentes problemas de política pública tem sido disseminado por muitas organizações internacionais, e esse processo de difusão, por sua vez, promoveu convergências organizacionais coordenadas, em uma crescente transformação dos governos em plataformas. Desde a conjuntura crítica da crise de 2008, a ideia de transformação digital foi construída como uma solução, alimentando o redesenho institucional por meio de sistemas algorítmicos, com o apoio de organizações internacionais.

As companhias de tecnologia - e suas infraestruturas de dados - também desempenharam um papel substancial nessa transformação. Na China, por exemplo, a parceria com grandes empresas de tecnologia, como Huawei ou Tencent, esteve no cerne da plataformização do governo. O Estado chinês controla a infraestrutura de dados e incentiva estrategicamente o desenvolvimento digital ao incorporar diferentes sistemas algorítmicos projetados por companhias parceiras para aplicação aos governos.[22] O *design* dos sistemas algorítmicos empregados nessa profunda reformulação dos governos está inserido em estruturas de poder, que abrem caminho para essas transformações.

Na medida em que as corporações têm um papel fundamental na reconfiguração da administração pública, os Estados podem ser redesenhados com base em interesses e perspectivas que passam ao largo do exame público. Com isso, interesses de mercado e escolhas técnicas que beneficiariam alguns atores em detrimento de outros podem reconfigurar instituições já existentes por meio dessas instituições algorítmicas em ascensão. Nesse sentido, as relações complexas e mutáveis entre interesses públicos e privados ganham outra camada de complexidade em sua participação na configuração das instituições políticas contemporâneas.

22 Yu Hong, *Networking China: The Digital Transformation of the Chinese Economy*. Urbana: University of Illinois Press, 2017.

Processos históricos: governos novos ou velhos?

A compreensão dos algoritmos pelas lentes do institucionalismo algorítmico exige que se preste atenção à natureza dinâmica deles. As instituições não são fixas; elas mudam com o tempo, estabelecendo novos padrões, regras e funções. Essas mudanças não são totalmente arbitrárias, pois se inserem em processos históricos mais amplos. Entender os contextos históricos é fundamental para compreender a conformação das preferências em meio a essas transformações contínuas.

As reformas de digitalização não são uma espécie de "*big bang*" das novas tecnologias de governo, e sim parte de processos incrementais baseados em tentativa e erro. As escolhas feitas não são necessariamente as melhores, e sim as que foram possíveis em momentos políticos específicos.[23] Voltemos ao caso do Auxílio Emergencial para ilustrar esse ponto.

Por designar o auxílio com base em parâmetros e informações específicos, a definição do público-alvo do programa era problemática, no que diz respeito à perspectiva institucional. A lei que o sustentava incluía, como habilitados a receber o benefício, trabalhadores informais, microempreendedores individuais e contribuintes individuais do sistema de seguridade social, além das pessoas listadas no CadÚnico. O CadÚnico é um enorme banco de dados com informações sobre a população mais vulnerável do país e foi constituído a partir de programas de assistência social anteriores.

Quando o Auxílio Emergencial foi implementado, durante a pandemia, os sistemas algorítmicos que decidiram quem

23 Charles E. Lindblom, *The Policy-Making Process*. Englewood Cliffs: Prentice Hall, 1984.

tinha direito de ser atendido por ele só foram possíveis graças à infraestrutura existente de outros programas de governo.[24] Tal infraestrutura estabeleceu os limites de possibilidade, revelando claramente a dinâmica da dependência de trajetória. Os bancos de dados, por exemplo, não são meras coleções de pontos de dados: os dados são sempre produzidos por meio de processos que envolvem escolhas baseadas em perspectivas interpretativas sociopolíticas.[25] Os algoritmos são usados em políticas públicas para classificar e distinguir pessoas a partir de bancos de dados que podem reproduzir históricos de exclusão e de injustiça. No caso do Auxílio Emergencial, foram reproduzidos diferentes processos de exclusão, incluindo o de pessoas sem letramento digital ou com problemas nos registros públicos, além de vieses na escolha de quem se beneficiaria ou não do programa.

A implementação de uma política é sempre uma luta pela realização de uma ideia.[26] Outro exemplo foi a adoção de um sistema algorítmico para a tomada de decisões no sistema educacional britânico. A pandemia trouxe um enorme desafio à política de acesso ao ensino superior no Reino Unido, levando o governo a buscar alternativas para selecionar os estudantes e garantir a continuidade do sistema educacional. Um sistema algorítmico que substituiu a nota no exame de A-level [nível avançado] como critério de alocação de estudantes nas universidades fracassou porque reproduzia vieses de gênero e étnico-raciais. O resultado foi uma onda de críticas e desconfiança em relação ao sistema

24 Bruno Baranda Cardoso, "A implementação do Auxílio Emergencial como medida excepcional de proteção social". *Revista de Administração Pública*, v. 54, n. 4, 2020.
25 L. Amoore, "Security and the Incalculable", op. cit.; Nick Couldry e Ulises A. Mejias, "Data Colonialism: Rethinking Big Data's Relation to the Contemporary Subject". *Television & New Media*, v. 20, n. 4, 2019; K. Joyce et al., "Toward a Sociology of Artificial Intelligence", op. cit.
26 James Q. Wilson, *Bureaucracy: What Government Agencies Do and Why They Do It*. New York: Basic Books, 1989.

algorítmico.[27] O *feedback* negativo acabou fazendo com que ele fosse abandonado.

Nesses dois exemplos, temos situações em que os bancos de dados contam histórias sobre pessoas e reforçam escolhas anteriores de políticas públicas. Em ambos, os sistemas algorítmicos deram forma a decisões coletivas com base em concepções preexistentes, naturalizando-as e reforçando-as. Embora os sistemas algorítmicos às vezes sejam apresentados como inovações disruptivas, eles não raro fracassam na promoção de mudanças reais nas escolhas coletivas, pois frequentemente se encontram presos a situações de dependência de trajetória, fato essencial para uma compreensão adequada das decisões algorítmicas.[28]

Segundo a tendência de plataformização e redesenho institucional, muitos governos esperam que os sistemas algorítmicos revolucionem os processos de políticas públicas. No entanto, a inovação nem sempre representa uma ruptura: o mais frequente, na realidade, é que ela acabe fazendo coisas parecidas de uma maneira diferente. Por sinal, o *feedback* positivo pode explicar a formação de instituições baseadas em sistemas algorítmicos, considerando os retornos crescentes das políticas de austeridade. O *feedback* positivo é a potencialização ou amplificação de um efeito em decorrência de sua própria influência no processo que o fez surgir. A adoção de sistemas algorítmicos pode, assim, reforçar elementos dos contextos históricos que os orientaram em meio às mudanças que eles promovem nas instituições existentes da administração pública.[29]

27 "A-Levels and GCSEs: How Did the Exam Algorithm Work?". *BBC*, 20 ago. 2020.
28 V. Eubanks, *Automating Inequality*, op. cit.; Georg Wenzelburger et al., "Algorithms in the Public Sector. Why Context Matter?". *Public Administration*, v. 102, n. 1, mar. 2024.
29 G. Wenzelburger et al., "Algorithms in Public Sector", op. cit.

Quando lemos a plataformização do governo pelas lentes do institucionalismo histórico, vemos sua dependência em relação aos retornos crescentes e aos *feedbacks* positivos. Os sistemas algorítmicos podem aumentar a confiança das pessoas no funcionamento de organizações públicas, e o consumo de serviços públicos cria uma lógica de conveniência que molda a aceitação do processo de mudança institucional por cidadãs e cidadãos.[30] Esse *feedback* positivo retroalimenta uma trajetória histórica em que os sistemas algorítmicos se tornam convenientes, por facilitarem o acesso a serviços públicos e possibilitarem uma trajetória de retornos crescentes e mudanças constantes na estrutura dos governos contemporâneos. Essa lógica de conveniência cria um poder político que enquadra a influência das empresas de tecnologia na economia política contemporânea.[31]

O *feedback* positivo, derivado da racionalização das atividades e da conveniência crescente dos serviços, reforça as escolhas institucionais incorporadas nos sistemas algorítmicos aplicados às políticas públicas. Além disso, cria estruturas cognitivas que moldam as escolhas dos agentes.[32] O emprego de sistemas algorítmicos nas políticas públicas se baseia na expectativa de retornos crescentes. No caso do redesenho governamental por meio de sistemas algorítmicos, os retornos crescentes – relacionados a redução de custos, conveniência para cidadãs e cidadãos, alinhamento global com organizações internacionais e racionalização de processos – fomentam mudanças nas políticas e enquadram ações burocráticas.

A dependência de trajetória é descrita como um "processo social que revela *feedback* positivo [...] no qual os resultados das

30 Ibid.

31 P. D. Culpepper e K. Thelen, "Are We All Amazon Primed?", op. cit.

32 J. Zysman, "How Institutions Create Historically Rooted Trajectories of Growth", op. cit.

primeiras etapas de uma sequência se retroalimentam, e resultados antes possíveis se tornam cada vez menos alcançáveis".[33] O *feedback* positivo explica a mudança institucional e a dependência de trajetória. Por exemplo, no Auxílio Emergencial, um dos maiores desafios era o de identificar o público-alvo, considerando a amplitude da política formulada. O cruzamento de diferentes bancos de dados possibilitou identificar os beneficiários e beneficiárias, mas estima-se que 8 milhões de pessoas vulneráveis tenham ficado de fora do programa em decorrência de problemas com esses bancos de dados.[34] A institucionalização dos sistemas algorítmicos por meio das plataformas governamentais resultou em um *feedback* positivo que impulsionou retornos crescentes, dando apoio à emergente plataformização dos governos. No entanto, essa trajetória foi incapaz de enfrentar injustiças e formas de exclusão, porque o problema está mais relacionado à maneira pela qual os sistemas algorítmicos mobilizam políticas de austeridade que àquela pela qual mobilizam as de justiça social. Os sistemas algorítmicos empregados tendem a reproduzir injustiças sociais existentes, cristalizando-as.

O que fica claro, assim, é que a crise financeira de 2008 criou uma conjuntura crítica que iniciou a mudança, pavimentando uma trajetória institucional contextualizada por sistemas algorítmicos que estava sintonizada com o contexto mais abrangente da ascensão das políticas de austeridade. A plataformização governamental reproduziu uma economia política complexa, na qual os sistemas algorítmicos gradualmente institucionalizaram novas práticas envolvendo uma nova maneira de trabalhar no interior da administração pública. Os retornos crescentes e a contextualização da mudança surgem de novos padrões de interação de

33 P. Pierson, *Politics in Time*, op. cit., p. 21.
34 "Os invisíveis do Auxílio Brasil turbinado", *O Globo*, s.d.

cidadãos e cidadãs com os sistemas algorítmicos, abrindo caminho para esse processo de inovação. Isso não quer dizer, contudo, que situações de injustiça ou exclusão tenham sido combatidas. Ao contrário, a transformação digital promove mudanças baseadas em sistemas algorítmicos que operam como instituições sustentadas pela interação de consumidoras e consumidores com serviços e governos, e não de cidadãs e cidadãos com seus direitos.

Os sistemas algorítmicos não passam ilesos pelo desenho de políticas públicas nem pelos problemas de implementação; aliás, eles reproduzem escolhas anteriores em contextos que desafiam o redesenho dos governos. O desenho dos sistemas algorítmicos está inserido em contextos de disputas políticas, econômicas e sociais que são moldados ao longo do tempo. A introdução dos sistemas algorítmicos em situações de políticas públicas não acontece no vácuo nem em um ponto zero: os sistemas algorítmicos são moldados em contextos históricos, o que frequentemente explica os supostos sucessos ou fracassos das políticas.

Regras e normas: regulação por meio do *design*

No processo de redesenho dos governos por meio de sistemas algorítmicos, deve-se dar atenção especial à política regulatória. Os sistemas algorítmicos abrem novos caminhos para as tentativas de controlar e restringir algumas atividades e comportamentos, presentes nas formas usadas pelos governos para atingir resultados em políticas públicas. A plataformização governamental facilita a coleta, o processamento e o compartilhamento de dados com o objetivo de aumentar a capacidade dos atores estatais de implementar políticas regulatórias e mudar o escopo e o alcance delas. Organizações como a OCDE e o Banco Mundial estão estimulando o uso de tecnologias digitais para promover políticas regulatórias mais "inteligentes" e mais efetivas, que possam influenciar e afetar o comportamento dos atores na sociedade, com intervenções normativas desenhadas para que se alcance determinado intuito.[35]

Pensada como um conjunto de normas que busca moldar os comportamentos dos atores, com objetivos tão diversos quanto produzir *compliance*, dirigir a economia ou gerar controle social, a regulação precisa ser alimentada por informações, que por sua vez serão processadas pelo governo para que este possa elaborar normas. Regular as emissões de CO_2 na atmosfera, por exemplo, exige dos governos o monitoramento de diversas atividades, o que desemboca na produção de dados e impõe estrategicamente uma série de comportamentos esperados a fim de se atingirem os resultados de políticas públicas. A mesma situação foi vista nas tentativas de controle social implementadas durante a pandemia, quando os governos monitoraram os fluxos de pessoas e buscaram impor regras de comportamento que evitassem a mobilidade urbana e, consequentemente, a transmissão do vírus.

Os sistemas algorítmicos possibilitam que os governos processem enormes fluxos de dados e os usem para calcular e sugerir silenciosamente comportamentos desejados.[36] Isso levou à *regulação algorítmica*, que "se refere aos sistemas de governança regulatória que usam algoritmos na tomada de decisões",[37] estabelecendo novas maneiras de gerenciar os riscos e influenciar comportamentos individuais e coletivos.

Segundo Yeung, a regulação algorítmica muda a arquitetura da escolha individual, pois produz regras informais que

35 Neil Gunningham, Peter Grabosky & Darren Sinclair, Smart Regulation: *Designing Environmental Policy*. Oxford Academic, 2023. Disponível on-line.

36 Cass R. Sunstein, "Governing by Algorithm? No Noise and (Potentially) Less Bias". *Duke Law Journal*, v. 71, 2022.

37 K. Yeung, "Algorithmic Regulation", op. cit., p. 507.

afetam o ambiente do indivíduo a fim de criar possibilidades de monitoramento por meio da interpretação das tendências da população.[38] Os governos gradualmente simulam respostas a diferentes alternativas relativas às políticas públicas e usam sistemas algorítmicos para detectar fraudes e corrupção, de modo a garantir a confiabilidade e o *compliance* no uso de recursos públicos.[39] Os sistemas algorítmicos institucionalizam diferentes questões e práticas regulatórias em diferentes domínios das políticas públicas. Em outras palavras, os algoritmos se tornam instituições regulatórias.

A Geórgia, por exemplo, vem introduzindo desde 2016 o uso generalizado do *blockchain* para implementar diversas operações do governo. Entre essas operações, o registro de propriedades foi transferido para o mundo digital utilizando *blockchain*.[40] O mesmo movimento foi visto em Gana, com o registro contínuo e seguro de títulos fundiários via *blockchain*.[41] Segundo organizações internacionais como o Banco Mundial, uma das principais barreiras ao desenvolvimento é a falta de institucionalização dos direitos de propriedade; portanto, nesses contextos, os algoritmos de *blockchain* têm o potencial de exercer efeitos significativos. As funções de regulação desempenhadas pelo *blockchain* supostamente alteram o comportamento de atores políticos e econômicos, institucionalizando direitos de propriedade e conferindo maior segurança financeira, o que criaria condições para o desenvolvimento.

38 Id., "'Hypernudge': Big Data as a Mode of Regulation by Design". *Information, Communication & Society*, v. 20, 2017.

39 Marcio Salles Melo Lima e Dursun Delen, "Predicting and Explaining Corruption across Countries: A Machine Learning Approach". *Government Information Quarterly*, v. 37, n. 1, 2020.

40 Inge Snip, "Georgia: Authorities Use Blockchain Technology for Developing Land Register". *Eurasianet*, 19 abr. 2017.

41 Bob Koigi, "African Startups Embrace Blockchain to Clean Land Ownership Mess". *FairPlanet*, 2018.

Outro exemplo é o da RenovaBio, a Política Nacional de Biocombustíveis, cujo objetivo é estimular a produção de fontes de energia alternativa no Brasil. Essa política regulatória estabelece metas nacionais anuais de descarbonização para o setor de combustíveis, visando incentivar a maior participação dos biocombustíveis na matriz energética dos transportes no país. Todo o processo dessa política regulatória se baseia em um sistema algorítmico que usa contratos inteligentes (*smart contracts*) para lidar, no mercado financeiro, com as externalidades ambientais positivas da produção de biocombustíveis. Um sistema algorítmico certifica a produção de biocombustível e os dados de emissão de carbono com base em diferentes bancos de dados, conferindo a cada produtor e importador uma Nota de Eficiência Energético-Ambiental. Essa nota reflete o cálculo da contribuição individual de cada agente produtor na mitigação de determinada quantidade de gases do efeito estufa em toneladas de CO_2 equivalentes. A certificação dá aos produtores a oportunidade de negociar cotas e estimula a produção de biocombustíveis, ampliando lucros e gerando créditos de descarbonização.[42]

A regulação algorítmica incorpora e produz regras informais, incluindo a arquitetura dos sistemas, a escolha dos bancos de dados que serão usados e as consequências relativas aos *outputs* produzidos. A regulação algorítmica tem por intenção criar oportunidades políticas e econômicas e "empurrar" um quadro de comportamentos adequados, ao mesmo tempo que estabelece regras informais que afetam padrões de ação. A legitimidade dessa técnica de controle, no entanto, é altamente controversa, em grande parte dos casos como consequência da falta de transparência e dos perigos

42 Agência Nacional do Petróleo, Gás Natural e biocombustíveis (Brasil). *RenovaBio*. Política Nacional de Biocombustíveis. Disponível on-line.

da manipulação ativa e passiva.[43] A legitimidade da regulação algorítmica também é criticada pela maneira com que faz mecanismos de vigilância ganharem terreno e com que produz escolhas seletivas que podem acabar reforçando desigualdades.[44]

Em suma, sistemas algorítmicos podem incorporar em si todo o desenho de governança regulatória, usando dados para monitorar riscos e o respeito à regulação (*compliance*), interferindo no comportamento dos atores por meio de incentivos e restrições. No entanto, muitas vezes, os sistemas algorítmicos regulam comportamentos de maneiras opacas, criando uma regulação tecnocrática baseada em formas diretas ou indiretas de influência com o apoio de sistemas de vigilância. A regulação por algoritmos é, em outras palavras, quando eles institucionalizam novas regras para diferentes atores sociais, afetando suas estratégias. Os algoritmos trabalham, portanto, como instituições, pois implementam regras para a agência humana em diferentes situações.

Relações de poder: rumo a um mundo político tecnocrático

A Índia é um país que convive com a pobreza e a fome há muito tempo. Apesar dos avanços na proteção social - cerca de 415 milhões de pessoas saíram dessa situação entre 2005 e 2021 -, a pobreza e a fome persistem. De acordo com o Índice de Pobreza

43 Para Yeung, manipulação ativa e manipulação passiva são formas distintas pelas quais os algoritmos manipulam o comportamento humano visando atingir metas de governança regulatória. A manipulação ativa se baseia na lógica experimental, com o algoritmo ativamente "empurrando" elementos de ação a fim de alterar os resultados. A manipulação passiva é aquela em que a influência depende do engano, com a exploração de uma fraqueza cognitiva para induzir comportamentos desejados. Ver, a esse respeito, K. Yeung, "'Hypernudge'", op. cit.

44 Ibid.

Multidimensional do Programa das Nações Unidas para o Desenvolvimento (IPM-PNUD), em 2021, 16,4% da população indiana vivia na pobreza, ou aproximadamente 230,7 milhões de pessoas.[45]

Os sistemas algorítmicos tomam decisões que têm um impacto direto nas pessoas, e implicações diversas podem advir de seu poder tecnocrático. O Aadhaar, sistema de identificação pessoal com um código de doze dígitos implementado na Índia, gerencia a alocação de benefícios sociais em um único sistema, usando algoritmos de reconhecimento facial para identificar cidadãos e tomar decisões. Infelizmente, falhas nesse sistema condenaram muitas pessoas à fome e à falta de auxílio em situações de desastre.[46] O número de identificação do Aadhaar é exigido para que a pessoa tenha acesso a benefícios sociais e está ligado a dados biométricos, sendo usado em várias operações de proteção social. A insuficiência na coleta de dados biométricos e as falhas no sistema algorítmico podem comprometer as políticas de bem-estar social na Índia:

> O governo indiano defendeu que esse sistema revolucionaria a assistência social: checagens computadorizadas impediriam fraudadores de surrupiar os benefícios de terceiros, permitindo que mais dinheiro chegasse aos pobres. Mas ativistas dizem que seu *design* tem falhas, sendo repleto de disfuncionalidades tecnológicas. Eles afirmam que o sistema se tornou um pesadelo kafkiano que levou miséria às mesmas pessoas que alega proteger. Apesar das graves preocupações levantadas por economistas e

45 UNDP (United Nations Development Programme) e OPHI (Oxford Poverty and Human Development Initiative), *Global Multidimensional Poverty Index 2023. Unstacking Global Poverty: Data for High Impact Action*. New York/Oxford, 2023.

46 Rebecca Ratcliffe, "How a Glitch in India's Biometric Welfare System Can Be Lethal". *The Guardian*, 16 out. 2019.

especialistas no tema da pobreza, o sistema seguiu crescendo e agora está vinculado ao acesso às mais variadas coisas, desde pensões até reembolsos médicos ou auxílios emergenciais a pessoas afetadas por desastres.[47]

Sistemas algorítmicos como o Aadhaar estão moldando novas formas de relações tecnocráticas de poder. O poder tecnocrático nas políticas públicas reduz as possibilidades de mediação e controle humanos, fortalecendo as condições dadas e frustrando tentativas de promover mudanças reais. Como pôde ficar claro em diversos exemplos anteriores, os sistemas algorítmicos têm profundas implicações para o estabelecimento e a manutenção de relações de poder, produzindo uma tecnificação das relações sociais. Eles podem ser instrumentos de racionalização, assim como várias outras instituições, mas também fortalecem a gaiola de ferro da burocracia, tal como definida por Weber, tornando-a menos porosa a contestações.[48] Aplicados como mecanismos para a racionalização da burocracia, os sistemas algorítmicos mudam a lógica do poder conforme influenciam o comportamento humano dentro e fora dos governos e do Estado. Nesse sentido, afetam instituições de governo, criando novas dinâmicas entre diversos atores no processo de formulação de políticas públicas.

Os sistemas algorítmicos aplicados à formulação de políticas públicas têm um impacto multifacetado nas relações de poder. O primeiro aspecto dessas novas relações de poder é organizacional. A transformação digital dos governos criou um processo de isomorfismo institucional sem precedentes, com a plataformização de muitos governos.[49] A difusão de

47 Ibid.
48 M. Weber, *Economia e sociedade*, op. cit.
49 P. DiMaggio e W. Powell, "The Iron Cage Revisited", op. cit.

conjuntos de ferramentas de transformação digital promoveu uma ideia de governos digitais desde a concepção, fomentando processos de imitação e estruturas normativas similares. Esse processo de isomorfismo institucional conduzido por sistemas algorítmicos afeta uma dinâmica de poder global que conforma a ação de administrações públicas e cria novas dinâmicas de políticas públicas, dirigidas por dados e pela capacidade de influenciar situações, *scripts* e quadros.

Disso resulta que, em muitas partes do mundo, plataformas governamentais homogeneízam e automatizam boa parte das transações de serviços públicos, usando canais de dados comuns a todos os órgãos do governo e, assim, alimentando a interoperabilidade dos dados. Embora as plataformas tenham a intenção de personalizar a prestação de serviços públicos para cada cidadão e cidadã, as transações se constituem de uma maneira impessoal, que não atenta para diferenças eventualmente relevantes, na medida em que os indivíduos são transformados em pontos de dados.

Um exemplo interessante ocorreu na Austrália. Ao tentar automatizar a assistência social, o governo federal criou o Robodebt, um sistema algorítmico desenhado para calcular e recolher de cidadãos e cidadãs pagamentos indevidos de assistência social. Operando a partir de julho de 2016, o Robodebt fez recomendações que acabaram causando constrangimentos tanto aos cidadãos e às cidadãs quanto aos funcionários do serviço de assistência social. O modo de operação do Robodebt foi, por fim, considerado ilegal pelos tribunais australianos e investigado pelo ouvidor da Commonwealth na Austrália e por três comitês do Senado. As investigações realizadas por esses comitês consideraram que 470 mil cobranças haviam sido feitas ilegalmente, afetando negativamente a saúde física e mental das pessoas atingidas por elas, e o governo australiano foi obrigado a devolver 1,8 bilhão de dólares australianos a cidadãs e cidadãos.[50]

O segundo aspecto dessas novas relações de poder é político. Os sistemas algorítmicos permitem uma dinâmica política baseada em uma nova estrutura do conhecimento, apoiada por dados e cálculos dos rumos de ação na sociedade.[51] Essa nova estrutura de conhecimento solidifica uma concepção técnica dos governos que oculta dinâmicas de poder sob o disfarce da tomada de decisões impessoal e da eficiência matemática. Ao fazê-lo, a plataformização dos governos promove atores tecnocráticos e forma poder. A tecnocracia é uma maneira de se organizar o poder legitimada na política pela especialização e pela excelência técnica, formando elites burocráticas empoderadas.[52] A tecnocracia constrói seu poder com base na desconfiança em relação à alegada irracionalidade da participação democrática e é legitimada pela racionalidade da técnica.[53]

Um terceiro aspecto das novas estruturas de poder tem caráter epistêmico. O poder de conhecer as preferências dos atores e de criar uma regulação baseada no comportamento induzido enquadra uma nova dinâmica entre atores e instituições no processo das políticas públicas, dinâmica esta marcada pela opacidade. Os sistemas algorítmicos reforçam o poder das burocracias estatais de dar a suas intervenções uma forma impessoal, de maneira tal que supostamente contornariam as diferenças e

50 Tapani Rinta-Kahila et al., "How to Avoid Algorithmic Decision-Making Mistakes: Lessons from the Robodebt Debacle". *Momentum*, The University of Queensland, s.d.

51 L. Amoore, "Security and the Incalculable", op. cit.

52 Frank Fischer, *Technocracy and the Politics of Expertise*. Newbury Park: Sage, 1990; Miguel Ángel Centeno, "The New Leviathan: The Dynamics and Limits of Technocracy". *Theory and Society*, v. 22, n. 3, 1993.

53 Daniele Caramani, "Will vs. Reason: The Populist and Technocratic Forms of Political Representation and Their Critique to Party Government". *American Political Science Review*, v. 111, n. 1, 2017.

tomariam decisões com impacto na vida das pessoas segundo critérios técnicos, legitimados pelo cálculo de possibilidades e pela predição do futuro.

Nas burocracias governamentais, os sistemas algorítmicos impõem *scripts* de ação que restringem as possibilidades de decisões discricionárias tomadas por agentes burocráticos. O processo de isomorfismo institucional reduz a margem de resistência ou de sabotagem por parte dos burocratas, pois os algoritmos tendem a inibir sua antiga liberdade de tomar certas decisões. Por exemplo, o serviço público desempenhado por *chatbots* retira poder de tomada de decisão dos burocratas que lidam diretamente com o público. Ao mesmo tempo, fora da burocracia, os sistemas algorítmicos interagem com cidadãos e empresas, criando diferentes situações de ação que moldam as possibilidades de sucesso ou fracasso das políticas públicas.

Em 2019, por exemplo, o relatório do relator especial para Pobreza Extrema e Direitos Humanos, escrito pelo jurista na área de direitos humanos Philip Alston, foi apresentado na Assembleia-Geral da ONU. O relatório mostra que está em curso, em escala global, a constituição de um Estado digital de bem-estar social. Tal sistema usa dados e algoritmos para automatizar, prever, identificar, vigiar, detectar, mirar e punir os pobres. Esse Estado digital de bem-estar social usa várias camadas de sistemas algorítmicos para possibilitar que a identificação digital e programas automatizados avaliem a elegibilidade, calculem benefícios e os paguem, evitando fraudes e detectando riscos.

Não faltam exemplos de sistemas digitais de proteção social implementados sem a devida consideração aos direitos humanos dos beneficiários e das beneficiárias.[54] Virginia Eubanks vê a

54 Philip Alston, *Extreme Poverty and Human Rights: Note by the Secretary-General*. New York, United Nations, 11 out. 2019.

emergência de abrigos digitais conforme os sistemas algorítmicos estabelecem novas formas de exclusão e punição das pessoas mais necessitadas.[55] O relatório de Philip Alston mostra como governos de todo o mundo silenciosamente transformaram a dinâmica de acesso a direitos sociais, o que deu origem à necessidade de um novo corpo de direitos - direitos digitais - que proteja as pessoas mais vulneráveis perante as novas tecnologias digitais.[56]

Gaming: que o engano seja louvado

Segundo a perspectiva do institucionalismo algorítmico, os sistemas algorítmicos não são as únicas formas de agência que estabelecem novas formas de poder e fortalecem as já existentes. Os indivíduos interagem com eles, em um processo em que rotinas e ações podem ser reproduzidas ou alteradas. Há, portanto, muitas possibilidades de jogar com os algoritmos das plataformas governamentais.

A interação dos humanos com os governos é institucionalizada em regras, que possibilitam diferentes formas de *gaming*. Um preceito essencial das políticas públicas é o de que elas geram vencedores e perdedores ao alocar recursos escassos. Cidadãs e cidadãos frequentemente modulam seu comportamento a fim de obter algum tipo de recompensa quando interagem com governos. Se essa interação é mediada por algoritmos, podem surgir novas possibilidades de driblá-los. Assim como o governo australiano desenhou o Robodebt para equilibrar o orçamento abocanhando 2,3 bilhões de dólares australianos com a recuperação de pagamentos supostamente indevidos de auxílios sociais,

55 V. Eubanks, *Automating Inequality*, op. cit.
56 P. Alston, *Extreme Poverty and Human Rights*, op. cit.

os cidadãos e as cidadãs também constroem padrões de comportamento para resistir aos governos.

A resistência ao poder dos algoritmos ocorre principalmente por meio da anonimização, do engano intencional e da invisibilidade. Essas são algumas maneiras de evadir a vigilância implícita ou explícita usada pelos algoritmos para implementar tarefas organizacionais ou tomar decisões de políticas públicas, mas nem sempre é possível recorrer a elas. As plataformas governamentais exigem das cidadãs e dos cidadãos formas de identificação para que estas e estes possam acessar serviços públicos e produzir dados que alimentem os algoritmos dessas plataformas; ao exigir essa identificação antes da prestação do serviço, elas reduzem a margem de resistência que a anonimização e a invisibilidade poderiam dar. Além disso, a anonimização e a invisibilidade implicam que as pessoas abram mão de direitos ou possibilidades de recompensa, evitando que elas desfrutem de bens públicos ou participem de escolhas coletivas.

Como alternativa para driblar os sistemas algorítmicos envolvidos nas políticas públicas, os indivíduos podem enganá-los visando obter um benefício oculto ou imerecido, assim como evitar determinadas consequências para sua vida privada. Cidadãos e cidadãs podem tentar contornar as plataformas para satisfazer seus próprios interesses.

No Reino Unido, por exemplo, um relatório da Autoridade de Concorrência e Mercados identificou como os vendedores em diferentes plataformas desviam-se das regulações de mercado impostas pelo governo, encontrando maneiras de enganar os compradores por meio de algoritmos de precificação. Ao fazê-lo, produzem conluios e ameaçam a concorrência econômica nos mercados. O relatório concluiu, por exemplo, que usuárias e usuários da Uber estão dispostos a pagar para seguir determinada rota e descobriu como a Uber determinava que as pessoas pagariam tarifas maiores quanto menor fosse a carga de bateria de seus telefones.[57] Na Austrália, a tática do engano intencional foi amplamente utilizada contra sistemas algorítmicos empregados pelo governo durante a pandemia de covid-19, resultando em fraudes econômicas. De acordo com Levi e Smith, os sistemas algorítmicos criaram novas oportunidades para o engano, estabelecendo novas opções de ação entre cidadãs e cidadãos e as instituições.[58]

Outro exemplo a ser mencionado vem da Dinamarca, um país líder nas ideias de transformação digital, digitalização de serviços públicos e uso de dados em políticas públicas. O governo dinamarquês identificou que o pagamento de muitos benefícios de assistência social estava incorretamente distribuído porque cidadãos e cidadãs adotavam comportamentos enganadores e jogavam com os algoritmos para conseguir esses benefícios mediante a adulteração dos requisitos de elegibilidade. O governo respondeu com a constituição de um novo sistema que amplia sua vigilância a fim de auditar os critérios de elegibilidade para programas de assistência social, verificando mudanças nas circunstâncias pessoais dos cidadãos e das cidadãs e controlando seus benefícios correntes.[59] Parte essencial da rotina desse sistema algorítmico consiste em identificar o engano intencional e, uma vez detectadas as fraudes, fazer valer as consequências. De acordo com a organização AlgorithmWatch, o governo dinamarquês construiu um Beemote de vigilância, amplificando a

57 Competition & Markets Authority, *Algorithms: How They Can Reduce Competition and Harm Consumers*. United Kingdom, 19 jan. 2021.

58 Michael Levi e Russell G. Smith, *Fraud and Its Relationship to Pandemics and Economic Crises: From Spanish Flu to Covid-19*. Research Report n. 19. Canberra: Australian Institute of Criminology, 2021.

59 Deloitte e The Lisbon Council, *D01. Study on Public Sector Data Strategies, Policies and Governance*, 15 maio 2020.

observação dos cidadãos e das cidadãs que se beneficiam (ou não) do Estado de bem-estar social.[60]

Uma alternativa é construir sistemas algorítmicos apenas para identificar enganos intencionais, criando novas camadas nas plataformas para garantir dados significativos e integridade da informação ao mesmo tempo que se protege o uso da plataforma do serviço público.[61] Esses algoritmos reduzem a margem de resistência - que nem sempre é legítima - ao poder das plataformas governamentais. Pela perspectiva do institucionalismo algorítmico, a interação entre sistemas algorítmicos e usuários e usuárias é essencial, pois define os resultados desses novos arranjos institucionais.

Dimensões discursivas: as ideias e seus lugares

Quatro ordens de questões são necessárias à compreensão da dimensão discursiva dos sistemas algorítmicos empregados para formular políticas públicas. A primeira se relaciona a como eles se fundamentam em quadros discursivos que refletem interpretações e valores existentes. A segunda é que eles enquadram contextos de ação em que os discursos são formulados. A terceira é que os algoritmos podem ser vistos como argumentos em disputas políticas mais amplas. A quarta é que os resultados dos sistemas algorítmicos são frequentemente discutidos na esfera pública, promovendo mudanças sociais ou perspectivas mais abrangentes.

60 Nicolas Kayser-Bril, "In a Quest to Optimize Welfare Management, Denmark Built a Surveillance Behemoth". *Algorithm Watch*, 6 ago. 2020.

61 Prakruthi Karuna et al., "Generating Hard to Comprehend Fake Documents for Defensive Cyber Deception". IEEE *Intelligent Systems*, v. 33, n. 5, 2018.

A primeira ordem de questões pode ser exemplificada pelo já mencionado avanço da plataformização governamental. Os sistemas algorítmicos adotados são marcados por maneiras específicas de entender a realidade, reproduzindo noções como as de "boas práticas", eficiência e austeridade, que são fortes nos contextos em que surgiram. Eles incorporam em sua operação discursos de mérito e impessoalidade, promovendo determinadas visões de mundo. A habilidade com que os sistemas algorítmicos devem automatizar e aumentar a capacidade do governo é uma realidade construída discursivamente, com o potencial de mudar sociedades.[62]

Anualmente, as elites políticas e econômicas de vários países se encontram em Davos, Suíça, para trocar informações e fazer *lobby* por diferentes maneiras de abordar problemas de políticas públicas. O Fórum Econômico Mundial é uma organização internacional sem fins lucrativos que reúne diversos grupos de interesse para coordenar e reformar as agendas de desenvolvimento econômico. Desde 2013, o Fórum Econômico Mundial tem formatado uma agenda de economia digital, incluindo questões de governo digital e modelos de plataformização.[63] Há entre os participantes do fórum uma forte crença de que os governos digitais dão forma a políticas e serviços mais eficientes. O papel das organizações internacionais é essencial para a construção de discursos que promovam a adoção desses sistemas, dado que tais discursos convergem para uma ideia mais ampla de transformação digital, tornando-se base para mudanças institucionais. Soluções de políticas públicas são moldadas mediante ideias

62 OECD, *Recommendation of the Council on Digital Government Strategies*, op. cit.
63 World Economic Forum. *Digital Transformation*. Disponível on-line.

criadas e compartilhadas discursivamente, que estão incorporadas aos códigos dos sistemas algorítmicos.[64]

A segunda questão se fundamenta no entendimento do mundo em torno da emergência dos sistemas algorítmicos no âmbito das políticas públicas. Esses sistemas enquadram contextos de ação que justificam discursos. Por exemplo, quando os sistemas algorítmicos processam vários bancos de dados para auditar os benefícios sociais concedidos, como na Dinamarca ou na Austrália, eles embasam e enquadram discursos de austeridade e a luta contra a fraude e a corrupção. Ao fazê-lo, tais sistemas configuram as fronteiras das ações possíveis por parte tanto dos cidadãos como da burocracia estatal. A interação entre eles no pedido, na alocação e na verificação de benefícios sociais estabelece as possibilidades disponíveis para os diferentes atores e os limites impostos a eles. Além do mais, os sistemas algorítmicos podem ter implicações mais amplas para a configuração de contextos geopolíticos de interação. Os países latino-americanos, por exemplo, sofrem de problemas crônicos de fraude e corrupção. A adoção de sistemas algorítmicos em diferentes rotinas da administração pública deu sustentação a um discurso de integridade pública, produzindo dividendos para os países desse continente, segundo defende o Banco de Desenvolvimento da América Latina (CAF).[65]

A terceira questão é como os sistemas algorítmicos podem ser vistos como argumentos em disputas políticas mais amplas. Códigos computacionais criam uma realidade a partir de políticas implementadas pelos governos, dizendo quem pode ter acesso a bens públicos e direitos, quais são as obrigações de

64 Daniel Béland, *How Ideas and Institutions Shape the Politics and Public Policy*. Cambridge: Cambridge University Press, 2019.

65 Carlos Santiso, "Digitalisation as an Anti-corruption Strategy: What Are the Integrity Dividends of Going Digital?". OECD *Development Matters*, 4 ago. 2021.

cidadãos e cidadãs e de empresas e como se podem definir e incentivar formas de comportamento adequado por parte de cidadãos e cidadãs, empresas e burocratas – tudo isso tendo em vista o cumprimento dos objetivos da política pública.

Os sistemas algorítmicos empregados pelos governos alimentam um argumento tecnocrático de tratamento neutro e despolitizado de cidadãos e cidadãs como consumidores de serviços públicos. Por exemplo, o uso de algoritmos de aprendizado de máquina na avaliação de políticas públicas sustenta um discurso sobre políticas baseadas em evidências, promovendo a concepção de que é possível conhecer racionalmente as causas dos problemas públicos e, assim, construir intervenções mais efetivas. O uso do aprendizado de máquina na avaliação de políticas resulta em uma concepção científica dos problemas públicos que desconsidera o fato de que problemas são construídos politicamente.[66]

A quarta questão diz respeito à presença subjacente dos resultados e procedimentos dos sistemas algorítmicos nos discursos de uma esfera pública tomada por opiniões e avaliações sobre os benefícios e os riscos desses sistemas, transformando-os em temas quentes de muitas arenas discursivas. Diversas organizações discutem os impactos dos sistemas algorítmicos nas políticas públicas, e a análise desses impactos tem sido a base para iniciativas como a Parceria para Governo Aberto (OGP), no sentido de criar redes de discussão sobre os impactos dos algoritmos nos direitos humanos e também de fortalecer a transparência dos algoritmos, ampliando a *accountability* dos sistemas para cidadãs e cidadãos.[67] As organizações da sociedade civil criam perspectivas críticas que têm o potencial de influenciar o comportamento dos formuladores de políticas públicas e de

66 Noémi Kreif e Karla Dias-Ordaz, "Machine Learning in Policy Evaluation: New Tools for Causal Inference". *Oxford Research Encyclopedia of Economics and Finance*, 2019.
67 Open Government Partnership. *Open Algorithms Network*. Disponível on-line.

alterar vários aspectos da adoção de sistemas algorítmicos pelos governos. A maneira como a esfera pública enquadra os discursos sobre os algoritmos é fundamental para dar o *feedback* do desenvolvimento tecnológico nos governos e orientar possíveis mudanças e perspectivas.[68]

Quando Edward Snowden fez a denúncia sobre a Agência de Segurança Nacional estadunidense (NSA) em 2012, ficou claro que esse órgão espionava cidadãos, cidadãs e autoridades nacionais e estrangeiros, levantando diversas preocupações em relação à privacidade. Documentos secretos revelam que o sistema Prism minerava dados e fornecia ao governo dos Estados Unidos acesso a *e-mails*, conversas e um amplo leque de dados de nove operadoras de internet.[69] O Prism era acompanhado de outro sistema algorítmico – Boundless Informant [Informante sem limites] –, que organizava todos os metadados de espionagem.

O escândalo da NSA resultou em vários protestos e debates públicos contra os sistemas de vigilância, buscando pressionar os governos a implementar leis de privacidade.[70] Em consequência da expansão de movimentos associados a outros escândalos, como o da Cambridge Analytica, o debate sobre privacidade no mundo digital e sobre regras e políticas para proteção de dados avançou em países como Brasil, China e Japão, além de Alemanha, Dinamarca e diversos outros países da União Europeia, por meio do Regulamento Geral sobre a Proteção de Dados (RGPD) do bloco. Novas regulações estão diretamente ligadas ao debate sobre sistemas algorítmicos.

68 Dennis Nguyen e Erik Hekman, "The News Framing of Artificial Intelligence: A Critical Exploration of How Media Discourses Make Sense of Automation". *AI & Society*, v. 39, 2024.

69 Ian Black, "NSA Spying Scandal: What We Have Learned". *The Guardian*, 10 jun. 2013.

70 Adam Gabbatt, "Protesters Rally for 'the Day We Fight Back' against Mass Surveillance". *The Guardian*, 11 fev. 2014.

Discursos não são concepções abstratas da realidade, e sim conjuntos de práticas que têm consequências coletivas mais amplas e impacto institucional direto. Instituições são permeadas por discursos que as fundamentam e que moldam seus efeitos na sociedade. Assim como outras instituições, os sistemas algorítmicos empregados nas políticas públicas ganham forma em arenas discursivas complexas que tendem a criar argumentos perlocucionários no sentido de promover a mudança institucional e definir soluções para problemas públicos complexos. A adoção de sistemas algorítmicos nas políticas públicas incorpora, assim, o trabalho institucional de governos conforme sua habilidade de capturar os discursos que conformam os problemas públicos, bem como os discursos que engendram soluções para problemas complexos.

Observações finais

O institucionalismo algorítmico se interessa pela maneira como os sistemas algorítmicos estão mudando instituições e remodelando formas de interação e relações de poder na sociedade. A análise institucional de sistemas algorítmicos empregados na administração pública e na formulação de políticas públicas lança luz sobre mudanças relevantes nas sociedades contemporâneas.

Este capítulo começou com uma discussão abrangente sobre plataformização governamental, que nos permitiu tratar de muitas implicações da mobilização de sistemas algorítmicos na formulação de políticas públicas. Na sequência, demonstramos a crescente relevância dos sistemas algorítmicos na reconfiguração das burocracias, na racionalização da formulação de políticas públicas e na transformação ambivalente do exercício do poder no serviço público.

Para entender esse fenômeno, aplicamos a grade analítica do institucionalismo algorítmico ao desenho da produção algorítmica de políticas públicas e ao isomorfismo institucional que marca a plataformização dos governos. Abordamos a natureza histórica desses sistemas e as implicações da dependência de trajetória, bem como a maneira com que os sistemas algorítmicos estabilizam e desafiam as normas e regras que conformam o comportamento de diferentes atores políticos. Argumentamos que há poder na forma como os sistemas algorítmicos são mobilizados na produção de políticas públicas, enquadrando contextos de interação, o que ajuda a entender as maneiras como os indivíduos jogam com esse poder, reinventando as estruturas que dão forma à sua agência. Exploramos, por fim, o caráter discursivo dessas instituições e os processos discursivos que marcam seus desenvolvimentos.

Concebendo os algoritmos como instituições, afirmamos que a inovação tecnológica não representa uma espécie de *big bang*, mas um processo de redesenho de operações governamentais que pode impactar a sociedade de múltiplas maneiras. Os sistemas algorítmicos podem melhorar a capacidade dos governos de desenhar e implementar políticas públicas, mas esse redesenho ocorre em situações políticas complexas. O processo da inovação não é linear e progressivo: é multifacetado, marcado por metas específicas, tentativas e erros, atravessado por valores e visões de mundo. A ideia de transformação digital é motivada por atividades burocráticas racionalizadoras em escala global, como resposta a situações de crise. O processo de isomorfismo institucional estimulado por organizações internacionais sedimentou e estimulou uma nova realidade institucional, na qual os algoritmos assumem o papel de organizar e constituir autoridade para impor aos indivíduos normas, regras e decisões.

O desenvolvimento de políticas públicas é caracterizado pela dependência de trajetória, pois escolhas anteriores moldam decisões no presente e projeções futuras.[71] A aplicação de sistemas algorítmicos às políticas públicas frequentemente representa o reforço de certos valores e caminhos cuja possibilidade de mudança no futuro é extremamente difícil, considerando que esses sistemas muitas vezes implicam profecias autorrealizáveis em seus ciclos de *feedback*. A cristalização de sistemas algorítmicos no ciclo de políticas tem o potencial de fazer surgir novos déficits democráticos, o que não significa que cidadãs e cidadãos não possuam agência. Os sistemas algorítmicos interagem com esses cidadãos e cidadãs de maneiras complexas: por um lado, sistemas com estruturas de *hypernudge* [hiperincentivo] podem criar formas de manipulação e vigilância que reduzem a autonomia de cidadãs e cidadãos; por outro lado, esses cidadãos e cidadãs podem conceber maneiras de enganar e resistir ao poder dos algoritmos. Nessa complexa interação, as atividades burocráticas e as políticas regulatórias mudam, afetando o tecido da vida cotidiana ao estabelecer normas, regras e padrões de ações que têm consequências ambivalentes para os processos democráticos.

Nesse sentido, defendemos que os sistemas algorítmicos se tornaram novos tipos de instituições que organizam o nível estratégico das políticas públicas. Em primeiro lugar, os sistemas algorítmicos mudam a lógica da identificação de problemas baseada em dados. Eles também mudam a lógica do *agenda-setting* e a maneira como a atenção social aos problemas aparece. Os sistemas algorítmicos moldam e sustentam a tomada de decisões sobre políticas públicas e diferentes ações governamentais. Eles automatizam tarefas de implementação e pré-configuram a avaliação de políticas públicas; em outras palavras, os sistemas algorítmicos gradativamente organizam e moldam a ação pública em contextos complexos, estabelecendo normas, regras e quadros

71 P. Pierson, *Politics in Time*, op. cit.

que permitem e promovem certos comportamentos ao mesmo tempo que restringem outros. Os algoritmos são instituições que conformam ações coletivas, atravessando todo o processo das políticas públicas, portanto transformam outras instituições.

Ao conceber os algoritmos como novas instituições da sociedade contemporânea, o institucionalismo algorítmico possibilita identificar: as situações e os quadros que guiam seu *design* e sua construção; as interações que moldam seus *outputs*; os contextos inovadores e as mudanças organizacionais promovidas por algoritmos; a maneira como eles fomentam novos padrões de autoridade com base na técnica, o que pode criar novas regras e estratégias que dão forma à ação prática dos atores; as estruturas do poder político e a resistência a elas; e os discursos que permeiam todos esses processos.

Se as lentes do institucionalismo lançam luz sobre sistemas algorítmicos e miram seus impactos nas sociedades contemporâneas, podemos, ainda, seguir o rumo inverso e pensar em novas maneiras pelas quais algoritmos empregados em processos de políticas públicas fornecem novos caminhos para o desenvolvimento do institucionalismo. O primeiro aspecto a esse respeito tem a ver com o desenho institucional. A plataformização dos governos eleva a dependência de trajetória e o isomorfismo institucional a outro nível, estabelecendo caminhos para o desenvolvimento tecnológico que são relativamente separados dos contextos nacionais de formulação de políticas públicas e mais dependentes de processos buscados por outros Estados e alimentados por organizações internacionais.

Além disso, a algoritmização da produção de políticas públicas apresenta novos desafios, em termos gerais, às instituições democráticas. Em tempos de *big data*, a formulação de políticas públicas baseada em evidências pode limitar as condições para o exercício da cidadania, reduzindo cidadãos e cidadãs a pontos de dados cujas relações entre si podem fornecer informações aos governos, mas sem que eles e elas efetivamente expressem suas preferências nem compreendam o que fundamenta as decisões tomadas.

Em terceiro lugar, dinâmicas sociais e políticas baseadas em sistemas algorítmicos podem afetar processos e dinâmicas por meio dos quais as instituições existentes mudam. Embora as teorias institucionalistas tenham evoluído do modelo de equilíbrio pontuado para grades analíticas mais abrangentes, capazes de captar o caráter contínuo com que as instituições mudam, elas não abordaram plenamente o papel que diversas formas de agência podem desempenhar na transformação de contextos institucionais mais amplos. Os desenvolvimentos algorítmicos podem ser bastante disruptivos, solapando os contextos existentes que já embasam conjuntos [*assemblages*] institucionais maiores. Eles podem representar um choque exógeno gigantesco, mas também uma força endógena que permeie outras dinâmicas de mudança institucional. As tecnologias digitais introduzidas nos governos representam um desafio significativo, de diversas maneiras, às instituições existentes.

No próximo capítulo, utilizaremos a grade analítica do institucionalismo algorítmico para compreender uma dimensão mais ampla dos sistemas algorítmicos, cruzando o centro de muitas áreas e práticas sociais das sociedades algorítmicas, inclusive as já discutidas nos capítulos anteriores. Os algoritmos de recomendação estão no cerne de muitas das transformações que temos discutido e apontam para uma compreensão mais alargada das implicações sociais e políticas dos sistemas algorítmicos. Depois disso, defenderemos a necessidade de democratizar os algoritmos. Ler algoritmos como instituições não apenas traz implicações descritivas como levanta demandas morais pela democratização desses sistemas.

5. recomendadores algorítmicos

Vivendo em Niterói, separado do Rio de Janeiro e seus cartões-postais pelos treze quilômetros da ponte que atravessa a Baía de Guanabara, MM tem uma história que nos ajuda a compreender o papel das mídias sociais na eleição de Jair Bolsonaro para a Presidência do Brasil, em 2018. MM são as iniciais de um dos líderes, em Niterói, do partido político do ex-presidente de direita. Ele atribui ao YouTube sua capacidade de recrutar apoiadores ao partido.

A história de MM começa quando, navegando pelo YouTube, ele recebeu como sugestão um vídeo de um blogueiro de direita. Por curiosidade, aceitou a recomendação, assistiu ao vídeo e emendou os outros vídeos recomendados, que eram reproduzidos automaticamente. Sua história não é diferente da de muitos outros apoiadores da candidatura de Bolsonaro. A influência política do YouTube no Brasil cresceu de maneira significativa durante a campanha presidencial de 2018, e, nos anos seguintes, a plataforma hospedou vídeos extremistas e conteúdos de influenciadores de extrema direita e atores políticos da direita.[1]

Embora os algoritmos de recomendação tenham uma baixa probabilidade de mudar o comportamento em escala individual, seu impacto no comportamento de grupo não deve ser menosprezado quando observamos o nível global.[2] O algoritmo de recomendação do YouTube determina quais vídeos o *site* vai reproduzir após aquele que está sendo visto. Ele também sugere vídeos quando os usuários e usuárias fazem buscas na plataforma usando palavras-chave. O algoritmo é peça central da arquitetura do YouTube, que visa garantir o engajamento com a plataforma, mantendo usuários e usuárias assistindo aos vídeos e comentando-os. De acordo com o YouTube, os vídeos

1 Max Fischer e Amanda Taub, "How YouTube Radicalized Brazil". *The New York Times*, 11 ago. 2019.

2 Claire Benn e Seth Lazar, "What's Wrong with Automated Influence". *Canadian Journal of Philosophy*, v. 52, n. 1, 2022.

recomendados respondem por 70% do tempo que usuários e usuárias gastam no *site*.[3]

No entanto, o algoritmo de recomendação do YouTube tem sido amplamente criticado por promover conteúdo radicalizante e extremista, incluindo teorias da conspiração, que tende a aumentar o engajamento. A presença de canais de direita no YouTube levantou preocupações em relação ao impacto de seu algoritmo de recomendação nas eleições e na democracia. Um relatório do Pew Research Center mostra que o YouTube é a plataforma de mídia social mais usada nos Estados Unidos.[4] Em termos de tamanho da audiência, Brasil, Indonésia, Alemanha, Paquistão, Reino Unido e Estados Unidos encabeçam o *ranking* de usuários. Muitos estudos examinaram o papel do algoritmo de recomendação do YouTube na promoção de conteúdo extremista e na radicalização dos usuários e usuárias.[5] O trabalho de Brendan Nyhan descobriu que, quando alguém assiste a vídeos com conteúdo radicalizado, o algoritmo recomenda outros vídeos de canais alternativos e extremistas.[6]

Como aponta Hosseinmardi, a alta visibilidade de conteúdos radicais na plataforma pode derivar de uma combinação complexa de causas tecnológicas e sociológicas, que vai muito além do escopo dos algoritmos dessa plataforma.[7] No entanto, o papel do YouTube nas campanhas políticas ilustra como algoritmos de recomendação estão institucionalizando novas práticas e ideias

3 Joan E. Solsman, "YouTube's AI Is the Puppet Master over Most of What You Watch". *CNET*, 10 jan. 2018.

4 Andrew Perrin e Monica Anderson, "Share of U.S. Adults Using Social Media, Including Facebook, Is Mostly Unchanged since 2018". *Pew Research Center*, 10 abr. 2019.

5 M. H. Ribeiro et al., "Auditing Radicalization Pathways on YouTube", op. cit.

6 Brendan Nyhan, "YouTube Still Hosts Extremist Videos. Here's Who Watches Them". *The Washington Post*, 10 mar. 2021.

7 Homa Hosseinmardi et al., "Examining the Consumption of Radical Content on YouTube". *Proceedings of the National Academy of Sciences of the United States of America*, v. 118, n. 32, 2021.

relativas a processos políticos em todo o mundo, gerando preocupação quanto à influência das plataformas de mídias sociais na disseminação do extremismo.

O YouTube é apenas uma de muitas plataformas a indicar o poder crescente dos algoritmos de recomendação. Tais algoritmos parecem ser onipresentes: sugerem a comida que queremos provar, as ruas que poderíamos evitar para escapar do trânsito, a música que ouvimos ao correr, as ações que uma empresa deveria comprar ou vender conforme o dia e até mesmo a pessoa por quem podemos nos apaixonar.

Tomemos um exemplo. B e seu marido C deram *match* no Tinder em Bangalore, na Índia. B estava na cidade apenas por alguns dias, a trabalho, e o futuro casal não conseguiu se encontrar antes do retorno de B a Mumbai, mas manteve o contato até ela voltar a Bangalore, poucos meses depois. Ela não estava acostumada a trocar confidências com alguém que não conhecia pessoalmente, mas C parecia uma pessoa bacana, e B gostava das conversas que tinham on-line. Quando ela voltou a Bangalore para um período maior de trabalho, eles finalmente se encontraram pessoalmente, e a relação acabou se transformando em casamento alguns meses depois.[8] A Índia é, hoje, o segundo maior mercado para aplicativos de encontros, atrás apenas dos Estados Unidos. Em países como a Índia, esses aplicativos representam uma revolução no processo de encontrar potenciais parceiros, afastando-se da antiga tradição dos casamentos arranjados em direção a um estilo tido como mais ocidental e moderno de se relacionar.[9]

Os serviços on-line de encontros recorrem a algoritmos para desempenhar uma espécie de recomendação social. Eles

8 Ankita Chandra, "5 real stories of finding love online to warm your cold, millennial heart". *Vogue India*, 14 fev. 2018.

9 Astha Rajvanshi, "From Arranged Matches to Tinder Hook-Ups: How the Apps Changed Dating in India". *ABC News*, 16 jul. 2022.

se orientam por diferentes requisitos, e os resultados não são determinados pelas recomendações que um usuário ou uma usuária recebem, e sim pela aceitação das partes envolvidas. Na comparação com as recomendações de produtos, serviços, músicas, vídeos e notícias, a questão de encontrar um par usando dados é um problema mais complicado, que depende do *match*, ou seja, do consentimento de ambos os lados.[10] As plataformas algorítmicas de encontros têm regras que orientam os passos da interação, definindo quem pode dar início à conversa, quantos perfis podem ser vistos por dia e quanta informação os perfis pessoais podem apresentar. Por exemplo, no Tinder, qualquer um pode tomar a iniciativa, enquanto no Bumble a prerrogativa de começar as conversas é da mulher.[11] Escolhas de projeto especificam os algoritmos que implementam as regras responsáveis por moldar o comportamento dos usuários e usuárias. De fato, como instituições, os algoritmos definem e limitam o conjunto de escolhas que os indivíduos podem fazer em ambientes de encontro on-line.

Ao abordar os recomendadores on-line de encontros como instituições, ampliamos o escopo de análise dos sistemas algorítmicos e de suas interações com outras instituições. Por exemplo, o casamento é uma instituição composta de muitas camadas complexas de regras formais e informais que influenciam o comportamento dos parceiros e também o de outros atores sociais em relação a estes.[12] O processo dos encontros é uma das regras informais associadas ao casamento e inclui os diferentes movimentos do que se costumava chamar de "fazer a corte", com o

10 M. J. Rosenfeld, R. J. Thomas e S. Hausen, "Disintermediating Your Friends", op. cit.
11 Katie Gilbert, "Cupid's Code: Tweaking an Algorithm Can Alter the Course of Finding Love Online". *Insights by Stanford Business*, 7 fev. 2022.
12 Douglas W. Allen, *Marriage as an Institution: A New Institutional Economic Approach*. Simon Fraser University, 2005.

objetivo de conhecer melhor o parceiro ou a parceira. O processo dos encontros dá forma a especificidades sociais e culturais por meio de regras informais que estabelecem o que é permitido e o que é proibido em um relacionamento. Essas regras constituem o contexto dos encontros, que podem evoluir para um casamento, com todas as suas implicações afetivas e legais.

O advento das plataformas on-line de encontros com recomendadores algorítmicos impacta na instituição do casamento, com consequências imprevistas para tópicos tão distintos quanto o casamento inter-racial e a estabilidade matrimonial. Um estudo mostra que, para casais heterossexuais nos Estados Unidos, as conexões on-line se tornaram a maneira mais popular de formação de casais, deslocando os significados dados a relacionamentos afetivos e a maneira como eles acontecem.[13] Em outras palavras, os recomendadores algorítmicos estão mudando as regras e normas de camadas muito íntimas da existência humana. Eles emergem como instituições, dando novas formas ao contexto da ação humana em aspectos variados.

Considerando a centralidade dos recomendadores nas sociedades algorítmicas, este capítulo explora o potencial da análise dos sistemas de recomendação pelas lentes do institucionalismo algorítmico. Exploramos diferentes formas de relações propiciadas pelos recomendadores algorítmicos que têm impacto sobre o comportamento coletivo e individual. Essas relações estão associadas a preferências, autonomia e valores que implicitamente evidenciam o poder e a disseminação dos recomendadores.

13 Michael J. Rosenfeld, R. J. Thomas e S. Hausen, "Disintermediating Your Friends", op. cit.

Recomendar escolhas, reinstitucionalizar a vida

Os recomendadores algorítmicos são sistemas desenvolvidos para gerar recomendações de conteúdo ou de produtos que façam sentido para determinado conjunto de usuários e usuárias. Existem também ferramentas de recomendação algorítmica para áreas específicas, como as das ciências da computação, da saúde e da psicologia.[14] Recomendadores algorítmicos são um vetor central da infraestrutura digital global, tendo-se tornado ferramentas indispensáveis para viver e trabalhar no mundo digital, com sua abundância de informação. A principal função dos sistemas algorítmicos de recomendação é estimar uma *função de utilidade* que preveja, ranqueie e apresente automática e matematicamente as preferências dos usuários e das usuárias em relação a determinado conteúdo ou produto.[15] Pela perspectiva que apresentamos aqui, os sistemas algorítmicos de recomendação também desempenham papéis institucionais e podem ser vistos como formas contemporâneas de instituições.

Os recomendadores voltam os holofotes sobre produtos e recursos, ordenando-os e criando atalhos cognitivos para quem precisa tomar decisões. Ao fazê-lo, disseminam ideias e moldam decisões, o que explica por que se tornaram um componente-chave de problemas contemporâneos, tais como a disseminação da desinformação em campanhas eleitorais, pandemias e guerras.[16] Assim como ocorre com outras instituições, os

14 Prem Melville e Vikas Sindhwani, "Recommender Systems", in C. Sammut e G. I. Webb (orgs.), *Encyclopedia of Machine Learning and Data Mining*. New York: Springer, 2017; Deepjyoti Roy e Mala Dutta, "A Systematic Review and Research Perspective on Recommender Systems". *Journal of Big Data*, v. 9, 2022.

15 Michael Schrage, *Recommendation Engines*. Cambridge: MIT Press, 2020.

16 Jevin D. West e Carl T. Bergstrom, "Misinformation in and about Science". *Proceedings of the National Academy of Sciences of the United States of America*, v. 118, n. 15, 2021.

recomendadores algorítmicos têm consequências ambivalentes para a sociedade, pois permeiam diferentes interações humanas.

A racionalidade das instituições está assentada na presunção de que os indivíduos agem com base em suas preferências, que são essenciais porque modulam o comportamento humano e a tomada de decisões. Em sua operação, os sistemas algorítmicos de recomendação agregam dados a fim de calcular preferências individuais e produzir *outputs* que os levem a recomendar alternativas de produtos, conteúdo político, opiniões, informação, conteúdo cultural ou relacionamentos afetivos. Os recomendadores algorítmicos conectam as preferências humanas com as escolhas que eles fazem, de modo a constituir aquilo que será objeto da atenção e da racionalização humanas. Em outras palavras, ao recomendar algo, os sistemas algorítmicos enquadram o objeto de atenção e organizam diferentes situações de ação humana em conformidade com isso.

Os recomendadores algorítmicos transformam dados em sugestões relevantes para os usuários e as usuárias por meio de buscas, cálculos e ranqueamentos de correlações e padrões. Essas sugestões racionalizam escolhas individuais, oferecendo aos humanos o que, quando, onde, como e por que escolher. Predominam duas abordagens de filtragem no *design* de algoritmos de recomendação: a colaborativa e a baseada no conteúdo.

O filtro colaborativo prevê os interesses de alguém com base na identificação de preferências e em informações de outros usuários e usuárias.[17] A intuição por trás do filtro colaborativo está na observação de que, se duas pessoas têm gostos similares a respeito de um produto, então provavelmente terão também gostos similares em relação a outros produtos. A correlação medida

17 Jennifer Cobbe e Jatinder Singh, "Regulating Recommending: Motivations, Considerations, and Principles". *European Journal of Law and Technology*, v. 10, n. 3, 2019.

entre pares de usuários ou usuárias tem sido considerada um bom *proxy* para previsões e recomendações de alta qualidade. Os sistemas algorítmicos de recomendação baseados em filtragem colaborativa acompanham cada item que um usuário ou usuária avaliou ou curtiu e, em seguida, encontram usuários e usuárias que servem como bons previsores. Com base nas preferências destes, o sistema encontra novos itens para recomendar.[18]

Já a filtragem baseada em conteúdo recorre às propriedades e características dos itens a fim de modelar os interesses de usuárias e usuários e gerar recomendações. Os recomendadores algorítmicos baseados em conteúdo analisam o comportamento pregresso de uma pessoa, identificando as propriedades e características dos itens com os quais ela interagiu para prever novos itens que combinem com suas preferências. Em geral, as três fontes primárias de dados usadas pelos algoritmos de recomendação são: usuários e usuárias do sistema; itens ou conteúdo a serem recomendados; e interações entre usuários ou usuárias e itens.

Ao fim, um papel fundamental dos sistemas algorítmicos de recomendação é prover informação para que um usuário ou uma usuária faça escolhas informadas. Tomemos uma sociedade democrática qualquer: um recomendador de notícias deveria fornecer aos usuários e usuárias informações necessárias para fazer escolhas políticas significativas. Schrage destaca as características essenciais usadas pelos recomendadores para capturar o contexto de uma escolha humana:

> Os recomendadores algorítmicos calculam relacionamentos entre pessoas, preços, compras, preferências, personalidade, itens,

18 Michael D. Ekstrand, John T. Riedl e Joseph A. Konstan, "Collaborative Filtering Recommender Systems". *Foundations and Trends in Human-Computer Interaction*, v. 4, n. 2, 2011.

> imagens, artistas, funcionalidades, características, metadados, melodias, *rankings*, avaliações, talentos, cliques, a forma de manipular, deslizando ou tocando com os dedos, *tags*, textos, localizações, momentos no tempo, horas do dia, enfim, que possam informar melhor e aperfeiçoar a escolha humana.[19]

Sistemas de recomendação são uma peça central dos serviços na economia digital. Eles selecionam, filtram e personalizam informações nas mídias sociais, em agregadores de notícias, nos serviços de *streaming* de música e vídeo, nos aplicativos de encontros, nas compras on-line, na segmentação de anúncios on-line e em outros serviços.[20] Eles "ajudam" as pessoas a navegar a torrente de informações de plataformas como YouTube, TikTok, Netflix, Amazon, Spotify, Facebook e Twitter/x. O sistema algorítmico de recomendação da Netflix, por exemplo, ajuda seus usuários e usuárias a encontrar filmes, séries e programas para assistir, mas não se trata de um único algoritmo; na realidade, é uma coleção de algoritmos diferentes servindo a diferentes casos de uso, a fim de oferecer serviços e experiências na plataforma. O recomendador mostra algo atraente a usuárias e usuários, e seu poder é evidenciado pelo fato de que ele influencia a escolha em aproximadamente 80% do tempo de *streaming* da Netflix.[21] No YouTube, cerca de 70% de todo o tempo gasto assistindo a vídeos no *site* é orientado pelo sistema de recomendação da plataforma.[22] Ou seja, o sistema algorítmico enquadra a maior parte

19 M. Schrage, *Recommendation Engines*, op. cit., p. 109.
20 Jonathan Stray et al., "Building Human Values into Recommender Systems: An Interdisciplinary Synthesis". ACM *Transactions on Recommender Systems*, v. 2, n. 3, 2024.
21 Carlos Gomez-Uribe e Neil Hunt, "The Netflix Recommender System: Algorithms, Business Value, and Innovation". ACM *Transactions on Management Information Systems*, v. 6, n. 4, 2015.
22 J. E. Solsman, "YouTube's AI Is the Puppet Master over Most of What You Watch", op. cit.

do que, de onde e de como os usuários e as usuárias escolhem em suas interações com a plataforma.

Com a crescente importância dos recomendadores algorítmicos, há uma necessidade de reconhecer suas consequências éticas e sociais. A depender de seu *design*, por exemplo, os algoritmos de recomendação de notícias correm o risco de criar espaços fechados, que separam usuários ou usuárias de ideias e pontos de vista diferentes. Eles podem acabar estimulando a polarização social e política, com efeitos negativos sérios para as instituições democráticas.[23] Por serem uma instituição do ambiente de entretenimento, os algoritmos de recomendação impactam diretamente no gosto e no consumo de usuárias e usuários, reconfigurando processos culturais.[24] Quando ganham a confiança de usuários e usuárias, os recomendadores algorítmicos detêm o poder de influenciar essas pessoas, mas, na maior parte dos casos, eles não fornecem nenhuma documentação ou ferramenta que nos auxilie a compreender como funcionam e como conseguem capturar nossa atenção e confiança.

Em uma análise abrangente da influência automatizada orientada por algoritmos, Claire Benn e Seth Lazar mostram o papel dos recomendadores algorítmicos para as opiniões, crenças e desejos humanos. Segundo eles,

> a influência automatizada direcionou as pessoas para humanos manipuladores, porque os algoritmos de recomendação que nos oferecem produtos, serviços e principalmente conteúdo são otimizados a fim de manter o engajamento de usuários e usuárias, e o

23 Silvia Milano, Mariarosaria Taddeo E Luciano Floridi, "Recommender Systems and Their Ethical Challenges". *AI & Society*, v. 35, 2020.

24 Fatima Gaw, "Algorithmic Logics and the Construction of Cultural Taste of the Netflix Recommender System". *Media, Culture & Society*, v. 44, n. 4, 2021.

conteúdo produzido por manipuladores é, por definição, profundamente engajador para quem é manipulado.[25]

A capacidade dos recomendadores algorítmicos de influenciar e moldar a opinião no contexto das mídias sociais - por exemplo, mediante o controle do *feed* - pode ter impactos para a democracia, por meio da disseminação de desinformação, teorias da conspiração e discurso de ódio.

A presença crescente dos algoritmos de recomendação na sociedade contemporânea abre espaço para questionamentos sobre o poder das plataformas digitais dominantes e sua capacidade de influenciar questões políticas, sociais e econômicas em diferentes partes do mundo. Para aperfeiçoar nossa capacidade de compreender o papel dos sistemas algorítmicos de recomendação em influenciar e mudar comportamentos individuais na sociedade, precisamos de uma grade analítica abrangente como a do institucionalismo algorítmico, tomando as seis dimensões desenvolvidas no capítulo 2 deste livro. Resumidamente, essa perspectiva enfoca: construção e desenho de instituições; processos históricos; regras e normas; relações de poder; *gaming*; e dimensões discursivas. Com cada dimensão dessa grade analítica, exploramos os benefícios potenciais de entender os recomendadores como instituições no contexto de exemplos práticos, retirados de situações reais.

Construção e desenho de instituições

Uma característica essencial das organizações modernas é que elas operam em contextos de racionalidade limitada. De acordo

25 C. Benn e S. Lazar, "What's Wrong with Automated Influence", op. cit.

com Simon, as preferências orientam a escolha humana e limitam a racionalidade, pois dependem do objeto da atenção das pessoas e da quantidade de informação em que elas se baseiam para decidir e escolher entre alternativas. As decisões humanas não necessariamente vão no sentido de maximizar uma função utilitária; em vez disso, costumam ser as mais satisfatórias para cada contexto.[26] Quando Simon imaginou a importância dos algoritmos para as organizações modernas, o objetivo era que eles fossem mecanismos de maximização da utilidade que lidassem com o volume mais significativo possível de informação, excedendo a capacidade humana de tomada de decisão.

Competir pela atenção humana e racionalizar escolhas humanas são um pilar central da indústria moderna, e ambos os conceitos dependem de ferramentas de tomada de decisão e instrumentalização. Os recomendadores algorítmicos se tornaram mecanismos essenciais para retornos crescentes nos mercados, nos governos, no *e-commerce* e na comunicação política. Os sistemas algorítmicos de recomendação são onipresentes, pois dão forma aos objetos da atenção humana, expandindo a informação disponível e levando as pessoas a decidir, de modo a facilitar a obtenção de retornos crescentes, influência política e impacto nos negócios on-line.

As batalhas por atenção estão no cerne do processo de *design* de algoritmos. Como destacou Shoshana Zuboff, a informação é abundante, mas a atenção é um recurso de valor para que as companhias possam maximizar seus lucros.[27] Os algoritmos de recomendação são instituições desenhadas em torno de sistemas que monitoram dados comportamentais a fim de

26 Herbert A. Simon, *Administrative Behavior: A Study of Decision-Making Processes in Administrative Organization*. New York: The Free Press, 1976.
27 S. Zuboff, *A era do capitalismo de vigilância*, op. cit.

competir pela atenção de quem consome. Os recomendadores algorítmicos operam com sistemas de aprendizado de máquina para produzir predições do que as pessoas vão acessar com base em suas informações de busca e seu histórico de atividades. O ranqueamento e os algoritmos de recomendação estão no âmago das ferramentas de busca, pois classificam a informação de que o usuário ou a usuária necessita, definindo uma hierarquia de atenção. Ao moldar a atenção de consumidores e consumidoras, de cidadãos e cidadãs, os recomendadores algorítmicos se tornaram instrumento de inovação em modelos comerciais e de negócios. No que diz respeito ao papel dos sistemas algorítmicos no desenvolvimento de novos modelos de negócios, Moshe Vardi alerta:

> O maior problema que a computação enfrenta hoje não é a falta de ética da tecnologia de inteligência artificial – embora o viés das máquinas seja uma questão importante –, e sim o uso da tecnologia de inteligência artificial por corporações grandes e poderosas para sustentar um modelo de negócios ao qual, pode-se dizer, falta ética.[28]

A indústria da tecnologia desenha os recomendadores algorítmicos como uma ferramenta para competir por atenção, fazendo com que esses algoritmos permeiem diferentes áreas dos negócios e do governo.

Os sistemas de recomendação são, na realidade, desenhados no contexto dessa competição pela atenção das pessoas. Sob o argumento da conveniência para consumidores e consumidoras, as indústrias os usam para ampliar retornos e expandir a influência política, desenhando recomendadores algorítmicos

28 Moshe Y. Vardi, "ACM, Ethics, and Corporate Behavior". *Communications of the ACM*, v. 65, n. 3, mar. 2022.

que instrumentalizam a atenção dessas pessoas e racionalizam a escolha delas.[29]

O *design* dos recomendadores algorítmicos que utilizam filtragem colaborativa opera identificando padrões entre usuários e usuárias. Os algoritmos recomendam conteúdos com base naquilo que foi objeto de consumo ou interação de usuárias e usuários semelhantes.[30] Assim, são necessários vastos volumes de dados para treinar os algoritmos de recomendação a derivar soluções via métodos estatísticos. Essa classe de algoritmos de recomendação recorre a quantidades massivas de dados sociais coletados de diferentes plataformas, como Meta, Google, Amazon e TikTok. Então, informações comportamentais como relacionamentos, interações entre usuários ou usuárias, hábitos de compra e padrões de comunicação são extraídos e transformados em dados digitais.[31] Sadowski define esse processo afirmando que os dados são extraídos "sem consentimento significativo e compensação justa para produtores e fontes de dados".[32] Nick Couldry e Ulises Mejias defendem que as práticas atuais de coleta de dados lembram modos coloniais de exploração, caracterizados pela despossessão de recursos com a finalidade de abastecer o motor do crescimento do capitalismo global.[33] A partir de uma perspectiva institucional, o processo de *design* e construção de recomendadores algorítmicos se situa em um contexto mais

29 Ricardo Baeza-Yates e Usama M. Fayyad, "The Attention Economy and the Impact of Artificial Intelligence", in H. Werthner et al. (orgs.). *Perspectives on Digital Humanism*. Cham: Springer, 2021.

30 J. Cobbe e J. Singh, "Regulating Recommending", op. cit.

31 Pieter Verdegem, "Dismantling AI Capitalism: The Commons as an Alternative to the Power Concentration of Big Tech", *AI & Society*, v. 39, 2024.

32 Jathan Sadowski, "When Data Is Capital: Datafication, Accumulation, and Extraction". *Big Data & Society*, v. 6, n. 1, 2019.

33 N. Couldry e U. A. Mejias, "Data Colonialism", op. cit.

amplo de colonialismo de dados, caracterizado pela extração não remunerada de informação comportamental.

Os sistemas de recomendação são instituições específicas que refletem novas dinâmicas de poder no interior do capitalismo contemporâneo. Dentro da economia da atenção, os sistemas algorítmicos de recomendação representam elementos essenciais, tornando os algoritmos onipresentes na indústria, nos mercados e nos governos, porque eles classificam e hierarquizam informação, criam vieses políticos e sociais e transformam o processo de comunicação pública. Eles surgem como instituições ao mediar o conhecimento e influenciar o comportamento nos campos da cidadania e do consumo. São desenhados em processos complexos e permeados por interesses econômicos, perspectivas políticas e atividades individuais.

Processos históricos

Muitos contextos distintos dão forma à evolução das instituições. Algoritmos, como outras instituições, mudam com o passar do tempo, respondendo a pressões e demandas relativas a questões específicas levantadas pela sociedade e pelos negócios. Um exemplo interessante da área de saúde lança luz sobre esse tópico, destacando um processo histórico que descreve a evolução de um algoritmo de alocação para transplantes de rim.[34]

Alice e Bob são dois pacientes hipotéticos na lista de espera por um transplante de rim nos Estados Unidos. Em termos clínicos, eles são equivalentes, o que leva à seguinte questão: qual paciente deve ser recomendado para receber um órgão doado?

34 David G. Robinson, *Voices in the Code: A Story about People, their Values, and the Algorithm They Made*. New York: Russell Sage, 2022.

É uma questão de vida ou morte. Com base em um complexo conjunto de dados médicos que integram diferentes parâmetros tanto de quem doa como de quem recebe - incluindo critérios morais e éticos -, um algoritmo decide qual paciente da lista deve receber o rim doado. Para a alocação, o algoritmo calcula a pontuação de cada paciente, usada para ranqueá-los.

No entanto, o algoritmo não deve ser avaliado apenas por sua precisão técnica no cálculo da pontuação. Suponhamos, por exemplo, que ele a calcule com quinze casas decimais, e a diferença entre Alice e Bob apareça na décima terceira.[35] Será que essa diferença minúscula deveria decidir o futuro de Alice? Essa variação mínima representa uma opinião médica sobre a condição de saúde de Bob e Alice? Respostas a questões como essas indicam que a decisão não pode se basear apenas em detalhes técnicos. Trata-se de uma decisão ética e moral que deveria ser construída mediante um processo de tomada de decisão colaborativo que incluísse representantes médicos, técnicos e da comunidade afetada por transplantes de órgãos.

Em 1984, o Congresso dos Estados Unidos aprovou a Lei Nacional do Transplante de Órgãos para criar um sistema que reunisse órgãos e receptores ou receptoras. Nesse sentido, a Rede Unida para o Compartilhamento de Órgãos (Unos, na sigla em inglês) foi formalmente incorporada como uma organização independente e sem fins lucrativos para atender à demanda crescente por transplantes em todo o país. A Unos mantém o sistema digital que recomenda receptores e receptoras quando há órgãos disponíveis. Em 2003, ela deu início a um processo de revisão do algoritmo de transplante de rins. Havia certo descontentamento com os objetivos e o *design* do algoritmo, pois algumas pessoas se preocupavam com o etarismo e outras com

35 Ibid.

a complexidade do algoritmo, que dificultava a compreensão dos cálculos por parte de médicos, médicas e pacientes. Uma das revisões enfocou a maximização do número de anos de vida que receptores e receptoras dos transplantes ganhavam, mas outros fatores, como a equidade com base em raça e idade, também precisavam ser considerados. O processo incluiu uma série de encontros públicos, audiências e debates com diferentes grupos e em diferentes partes dos Estados Unidos, estendendo-se por dez anos, até que se aceitasse um compromisso tolerável sobre a forma final do algoritmo, que entrou em vigor no fim de 2014.

É possível tirar muitas lições do estudo da evolução do algoritmo de alocação de rins para transplante. Se o virmos como uma instituição, o algoritmo evoluiu para reduzir a incerteza, ao estabelecer regras transparentes que são compreendidas e aceitas por todos, embora isso tenha criado diferentes dilemas sociais no percurso. Mesmo assim, a evolução da Unos ilustra o processo histórico do desenvolvimento de um sistema algorítmico de recomendação, mostrando como ele define valores, regras, métricas e metas para o processo de alocação de rins e, assim, molda vidas humanas.

O algoritmo de alocação de rins dá margem a uma série de novas questões sobre o uso de algoritmos em situações de vida ou morte. Será que deveríamos usar algoritmos para tomar decisões em situações caracterizadas por dilemas éticos? Quem deveria auditar o desempenho dos algoritmos que decidem quem vive e quem morre? As respostas a essas questões não devem enfocar aspectos técnicos do código – elas requerem uma compreensão moral e social do problema, pois também têm a ver com o papel social do algoritmo. Essa não é uma questão de tecnologia; diz respeito aos valores éticos do algoritmo como uma instituição. Nosso ponto aqui é que a perspectiva institucionalista chama a atenção para o contexto social em torno do algoritmo, de modo que a sociedade tenha seu papel na interação com os desenvolvedores para a construção de regras e normas voltadas às decisões éticas tomadas por meio de algoritmos quando relacionadas à vida e à morte. Tal papel se torna mais proeminente em conjunturas críticas, uma vez que as crises muitas vezes funcionam como choques exógenos, abrindo espaço para a agência. As interações individuais com o sistema algorítmico moldam preferências médicas e têm diferentes impactos sobre pacientes, com muitos dilemas éticos.

No caso em questão, como resultado do processo de desenvolvimento histórico, a lógica dos algoritmos e os parâmetros que decidem a vida de um ou uma paciente são transparentes e apresentados publicamente. A governança do sistema algorítmico rastreia seu desempenho, estabelece auditorias por organizações terceiras e publica relatórios detalhados sobre o algoritmo e o sistema de transplantes. A Unos é um dos programas de supervisão de saúde mais abrangentes dos Estados Unidos e é governada por políticas que buscam melhorar a participação, a transparência e a auditoria. As regras de alocação são transparentes e explicadas em inglês corrente. Toda decisão de alocação de órgão e todo dado de desempenho do algoritmo estão sujeitos a auditorias preparadas por monitores externos, que mostram como as regras estão funcionando, com participação plena da comunidade relacionada a transplantes.

A dimensão histórica do algoritmo de alocação de rins mostra como o tempo e as demandas da sociedade moldam o comportamento de diferentes grupos. Durante a história da modificação do algoritmo, dependências de trajetória estabeleceram as condições iniciais que levaram aos impactos negativos causados por ele, tais como disparidades étnicas e/ou raciais no acesso a transplantes de rins. A formação do comitê inicialmente encarregado das especificações do algoritmo estava julgando as pessoas "segundo seu próprio sistema de valores de classe média: escoteiros, escola dominical, Cruz Vermelha".[36] Essa referência é sugestiva de que o comitê teria sido enviesado a favor de pessoas brancas.[37] O institucionalismo histórico dá atenção significativa ao desenvolvimento histórico de instituições e à sua dependência de trajetória. Assim como outras instituições, os algoritmos devem ser analisados no contexto em que se espera que desempenhem seu papel. Não se pode admitir que um algoritmo desenhado para tomar decisões sobre assuntos críticos seja desenvolvido sem conexão com seu contexto social.

Regras e normas

As plataformas de mídias sociais foram criadas com a promessa de conectar pessoas e facilitar a comunicação on-line. Em sua construção, começaram por uma concepção quase literal de liberdade de expressão. Em princípio, as pessoas podem se manifestar, dizer ou elaborar sobre qualquer assunto por meio das mídias sociais. Os sistemas algorítmicos de recomendação se apropriam dessas expressões como dados de entrada e organizam quais postagens serão visíveis, como, quando e para quem. Uma postagem escrita nas mídias sociais pode ser recomendada e ganhar visibilidade até "viralizar", ou então se tornar uma expressão escondida na montanha de mensagens escritas por diferentes pessoas diariamente. O que determina a visibilidade ou invisibilidade das postagens são regras incorporadas aos algoritmos de recomendação, as quais moldam o papel dos influenciadores e influenciadoras e do público, bem como as percepções sobre a opinião pública.

36 David G. Robinson, "The Kidney Transplant Algorithm's Surprising Lessons for Ethical A.I.". *Slate*, 31 ago. 2022.
37 Ibid.

Uma vez que os algoritmos permeiam nossa vida, suas características e *affordances* têm um papel central: o de estruturar e enquadrar espaços nos quais ocorrem interações humanas. Os sistemas algorítmicos de recomendação, como outras instituições, utilizam regras formais e informais para influenciar as crenças e os valores de usuárias e usuários.[38] Algoritmos de *feeds* de notícias e ferramentas de busca, por exemplo, afetam nossa percepção da realidade e influenciam nosso comportamento ao sugerir notícias, vídeos, músicas, conteúdo, produtos e conexões sociais.

O ecossistema midiático tem múltiplos níveis de organização, que envolvem uma variedade de empresas de mídia e plataformas de tecnologia digital.[39] Os recomendadores algorítmicos agem como instituições relativas ao nível organizacional primário, composto por empresas de mídia, ao filtrar a abundância comunicativa.[40] Eles também influenciam a vida política de diversos países democráticos. De um lado, os algoritmos de recomendação informam cidadãos e cidadãs sobre os processos nos quais fazem escolhas políticas significativas, mas, de outro, os recomendadores de notícias podem gerar bolhas e câmaras de eco.[41] O efeito negativo potencial dos recomendadores de notícias foi apresentado com todas as letras por um regulador do Reino Unido; segundo ele, há "um risco de que as recomendações sejam usadas de maneira a estreitar a exposição de cidadãos e

38 P. Napoli, "The Algorithm as Institution", op. cit.

39 Ronald L. Jepperson, "Institutions, Institutional Effects, and Institutionalism", in W. W. Powell e P. DiMaggio (orgs.). *The New Institutionalism in Organizational Analysis*. Chicago: The University of Chicago Press, 1991.

40 John Keane, *Democracy and Media Decadence*. Cambridge: Cambridge University Press, 2013.

41 Natali Helberger, "On the Democratic Role of News Recommenders". *Digital Journalism*, v. 7, n. 8, 2019; Matteo Cinelli et al., "The Echo Chamber Effect on Social Media". *Proceedings of the National Academy of Sciences of the United States of America*, v. 118, n. 9, 2021. Para uma perspectiva crítica da literatura sobre câmaras de eco, ver Axel Bruns, *Are Filter Bubbles Real?* Cambridge: Polity Press, 2019.

cidadãs a diferentes pontos de vista, por reforçarem seus hábitos pregressos ou os de seus amigos e amigas."[42]

As plataformas de mídias sociais se tornaram objeto de disputa política porque a perspectiva da liberdade total de expressão também faz delas um instrumento para espalhar desinformação e discurso de ódio. Muitos atores da sociedade civil, legisladores e legisladoras, além de reguladores e reguladoras, estão convocando as plataformas a criar mecanismos de governança de conteúdo e iniciativas para reduzir a disseminação da desinformação. Algumas plataformas mantêm seus sistemas de recomendação com os mesmos objetivos de produzir engajamento e monetizar as postagens de usuários e usuárias, mas combatem ou em algum momento combateram a desinformação por meio de botões de alerta que enviam conteúdos para moderação. Isso ocorria no antigo Twitter (atual X): se o conteúdo fosse considerado falso ou enganoso, a postagem poderia ser ocultada, a fim de evitar que obtivesse amplo alcance - a plataforma chegava a desabilitar a possibilidade de curtir, repostar e compartilhar, visando a ocultar a postagem.

Os sistemas algorítmicos de recomendação funcionam como mecanismos que dão visibilidade e monetizam postagens de usuárias e usuários, além de controlar conteúdos postados a fim de modular o comportamento de quem os utiliza.[43] Tais mecanismos são incorporados aos termos de uso, que definem um conjunto de regras de comportamento adequado para usuários e usuárias. Os algoritmos de recomendação moldam essas regras, representando avanços potenciais na defesa do interesse público. No entanto, a maneira como essas regras são moldadas e operadas exacerba

42 Ofcom, "Measuring Media Plurality: Ofcom's Advice to the Secretary of State for Culture, Olympics, Media and Sport". London, 2012.

43 Tania Bucher, "Want to Be on the Top? Algorithmic Power and the Threat of Invisibility on Facebook". *New Media & Society*, v. 14, n. 7, 2012.

problemas já existentes, tais como a opacidade dos algoritmos, complicando questões marcantes de equidade e justiça e obscurecendo a natureza política por trás de certas decisões.[44]

Assim como outras instituições, os sistemas algorítmicos de recomendação nas mídias sociais incorporam regras de comportamento apropriado com base em valores socialmente construídos. Eles podem até mesmo orientar, em suas plataformas, sobre regras de comportamento apropriado de usuários e usuárias, no contexto de interação mediado por outros algoritmos.

Relações de poder: preferências e autonomia na era dos recomendadores

Os algoritmos de recomendação são instituições particularmente poderosas em razão de sua habilidade de tornar algumas alternativas mais visíveis que outras. Não é por acaso que os recomendadores são um elemento-chave no modelo de negócios de algumas das mais poderosas empresas de tecnologia, entre as quais a Meta, a Alphabet e a Amazon. Ao reduzir o leque de alternativas potenciais e sugerir outras opções a usuários e usuárias, os recomendadores dão rotas para navegar ecossistemas informacionais saturados.

No mundo contemporâneo, seria inviável, ou mesmo impossível, encontrar conteúdo, produtos e serviços relevantes sem que ferramentas algorítmicas os tornassem visíveis. Ao aprender quais são os possíveis objetos de nossa vontade e nosso interesse neste momento, os recomendadores ajudam a moldar nosso desejo e interesse no futuro. Com base em trilhões de pontos de

44 Robert Gorwa, Reuben Binns e Christian Katzenbach, "Algorithmic Content Moderation: Technical and Political Challenges in Automation of Platform Governance". *Big Data & Society*, v. 7, n. 1, 2020.

dados alimentados diariamente nas plataformas de tecnologia, os sistemas algorítmicos são usados para microssegmentar (*microtarget*), recomendar e influenciar usuárias e usuários.

O poder das plataformas digitais dominantes deixa isso muito claro, dada a centralidade dos recomendadores. Os algoritmos da Meta para recomendação de postagens e anúncios, por exemplo, foram desenhados para levar as pessoas a se engajar com o máximo de conteúdo pelo máximo de tempo possível. Um dos principais objetivos do algoritmo é aumentar o engajamento para gerar mais receitas do mercado de anúncios on-line. No TikTok, a primeira coisa que se vê ao abrir o aplicativo é a página "Para você", com um *feed* sugerido pelo recomendador algorítmico com base em vídeos que o usuário ou a usuária já viu ou com os quais interagiu. O TikTok é uma plataforma de conteúdo segmentado e de laços frágeis que se baseia fundamentalmente em sistemas algorítmicos de recomendação. No Instagram e no YouTube, a recomendação social por algoritmos é uma parte chamativa da experiência do usuário ou da usuária.

Aqui, é importante ressaltar que a visibilidade é uma parte fundamental para a compreensão do poder dos recomendadores algorítmicos, cujo *design* visa criar espaços de *visibilidade construída*. Nestes, as grandes plataformas de tecnologia exploram oportunidades de negócios, coletam dados pessoais de quem usa ou consome e exercitam seu poder em conformidade com isso.[45] Os algoritmos de recomendação enquadram a realidade de determinadas maneiras, tornando algumas coisas visíveis e outras invisíveis.

Para Michel Foucault, o poder é associado à noção de tornar as coisas visíveis de maneiras específicas.[46] Os recomendadores

45 Massimo Airoldi, *Machine Habitus: Toward a Sociology of Algorithms*. Cambridge: Polity Press, 2022.

46 John Rajchman, "Foucault's Art of Seeing", in *Philosophical Events: Essays of the '80s*. New York: Columbia University Press, 1991; M. Foucault, *Vigiar e punir*, op. cit.

algorítmicos são um meio de lançar luz sobre informações específicas em um espaço on-line sem limites, praticamente infinito. Dada a imensa variedade de itens disponíveis nas lojas virtuais e nas plataformas de *streaming*, os consumidores e as consumidoras precisam recorrer aos sistemas algorítmicos de recomendação, pois eles dão visibilidade a itens que ajudarão a fazer escolhas. Essas escolhas são, portanto, restritas e marcadas pelas sugestões com que os usuários e as usuárias deparam. Uma ilustração interessante dessa forma de restrição é identificada por Tufekci em um artigo sobre algoritmos de recomendação durante o primeiro governo de Donald Trump.

> O recomendador algorítmico do YouTube começou a lhe recomendar e a reproduzir automaticamente vídeos protagonizados por supremacistas brancos falastrões, negacionistas do Holocausto e outros tipos perturbadores de conteúdo. É um caso em que o algoritmo criou espaço para ideias de direita ao dar visibilidade a vídeos relacionados. Uma consequência bem mapeada, ainda que imprevista, do esforço por maximizar o engajamento de usuários e usuárias nas plataformas tem sido o fortalecimento de muitos grupos extremistas, que ganharam maior visibilidade como resultado.[47]

O poder da recomendação algorítmica também se relaciona com o prazer e a conveniência decorrentes da visibilidade que ela produz. Em uma entrevista, Foucault aponta que "o que faz com que o poder se mantenha e seja aceito é simplesmente que não só ele pesa como uma força que diz não, mas que ele de fato permeia, produz coisas, induz ao prazer, forma saber, produz discurso".[48]

47 Zeynep Tufecki, "YouTube, the Great Radicalizer". *The New York Times*, 10 mar. 2018.
48 M. Foucault, "Verdade e poder", in *Microfísica do poder*, trad. Roberto Machado. Rio de Janeiro: Paz e Terra, 2017, p. 8.

Os recomendadores algorítmicos são desenhados para induzir ao prazer, mostrar indicações para diferentes formas de conhecimento e fornecer escolhas. Eles são indutores de engajamento, despertando desejos e vontades. Harcourt fala de uma sedução virtual feita pelos recomendadores, que nos convencem a comprar o *smartphone* mais recente, baixar o mais novo aplicativo, ver uma foto atraente ou assistir a um vídeo curto fofinho, criando possibilidades que preenchem nossos sonhos, gostos e ambições.[49] Com base nos dados coletados de nossas experiências digitais anteriores, os sistemas algorítmicos recomendam coisas de que nem sequer sabíamos que gostaríamos.

Em linha com a visão de poder foucaultiana, a combinação de prazer, desejo, conveniência e eficiência transforma os recomendadores algorítmicos em poderosos elementos para a construção da visibilidade. Com isso, eles operam como instituições, estabelecendo os limites para a agência. O poder da recomendação envolve um enfraquecimento do poder de tomada de decisão do indivíduo, o que pode ser deletério para a autonomia e a agência humanas.[50] Às vezes, falamos que essa manipulação ameaça nossa liberdade de selecionar alternativas em uma interação humano-algoritmo. Em seu trabalho sobre influência automatizada, Benn e Lazar afirmam: "O pior tipo de manipulação em nossa vida digital neste momento é a feita por parte das pessoas que usam mídias sociais, e elas são habilitadas e empoderadas pelos algoritmos de *feed* de notícias que direcionam as pessoas para conteúdos mais sensacionais, extremos e polarizadores".[51]

49 Bernard E. Harcourt, *Exposed: Desire and Disobedience in the Digital Age*. Cambridge: Harvard University Press, 2015, p. 122.

50 Lav R. Varshney, "Respect for Human Autonomy in Recommender Systems". 3rd FAccTRec Workshop: Responsible Recommendation, 2020.

51 C. Benn e S. Lazar, "What's Wrong with Automated Influence", op. cit., p. 143.

A presença crescente de recomendadores algorítmicos na sociedade contemporânea abre espaço para preocupações quanto ao poder das plataformas digitais e sua capacidade de influenciar questões políticas, sociais e econômicas em diferentes partes do mundo por meio da disseminação de desinformação, difundindo conteúdo extremista e prejudicial ou explorando vulnerabilidades específicas de determinada pessoa usuária. Além disso, os algoritmos de recomendação facilitam câmaras de eco, dificultando que os indivíduos percebam os limites e problemas do ecossistema comunicativo para o qual foram tragados.

Na turbulenta eleição estadunidense de 2020, boa parte do conflito político ocorreu nas redes sociais, e a desinformação foi um recurso vital na conformação da opinião pública quanto ao resultado eleitoral.[52] Os sistemas algorítmicos de recomendação incorporados em redes sociais como Facebook, Twitter/x, TikTok, YouTube e Instagram modulam quais atores ficarão mais visíveis que outros, quais postagens gerarão maior engajamento, que conteúdo será visto por diferentes grupos e o que ficará invisível para outros grupos. Essa visibilidade promovida por algoritmos, que é necessariamente fragmentada e suscetível à polarização, afetou o tecido do debate público e, de certo modo, o processo eleitoral.

Essa questão não se restringe ao mundo político. Recomendadores algorítmicos – e as pessoas que se tornaram visíveis por meio deles – também estão presentes em iniciativas de *marketing*, nas quais as empresas associam suas marcas ao conteúdo, às curtidas e à visibilidade de influenciadores e influenciadoras. Estes expandem a presença das marcas desde o penteado que usam até as roupas que vestem, das bebidas que consomem aos veículos que dirigem, amplificando a possibilidade do comércio.

52 Sinan Aral e Dean Eckles, "Protecting Elections from Social Media Manipulation". *Science*, v. 365, n. 6.456, 2019.

Um estudo de Panpan Wang e Qian Huang mostra que os influenciadores e as influenciadoras digitais fazem jus ao nome e influenciam o engajamento e o comportamento de compras de consumidores e consumidoras nas comunidades de comércio on-line.[53] Eles também exercem poder na sociedade ao engajar pessoas em relação a comportamentos ambientais e participação. Ao promover conteúdos pró-clima e em prol da sustentabilidade, por exemplo, influenciadoras e influenciadores promovem o engajamento pela causa ambiental fora do mundo virtual.[54]

No cerne da nova dinâmica de poder que emerge das interações digitais, os sistemas algorítmicos de recomendação definem mecanismos de visibilidade e engajamento, delineando, por sua vez, quem exerce poder e em que condições. Como instituições, os algoritmos de recomendação dão forma a relações de poder na sociedade, configurando contextos para a formação de preferências, fragmentando o acesso à expressão destas e dando a um conjunto de atores força adicional para influenciar preferências e comportamentos.

Gaming

De maneira similar a outros contextos institucionais, recorrer ao *gaming* – ou seja, driblar, contornar o sistema – diz respeito a situações em que os usuários e as usuárias interagem com um sistema algorítmico para favorecer certos tipos de resultado sem

53 Panpan Wang e Qian Huang, "Digital Influencers, Social Power and Consumer Engagement in Social Commerce". *Internet Research*, v. 33, n. 1, 2023.

54 Heleen Dekoninck e Desiree Schmuck, "The Mobilizing Power of Influencers for Pro-environmental Behavior Intentions and Political Participation". *Environmental Communication*, v. 16, n. 4, 2022.

recorrer a ataques frontais contra ele, como o hackeamento.[55] Quem dribla ou contorna algoritmos usa estratégias e práticas variadas para subverter regras e normas, buscando ganhar visibilidade, evitar censura, inflar a reputação de um conteúdo, promover *coincidências felizes* ou simplesmente confundir os algoritmos para fazê-los trabalhar abaixo de suas capacidades. Quando alguém classifica positivamente um filme que detesta ou faz buscas intencionais sobre músicas ou comidas que não pretende consumir, os recomendadores acabam sendo confundidos, o que acarreta previsões menos precisas e possíveis surpresas. Não é tão infrequente que os indivíduos deixem de lado dimensões de seus gostos pessoais para enganar algoritmos, com o único propósito de ficar menos transparentes aos sistemas de recomendação e, com isso, um tanto menos fechados em seus próprios gostos preexistentes.

O *gaming* também se evidencia quando atores sociais organizam ações concertadas para promover a visibilidade de determinado conteúdo nas plataformas digitais. Eric Drott investigou, por exemplo, como *streamings* artificiais, *listening bots* (robôs ouvintes) e fazendas de cliques afetam uma economia da música em transformação.[56] Os rumores sobre manipulação de algoritmos de plataformas por celebridades que desejam bombar suas faixas (e suas receitas) não param de crescer.

Um exemplo recente ocorreu quando Anitta se tornou a primeira cantora brasileira a chegar ao topo da parada no Spotify com a canção "Envolver". Segundo alguns especialistas, a música se tornou um *hit*, em parte, porque "os fãs driblaram os algoritmos da plataforma de maneiras potencialmente contrárias aos

55 Kelley Cotter, "Playing the Visibility Game: How Digital Influencers and Algorithms Negotiate Influence on Instagram". *New Media & Society*, v. 21, n. 4, 2018.
56 Eric Drott, "Fake Streams, Listening Bots, and Click Farms: Counterfeiting Attention in the Streaming Music Economy". *American Music*, v. 38, n. 2, 2020.

termos e condições do Spotify".[57] Os *fandoms* também podem ter motivações políticas para driblar um algoritmo. Emily Wharton argumenta, por exemplo, que as listas do orgulho do Spotify são essenciais para as identidades LGBTQ+, o que faz com que recebam engajamento significativo de grupos que visam promover a visibilidade de seus ídolos a fim de manifestar seu orgulho.[58] Outro exemplo de atores sociais organizados para o *gaming* com um propósito é o da ação coordenada de grupos políticos, na Índia, que levaram *hashtags* políticas específicas aos *trending topics* do Twitter durante as eleições gerais indianas de 2019.[59]

Os *bots* automatizados são empregados com frequência para aumentar artificialmente as métricas de reputação de conteúdos, a fim de contornar os algoritmos de recomendação. Ao inflar as métricas para conteúdos específicos, como curtidas, visualizações e compartilhamentos, os *bots* tentam aumentar a probabilidade de que um conteúdo seja recomendado ou tenha uma posição melhor em *rankings* de conteúdo, a fim de aumentar a visibilidade dele.[60] Em alguns contextos, essas ações podem ser inofensivas ou mesmo empoderadoras, em termos políticos; no entanto, com frequência elas manipulam o público e podem ter consequências como a disseminação de desinformação e conteúdo extremista. Ao dar visibilidade a *fake news* e discursos de ódio, os *bots* ajudam a criar espaços virtuais tóxicos que contaminam discursos políticos.

57 Marília Marasciulo, "How Anitta Megafans Gamed Spotify to Help Create Brazil's First Global Chart-Topper". *Rest of World*, 8 abr. 2022.
58 Emily Alice Wharton, *Promoting a "Perfect" Pride: How Spotify's Pride Playlists Construct LGBTQ Culture and Identities*. Dissertação de BA em Comunicação e Mídia. University of Leeds, 2020.
59 Maurice Jakesch et al., "Trend Alert: A Cross-Platform Organization Manipulated Twitter Trends in the Indian General Election". *Proceedings of the ACM on Human-Computer Interaction*, v. 5, n. CSCW2, 2021.
60 J. Cobbe e J. Singh, "Regulating Recommending", op. cit.

Por exemplo, um estudo sobre o uso do Twitter/x em nações africanas feito pela Portland Communication correlacionou o crescimento das *fake news* ao uso de *bots* na política, mudando a dinâmica das eleições em alguns países.[61] Os *bots* sociais foram mobilizados para influenciar opiniões e votos, criando percepções gerais na sociedade. O relatório mostra que as contas-robô do Twitter/x correspondiam a mais de 20% dos influenciadores e influenciadoras em países como Lesoto e Quênia.

A análise, feita pelas lentes do institucionalismo algorítmico, de como usuários, usuárias e empresas tentam contornar sistemas de recomendação nos permite destacar a interação dos algoritmos com outras instituições importantes da sociedade, como as eleições. Ela também revela a importância de discutir como a sociedade deveria criar institucionalmente mecanismos para limitar ações negativas realizadas por meio de recomendadores algorítmicos.

Dimensões discursivas

A dimensão discursiva do institucionalismo algorítmico pode ser explorada por meio das ligações entre algoritmos, instituições e discurso. Como afirmam Phillips, Lawrence e Hardy, "as instituições não são apenas construções sociais; são construções sociais constituídas por meio do discurso".[62] Os discursos caracterizam maneiras de interpretar a realidade, e os algoritmos – como outras instituições – efetivam determinados quadros interpretativos ao mesmo tempo que são profundamente afetados pelos discursos disponíveis no meio público.

61 "How Africa Tweets 2018". *Portland Communications*, 18 jul. 2018.

62 Nelson Phillips, Thomas B. Lawrence e Cynthia Hardy, "Discourse and Institutions". *Academy of Management Review*, v. 29, n. 4, 2004.

Os algoritmos de recomendação funcionaram como argumentos em disputas discursivas, como aquela sobre a violência em massa contra os Rohingya em Myanmar, em 2017. Um relatório da Anistia Internacional analisa a combinação das práticas empresariais da Meta com os algoritmos de moderação de conteúdo que levaram à discriminação do povo Rohingya e, consequentemente, à violência contra ele.[63] O *feed* de notícias do Facebook, a *timeline* do Twitter/X e o sistema de recomendação do YouTube são exemplos de algoritmos de modelagem de conteúdo projetados para oferecer o que usuários e usuárias veem on-line.[64] Nesse caso, os algoritmos da Meta enquadraram a realidade dos conflitos étnicos em Myanmar de forma a amplificar postagens que incitassem à violência e à discriminação contra o povo Rohingya. O número de postagens e sua disseminação viral reverberaram por diferentes regiões do país, criando a sensação de que todos partilhavam de sentimentos contra os Rohingya. Esse é um caso em que os algoritmos de recomendação estabeleceram elementos fundamentais para a compreensão de um conflito étnico e religioso global. Mais especificamente, eles enquadraram um contexto para a campanha de limpeza étnica contra os muçulmanos Rohingya em Myanmar.

Os algoritmos de alocação de transplantes de rim que abordamos anteriormente mostram outra maneira de articular o institucionalismo discursivo. Trata-se do resultado do papel dos algoritmos em enquadrar o contexto para pacientes, famílias, especialistas, instituições formais (no caso, a Unos) e o *software* envolvido no processo de organizar a lista de espera por um transplante de órgão. O discurso sobre o algoritmo de alocação

63 Amnesty International, *Myanmar: The Social Atrocity: Meta and the Right to Remedy for the Rohingya*. London, 2022.

64 Ferenc Huszár et al., "Algorithmic Amplification of Politics on Twitter". *Proceedings of the National Academy of Sciences of the United States of America*, v. 119, n. 1, 2022.

de rins para transplante apresenta a história de um processo de governança voltado a alcançar o interesse público com a participação de múltiplas partes interessadas, que representam diferentes perspectivas em um contexto em que os riscos são altos.[65] O processo de *design* e desenvolvimento do algoritmo de alocação de rins contemplou as características-chave necessárias para conquistar a confiança da sociedade. Participação, transparência, *accountability*, justiça e governança multilateral tiveram seu papel na construção da dimensão discursiva do sistema, o que ajudou a criar a percepção de confiabilidade no algoritmo.[66]

Os algoritmos de recomendação muitas vezes enquadram discursos políticos no sentido de disseminar o ódio ou promover a polarização. As plataformas digitais são contextos em que humanos coexistem com algoritmos, criando interações que modelam opiniões políticas. Plataformas de mídias sociais têm sido influentes no discurso político ao intensificar a polarização.[67] Diversos estudos vêm lançando luz sobre a relação entre plataformas digitais e diferentes formas de polarização política – Santos, Lelkes e Levin, por exemplo, analisaram os algoritmos de recomendação de *links* que sugerem novas conexões (como amigos, amigas, seguidores e seguidoras) para quem usa as redes sociais.[68] Essas sugestões algorítmicas levam à formação de grupos fechados, integrados e de pensamento similar, que são menos vulneráveis a pontos de vista diferentes. Outro estudo, publicado pela *Science*, mostra que

65 D. G. Robinson, *Voices in the Code*, op. cit.

66 "Organ Donation Depends on Trust". *The Lancet*, v. 387, n. 10.038, 2016.

67 Eli J. Finkel et al., "Political Sectarianism in America". *Science*, v. 370, n. 6.516, 2020.

68 Fernando P. Santos, Yphtach Lelkes e Simon A. Levin, "Link Recommendation Algorithms and Dynamics of Polarization in Online Social Networks". *Proceedings of the National Academy of Sciences of the United States of America*, v. 118, n. 50, 2021.

> A tecnologia de mídias sociais emprega algoritmos baseados na popularidade, que ajustam o conteúdo a fim de maximizar o engajamento de usuários e usuárias, aumentando o sectarismo em redes homogêneas, em parte como consequência do poder contagioso do conteúdo capaz de extrair indignação ou temor sectário.[69]

As plataformas de mídias sociais não estão na raiz das causas da polarização política, mas os efeitos de seus algoritmos a exacerbam.[70] Em seus cálculos de probabilidades e relações, os algoritmos incorporam o discurso político e moldam *scripts* para a ação humana. Os algoritmos de recomendação estão, portanto, no centro das discussões sobre sistemas sociotécnicos, em razão de sua onipresença nas sociedades contemporâneas.

Observações finais

Este capítulo explorou os sistemas de recomendação através das lentes do institucionalismo algorítmico. Uma característica relevante dos recomendadores algorítmicos, assim como de outras instituições, diz respeito à sua capacidade de influenciar o comportamento individual e coletivo nas sociedades modernas.

A partir de diferentes casos, tais como o papel dos algoritmos de mídias sociais na disseminação de desinformação e na radicalização de alguns usuários e usuárias políticos, ou como o uso disseminado de aplicativos de encontros, argumentamos que os algoritmos, assim como outras instituições, estão conformando novas práticas e novos contextos de interação, o que

69 E. J. Finkel et al., "Political Sectarianism in America", op. cit.
70 Ibid.

afeta a maneira como nós, humanos, fazemos muitas coisas: desde a mobilização política até a construção de laços afetivos.

Os recomendadores algorítmicos exercem um tipo especial de poder intermediário: eles institucionalizam novas relações de poder, com consequências que influenciam outras instituições na política, na economia e no governo. A análise dos sistemas algorítmicos de recomendação abordou como eles podem ser vistos como instituições que refletem novas dinâmicas de poder no interior do capitalismo contemporâneo. Eles desempenham um papel poderoso na economia da atenção, por decidirem quem ou o que deve ficar visível no espaço virtual, com impactos na política, na economia e na cultura.

Os algoritmos de recomendação, assim como outras instituições, evoluem com o tempo, respondendo às pressões e demandas de questões específicas levantadas pela sociedade. Um exemplo ilustrativo da evolução histórica de um sistema de recomendação é o do algoritmo de alocação para transplantes de rim nos Estados Unidos. Com base em demandas de diferentes grupos, o algoritmo passou por diversas modificações ao longo de uma década a fim de responder às queixas de etarismo e racismo. O institucionalismo histórico mostra como o tempo, as demandas da sociedade e a dependência de trajetória moldaram esse processo.

Assim como outras instituições, os algoritmos de recomendação que operam os feeds das plataformas de mídias sociais incorporam regras de comportamento adequado baseadas em valores socialmente construídos. No entanto, as regras que moldam o comportamento e selecionam conteúdo são em geral opacas, o que impede a compreensão pública do algoritmo.

Os recomendadores algorítmicos constroem a visibilidade e o engajamento de atores em diferentes situações, criando novas relações de poder. Os influenciadores e as influenciadoras nas mídias sociais afetam opiniões, desejos e perspectivas, o que significa que exercem poder na sociedade ao promover engajamento com ideias e produtos aos quais os algoritmos dão visibilidade. Tornar as coisas visíveis de determinada maneira pode ser concebido como uma forma de poder.

Nesse sentido, os algoritmos alimentam aparatos disciplinares que prescrevem normas e regras de participação, a fim de conformar as interações humanas com as plataformas digitais. Driblar ou contornar um algoritmo envolve várias estratégias e práticas voltadas à subversão das regras e normas, com o objetivo de ganhar visibilidade, evitar a censura ou inflar a reputação de um conteúdo. Uma consequência de ações de *gaming* nos recomendadores algorítmicos é a disseminação de desinformação e de conteúdos extremistas com motivações políticas, o que, por sua vez, reduz a confiança nos sistemas algorítmicos.

Explorou-se, por fim, como a noção de algoritmo traz consigo conceitos implícitos de objetividade, precisão e eficiência, os quais influenciam as interações entre algoritmos e humanos. Os algoritmos de recomendação enquadram discursos políticos em muitas situações, difundindo ódio ou promovendo a polarização. Ilustramos isso com o caso da amplificação das postagens que incitavam à violência e à discriminação contra os Rohingya em Myanmar, em 2017.

Tal como vimos nos capítulos anteriores, as discussões levantadas no capítulo 5 apontam para uma relação de mão dupla entre teorias institucionalistas e sistemas algorítmicos. Se as primeiras iluminam nossa compreensão dos últimos, estes indicam muitas agendas e questões que podem contribuir para o desenvolvimento daquelas. Os sistemas algorítmicos tiveram um papel significativo na remodelagem de instituições, em variadas proporções. O impacto dessas plataformas pode ser visto em várias áreas, como eleições, saúde pública, notícias, segurança, governos e mercados. A pressão e as ações oriundas de plataformas algorítmicas, por exemplo, levaram a mudanças em diversas instituições, afetando não apenas a maneira como elas são transformadas mas também o ritmo dessas transformações e as direções em que nós, como sociedade, estamos seguindo. Os exemplos diversos que discutimos ao longo deste capítulo sobre como as instituições algorítmicas interagem com as instituições tradicionais (como o casamento e os sistemas eleitorais) e as transformam abrem agendas promissoras de pesquisa para pesquisadoras e pesquisadores institucionalistas.

Dado o impacto dos sistemas algorítmicos na sociedade, devemos agora, em nosso último capítulo, abordar a necessidade de democratizar as instituições algorítmicas.

6. algoritmos e política: de uma visão epistocrática a uma abordagem democrática

As democracias enfrentam tempos difíceis. Os sinais de erosão democrática são facilmente sentidos por cidadãs e cidadãos de todo o mundo, conforme testemunham o enfraquecimento das instituições políticas, a intensificação de formas radicalizadas de conflito político, um senso crescente de desorientação em meio a guerras narrativas e a falta de um amplo leque de direitos. Esses sinais têm sido mapeados por um abundante *corpus* de literatura acadêmica que aponta para a natureza multidimensional da crise.[1] O declínio das democracias tem causas e consequências econômicas, sociais, ambientais, políticas e epistêmicas.[2]

1 Ver Colin Crouch, *Post-democracy*. Cambridge: Polity, 2004; Joshua Kurlantzick, *Democracy in Retreat: The Revolt of the Middle Class and the Worldwide Decline of Representative Government*. New Haven: Yale University Press, 2013; Selen Ercan e Jean-Paul Gagnon, "The Crisis of Democracy: Which Crisis? Which Democracy?". *Democratic Theory*, v. 1, n. 2, 2014; John Michael Greer, *Decline and Fall: The End of Empire and the Future of Democracy in 21st Century America*. Gabriola: New Society Publisher, 2014; Francis Fukuyama, *Ordem e decadência política: Da revolução industrial à globalização da democracia*, trad. Nivaldo Montingelli Jr. Rio de Janeiro: Rocco, 2015; Frank Fischer, *Climate Crisis and the Democratic Prospect: Participatory Governance in Sustainable Communities*. Oxford: Oxford University Press, 2017; Steven Levitsky e Daniel Ziblatt, *Como as democracias morrem*, trad. Renato Aguiar. Rio de Janeiro: Zahar, 2018; Yascha Mounk, *The People vs. Democracy*. Cambridge: Harvard University Press, 2018; D. Runciman, *Como a democracia chega ao fim*, op. cit.; Leonardo Avritzer, *O pêndulo da democracia*. São Paulo: Todavia, 2019; Nicole Curato, Marit Hammond e John B. Min, *Power in Deliberative Democracy: Norms, Forums, Systems*. Cham: Palgrave Macmillan, 2019; John S. Dryzek et al., "The Crisis of Democracy and the Science of Deliberation". *Science*, v. 363, n. 6.432, 2019; Rainer Forst, "Two Bad Halves Don't Make a Whole: On the Crisis of Democracy". *Constellations*, v. 26, n. 3, 2019; Kalyvas, Andreas. "Whose Crisis? Which Democracy? Notes on the Current Political Conjuncture". *Constellations*, v. 26, n. 3, 2019; Pippa Norris e Ronald Inglelhart, *Cultural Backlash: Trump, Brexit and Authoritarian Populism*. Cambridge: Cambridge University Press, 2019; Adam Przeworski, *Crises da democracia*, trad. Berilo Vargas. Rio de Janeiro: Zahar, 2020; Nadia Urbinati, *Me the People: How Populism Transforms Democracy*. Cambridge: Harvard University Press, 2019; R. F. Mendonça, "Can Deliberative Democracy Help Democracy in Dangerous Times?". Western Political Science Association Meeeting. Los Angeles, 2020; Simone Chambers, "Truth, Deliberative Democracy, and the Virtues of Accuracy: Is Fake News Destroying the Public Sphere?". *Political Studies*, v. 69, n. 1, 2021.

2 R. F. Mendonça, "Can Deliberative Democracy Help Democracy in Dangerous Times?", op. cit.

Tal declínio não se limita à desdemocratização de países; na realidade, parece indicar um desgaste mais amplo da democracia como horizonte normativo a ser buscado. Em uma livre tradução da definição irônica de Runciman, a democracia não é mais a única estrela no palco.[3] Em um contexto de sociedades extremamente complexas e fraturadas, há um profundo ceticismo em relação à capacidade da democracia para lidar com fenômenos complexos e que põem a vida em risco, como as emergências climáticas, as guerras, a desinformação e mesmo as decisões mais banais no campo da formulação de políticas públicas. Não faltam registros da falta de confiança na eficiência e na boa-fé de instituições democráticas, como parlamentos, tribunais, meios de comunicação, partidos políticos e sociedade civil (incluindo sindicatos, movimentos sociais e ONGs).[4] Às vezes, parecemos fadados a cair em um beco sem saída.

É nesse contexto que os algoritmos passaram a ser vistos como a base para novos caminhos no que diz respeito à tomada de decisões. Em seu comentário às alternativas que vêm se insurgindo contra a democracia, Runciman identificou duas tendências fortemente relacionadas às mudanças algorítmicas nas sociedades.[5] Uma delas é a crença em tecnologias livres, como se o potencial técnico de fomento de comunicações horizontais pudesse evoluir no sentido de processos participativos, dando as bases para regimes anárquicos de tomada de decisões políticas capazes de desafiar hierarquias consolidadas.

Uma segunda tendência é a epistocracia – a ideia de que decisões políticas boas devem se basear no conhecimento, e não

3 D. Runciman, *Como a democracia chega ao fim*, op. cit. Para o trecho, tradução nossa a partir do original.

4 Pierre Rosanvallon, *A legitimidade democrática*, trad. Diogo Cunha. Rio de Janeiro: Ateliê de Humanidades, 2024.

5 D. Runciman, *Como a democracia chega ao fim*, op. cit.

na agregação de opiniões. Essa ideia remonta a Platão e Stuart Mill, tendo ganhado novo impulso graças ao controverso livro de Jason Brennan, *Contra a democracia*.[6] Brennan acredita que as democracias são incapazes de fornecer boas soluções e defende procedimentos epistocráticos para proteger as comunidades políticas do jugo da ignorância. Segundo ele, as soluções técnicas levariam à superação das disputas políticas, o que possibilitaria um governo mais eficiente.

Runciman não é um defensor da epistocracia, mas nota que as tendências epistocráticas vêm crescendo nas comunidades políticas contemporâneas que passam por uma superpolitização de certas temáticas e, ao mesmo tempo, por tentativas de despolitizar áreas da vida social.[7] Seguindo uma linha de pensamento à qual Pierre Rosanvallon também adere, ele identifica a ascensão de discursos que solapam o político, bem como uma busca por soluções técnicas que se apresentam como objetivas e apolíticas.

Curiosamente, e apesar de suas diferenças, ambas as alternativas à democracia identificadas por Runciman (ou seja, *tecnologia livre* e *epistocracia*) nos ajudam a compreender a centralidade dada aos sistemas algorítmicos em muitas formas de tomada de decisão. Os algoritmos frequentemente são considerados a encarnação de uma possibilidade há muito sonhada, qual seja, a de transferir decisões para sistemas técnicos que possam gerir volumes enormes de dados a fim de produzir decisões bem-informadas, supostamente sem vieses

6 J. Brennan, *Contra a democracia*, op. cit.

7 Talisse é uma referência essencial para a compreensão das maneiras pelas quais as sociedades contemporâneas podem estar fazendo política demais, enquanto Rosanvallon lança luz sobre a busca pela *impolítica*, que esvazia a dimensão política das decisões públicas; ver Robert B. Talisse, *Overdoing Democracy: We Must Put Politics in Its Place*. Oxford: Oxford University Press, 2019; Pierre Rosanvallon, *A contrademocracia*, trad. Diogo Cunha. Rio de Janeiro: Ateliê de Humanidades, 2022.

individuais nem tensões e fricções inerentes à política.[8] "A tomada de decisão algorítmica no âmbito do governo enfatiza fortemente uma cultura da racionalidade técnica, que enfatiza eficácia e eficiência em detrimento de preocupações éticas ou normativas."[9] Embora a maioria dos sistemas algorítmicos opere com base em grandes conjuntos de dados que, ao fim, dependem da participação de milhões de indivíduos, eles são muitas vezes percebidos não como mecanismos de inteligência coletiva, mas como artefatos capazes de prover uma forma técnica e superior de conhecimento.

Os sistemas algorítmicos oferecem uma maneira de lidar com questões complexas em um mundo marcado pela incerteza e pelo risco. Eles nos possibilitam acompanhar o desmatamento por meio de imagens de satélite e conectá-lo com dados sobre a temperatura dos oceanos para projetar eventos futuros e áreas que podem se tornar imprestáveis para a agricultura.[10] Eles nos permitem reexaminar os sintomas de milhões de indivíduos a fim de identificar novas correlações que possam facilitar o diagnóstico de doenças raras.[11] Eles possibilitam redesenhar

8 Sivaldo Pereira da Silva, "Algoritmos, comunicação digital e democracia: Dimensões culturais e implicações políticas nos processos de Big Data", in J. P. Mehl e S. P. Silva (orgs.), *Cultura digital, internet e apropriações políticas: Experiências, desafios e horizontes*. Rio de Janeiro: Folio Digital/Letra e Imagem, 2017.

9 Stephan Grimmelikhuijsen e Albert Meijer, "Legitimacy of Algorithmic Decision-Making: Six Threats and the Need for a Calibrated Institutional Response". *Perspectives on Public Management and Governance*, v. 5, n. 3, 2022, p. 232.

10 Para uma aplicação dos algoritmos na otimização de padrões de cultivo diante da mudança climática, ver, por exemplo, Ali Arefinia et al., "Cropping Patterns Based on Virtual Water Content Considering Water and Food Security under Climate Change Conditions". *Natural Hazards*, v. 114, 2022.

11 Nicolas Garcelon et al., "Electronic Health Records for the Diagnosis of Rare Diseases". *Kidney International*, v. 97, n. 4, 2020; Julia Schaefer et al., "The Use of Machine Learning in Rare Diseases: A Scoping Review". *Orphanet Journal of Rare Diseases*, v. 15, 2020.

estratégias voltadas à prevenção de ataques terroristas.[12] Ironicamente, eles permitem o surgimento de armas de altíssima precisão, que podem até decidir quem e quando matar.[13] Em suma, eles fornecem bases sólidas - ou ao menos são vendidos com essa promessa - para se definirem rumos de ação em um mundo extremamente assustador.

Como argumentamos ao longo deste livro, nesse processo, os sistemas algorítmicos estão se tornando novas instituições da sociedade contemporânea. Eles institucionalizam valores epistocráticos, reconstruindo maneiras compartilhadas por meio das quais os humanos tomam decisões e realizam tarefas. Os algoritmos têm um papel-chave na configuração de quadros e contextos que marcam nossas interações, e cada vez mais o fazem em direções que dão corpo a ideias epistocráticas. No entanto, essa ordem epistocrática do conhecimento cria uma série de novos dilemas políticos e sociais. John Danaher disserta sobre os riscos dessa *algocracia*, que é a realização algorítmica das epistocracias, indicando tanto as dificuldades de resistir a ela como as de se acomodar a ela.[14] Akın Ünver também teme que os sistemas algorítmicos alimentem regimes autoritários das mais diferentes maneiras.[15]

Neste último capítulo, damos mais um passo rumo à compreensão das implicações políticas de pensar algoritmos como instituições. Entendemos que os algoritmos são uma dimensão central das sociedades contemporâneas e que vieram para ficar. Não há como voltar a um mundo pré-algorítmico. No entanto,

12 Varun Teja Gundabathula e V. Vaidhehi, "An Efficient Modelling of Terrorist Groups in India Using Machine Learning Algorithms". *Indian Journal of Science and Technology*, v. 11, n. 15, 2018.

13 Ver Peter Asaro, "Algorithms of Violence: Critical Social Perspectives on Autonomous Weapons". *Social Research: An International Quarterly*, v. 86, n. 2, 2019.

14 J. Danaher, "The Threat of Algocracy", op. cit.

15 Akın Ünver, "Artificial Intelligence, Authoritarianism and the Future of Political Systems". *Edam Research Reports*, 2018.

assim como outras instituições foram democratizadas com o tempo, acreditamos que as democracias necessitam - e dependem - da democratização dos algoritmos.[16]

Basta pensar na história dos parlamentos. A ideia de uma assembleia de vozes que dão sustentação à tomada de decisões remonta ao Senado romano e a uma ampla gama de experiências na Rússia, no Japão, na Noruega e na Islândia durante a Idade Média.[17] O caso inglês é particularmente relevante para os fins de nosso argumento, dada sua continuidade ao longo da história. Assembleias de nobres que eram consultadas por monarcas existiam, no mínimo, desde o século X,[18] e esse *magnum concilium* teve papéis importantes não apenas na consideração substantiva dos assuntos públicos como também na institucionalização de canais para a construção de amplos consensos, ainda que o poder soberano pertencesse ao monarca. Ao longo dos séculos subsequentes, essa assembleia vivenciaria momentos de empoderamento e enfraquecimento, mas foi só no fim do século XVII que ela se tornou central para a vida política inglesa. A Revolução Gloriosa marca a ascensão de uma monarquia constitucional, que pode ser vista como o ponto de virada em termos de democratização da instituição nos anos subsequentes. Nos séculos seguintes, a Câmara dos Comuns foi progressivamente transformada, não só em termos de prerrogativas mas também dos procedimentos usados para definir quem ocuparia seus assentos e dos papéis que esses representantes teriam em uma estrutura complexa, com diversas camadas institucionais. Em suma, esse parlamento experimentou um processo de transformações internas e externas que levou à democratização.

16 B. Ford, "Technologizing Democracy or Democratizing Technology?", op. cit.

17 Robert Dahl, *Sobre a democracia*, trad. Beatriz Sidou. Brasília: Editora UnB, 2001.

18 J. R. Maddicott, *The Origins of the English Parliament, 924-1327*. Oxford: Oxford University Press, 2010.

Sem dúvida seria possível argumentar que essa democratização é anêmica e incompleta. O dinheiro e o *status* ainda têm uma influência tremenda na condução da política, afetando não apenas quem ocupa os assentos da Câmara dos Comuns mas também como as decisões costumam ser tomadas. Há muitas assimetrias atravessando a comunidade política, e é possível encontrar sinais de manipulação da opinião pública e desinformação em muitas instâncias. O parlamento é frequentemente incapaz de seguir o efetivo escrutínio das outras instituições, e o sistema eleitoral majoritário adotado no Reino Unido gera uma constante sub-representação de grupos minorizados. Ainda assim, parece inegável que, como instituição, o parlamento tenha dado desde o princípio passos largos rumo à democratização.

Quando olhamos os sistemas algorítmicos e os concebemos como instituições, também podemos imaginar um movimento similar no sentido da democratização. Essas instituições são novas, opacas e geram confusão; elas têm consequências ambivalentes, incoerentes, e são permeadas por profundas assimetrias e jogos de poder. Tentamos compreendê-las de forma açodada conforme testemunhamos sua capacidade de afetar processos que têm levado sociedades e indivíduos a mudar rapidamente. E, ainda que os algoritmos possam às vezes ser pensados no sentido de fomentar valores e procedimentos epistocráticos, também podemos buscar trazê-los - e suas consequências - para mais perto dos valores democráticos.

Há quem possa contra-argumentar que essa é uma postura utópica e irrealista. Mas cabe lembrar que democratizar o poder político nunca foi fácil. Quem teria cogitado a possibilidade de democratizar o *magnum concilium* inglês? A simples ideia de submeter o poder do soberano a outras instituições já seria algo inconcebível durante boa parte da Idade Média, o que mostra o anacronismo da questão. Como diz Ostrom, "'acertar as instituições' [*get institutions right*] é um processo difícil, demorado e que suscita conflitos".[19] E, ainda assim, a instituição - no caso, o parlamento - tem regras e normas estabelecidas, alinhadas com ideias que foram fortalecidas pela modernidade, como as de igualdade, consentimento popular, representação política e freios e contrapesos.

Também pode acontecer de alguém contra-argumentar que algoritmos e parlamentos não são instituições do mesmo gênero; seria como comparar laranjas e maçãs. Afinal, parlamentos parecem um tanto menos abstratos e mais concretos que algoritmos. Algoritmos são mais difíceis de apreender, pois estão dispersos nas sociedades. Uma coisa é redesenhar uma instituição como um parlamento a fim de aproximá-la de certos valores; outra, muito diferente, é pensar em como lidar com um arranjo institucional difuso, com muitas formas, propósitos e aplicações distintos.

Esse argumento faz sentido e indica o tamanho dos desafios que temos à nossa frente. No entanto, outras instituições difusas também foram transformadas em algumas sociedades. Pensemos nas famílias, por exemplo: elas estão espalhadas pelo tecido social, tomando diversas formas e arranjos. É bastante difícil transformar essas instituições e redesenhá-las conforme os valores em transformação, mas os movimentos feministas, para ficar em apenas um de muitos exemplos possíveis, deram passos importantes para a problematização das assimetrias e formas de violência que permeiam as famílias. Eles fomentaram ações significativas que afetaram a ideia geral de família, com implicações para muitas famílias específicas e para o comportamento e a vida de indivíduos.

19 E. Ostrom, *Governing the Commons*, op. cit., p. 14.

Da mesma maneira, o institucionalismo histórico nos ensina que as instituições mudam com o tempo, apesar de suas tendências inerciais. Os sistemas algorítmicos podem, assim, ser reposicionados em um contexto político diferente para que suas implicações sejam democratizadas. A conjuntura crítica gerada pela problematização pública das consequências políticas dos algoritmos fornece, em muitas instâncias, uma janela de oportunidade para promover mudança, de modo a aproximar dos valores democráticos o *design*, a mobilização e a operação dos sistemas algorítmicos. Se os sistemas algorítmicos são frequentemente pensados como um novo Leviatã, subjugando indivíduos que transferem sua liberdade para uma fonte externa de poder e tomada de decisões,[20] deveríamos estar pensando em possibilidades de trazer para a equação um tipo de contrato mais rousseauniano. A soberania não deveria ser alienada, e os cidadãos e as cidadãs deveriam poder discutir as implicações públicas das questões que afetam a coletividade.

Para fomentar essa mudança, nosso argumento exige dois passos, e o primeiro deles diz respeito a uma discussão sobre legitimidade. A democratização das instituições caminha junto com o debate sobre como é possível tomar, legitimamente, decisões em contextos democráticos. Em seguida, apresentaremos um conjunto de valores que estão no âmago da democracia e que são necessários para a promoção de instituições mais democráticas. Nossa meta é introduzir valores-chave a serem considerados no processo de democratização de algoritmos.

20 P. D. König, "Dissecting the Algorithmic Leviathan", op. cit.

Legitimidade democrática e instituições

A possibilidade da democracia está inerentemente ligada a questões de legitimidade. Se a democracia, de modo mais geral, implica certa forma de autogoverno por uma comunidade de iguais, suas instituições políticas podem ser legitimadas por cidadãos e cidadãs. Na definição de Suchman, "a legitimidade é uma percepção ou presunção generalizada de que as ações de uma entidade são desejáveis, próprias ou apropriadas em determinado sistema socialmente construído de normas, valores, crenças e definições".[21] Já na famosa definição de David Easton, a legitimidade ocorre quando as instituições de uma sociedade correspondem aos princípios morais das pessoas, o que acarreta o apoio difuso à ação política desenvolvida pelos governos.[22]

No entanto, a legitimidade pode se fundamentar em diferentes princípios, e esses princípios mudam com o tempo. Em uma de suas arqueologias da democracia, Pierre Rosanvallon dedica atenção especial às transformações na maneira pela qual certas instituições foram legitimadas para promover a democracia. Segundo ele, as maneiras pelas quais as organizações políticas buscaram promover a generalidade social foram significativamente alteradas no decorrer da história da democracia.

Primeiro, as democracias modernas viram nas eleições o caminho de efetivar a generalidade social, legitimando, com isso, as instituições responsáveis pela tomada de decisões. Rosanvallon destaca que esse argumento requer uma dupla ficção: a de que as eleições funcionam como uma metonímia, transformando a parte que se mostrou majoritária em

21 Mark C. Suchman, "Managing Legitimacy: Strategic and Institutional Approaches". *Academy of Management Review*, v. 20, n. 3, 1995, p. 574.
22 D. Easton, *A Systems Analysis of Political Life*, op. cit.

expressão do todo; e a de que as eleições ampliam o tempo ao transformar o resultado de um momento específico em um sinal de autorização válido por um período mais longo e predeterminado. Os cidadãos e as cidadãs logo perceberam, porém, a necessidade de uma outra camada de legitimidade para as instituições democráticas, pois as eleições se tornaram uma forma de competição entre interesses particulares. Com isso, as burocracias foram enquadradas como um caminho possível para gerar legitimidade democrática, em razão das rotinas impessoais que delas se esperam e de sua suposta capacidade de transcender interesses políticos particulares. Enquanto as eleições seriam uma prova subjetiva para aqueles e aquelas responsáveis por agir em prol do interesse público, a seleção de um corpo qualificado de servidores e servidoras públicos representaria uma prova objetiva para a necessária eficiência técnica na prestação de serviços públicos.

Mas as eleições e as burocracias logo enfrentaram o ceticismo público quanto à sua capacidade de garantir a generalidade social que as legitimava. Para Rosanvallon, essa dupla crise de legitimidade levou a mudanças institucionais e tentativas de pluralizar os fundamentos legitimadores das democracias. Ele diagnosticou a emergência de três principais fontes alternativas de legitimidade ao fim do século XX: imparcialidade, reflexividade e proximidade. A imparcialidade embasa uma forma de *generalidade negativa* que busca distância de posições particulares e acaba sendo efetivada em instituições como as agências reguladoras. A reflexividade incorpora a *generalidade da multiplicação*, buscando a pluralização das perspectivas na complexificação das questões de relevância pública: "Tendo ampliado seu poder em toda parte, as autoridades independentes de supervisão e os tribunais constitucionais começaram a mudar a maneira de enquadrar a questão da democracia".[23] Por fim, a proximidade se relaciona à *generalidade da atenção à particularidade*, que se manifesta em "uma nova insistência na atenção, na abertura, na justiça, na compaixão, no reconhecimento, no respeito e na presença".[24] Tal princípio de legitimidade é frequentemente institucionalizado em fóruns participativos que promovem a ideia de que as decisões só podem ser democráticas se considerarem a variedade de situações e perspectivas singulares vivenciada por cidadãs e cidadãos.

Quando pensamos sobre algoritmos, muitas vezes os vemos como instituições ligadas a dois dos fatores já mencionados. De certa maneira, podemos buscar justificativas legítimas para as decisões dos algoritmos principalmente devido à sua eficiência técnica (tal como a esperada das burocracias racionais) e à sua imparcialidade (tal como a esperada das agências reguladoras). Os sistemas algorítmicos satisfazem essa condição na medida em que produzem decisões e desempenham tarefas de uma maneira que pode ser justificada como imparcial.

Além disso, também é possível vincular algoritmos a uma ideia de reflexividade, porque eles lidam com um volume colossal de dados, o que resulta numa multiplicação de perspectivas consideradas em cada decisão e, assim, complexifica as soluções. Isso ajuda a entender o atual fascínio por sistemas algorítmicos: eles reúnem características e promessas que as comunidades políticas contemporâneas buscam em outras instituições e, muitas vezes, são apresentados como se pudessem substituí-las.

Há, no entanto, uma diferença importante. No contexto das democracias, enquanto outras instituições que carregam a

23 P. Rosanvallon, *Democratic Legitimacy: Impartiality, Reflexivity, Proximity*, trad. Arthur Goldhammer. Princeton: Princeton University Press, 2011 [ed. bras.: *A legitimidade democrática*, op. cit.].
24 Ibid.

expectativa de prover eficiência, imparcialidade e reflexividade estão ligadas a outras fontes de legitimidade democrática, isso quase nunca ocorre com os sistemas algorítmicos. As burocracias, por exemplo, têm ao menos duas outras formas de controle democrático. Em primeiro lugar, os burocratas devem ser selecionados por meio de concursos abertos e imparciais, com base em seu conhecimento técnico. Em segundo lugar, burocratas eficientes estão sujeitos a muitas formas de *accountability* e precisam responder por suas escolhas e pelas consequências de suas ações, caso violem leis ou tragam perdas para a sociedade. Ainda que os algoritmos empregados pelos governos possam ser selecionados por meio de concorrência aberta, eles são capazes de gerar restrições a futuras "contratações" como resultado da dependência de trajetória. Além disso, os algoritmos com implicações públicas vão muito além daqueles empregados pelos governos. Cabe dizer, ainda, que os algoritmos muitas vezes não são limitados por qualquer tipo de *accountability*, e suas consequências circulam sem nenhuma avaliação ou punição em casos de ineficiência, injustiça e perda.

A imparcialidade provida pelas agências reguladoras também se relaciona a formas de autorização e *accountability*. Essas agências geralmente têm um conselho de administração selecionado por meio de mecanismos públicos e com mandatos predeterminados. Além disso, contam com ouvidoria, canais para reclamações e outras formas de contribuição por diferentes partes interessadas. As próprias agências reguladoras são reguladas por leis detalhadas que definem suas atribuições específicas e os limites para suas ações. Os mercados que elas regulam dependem dessas definições e seguem de perto as decisões tomadas por essas agências, contribuindo para a construção delas. A atual perspectiva sobre os algoritmos em nada parece com as agências reguladoras. É difícil entender ou traçar sua imparcialidade, e quem é afetado por suas consequências tem sérias dificuldades para desafiar as decisões tomadas por eles. A opacidade dos algoritmos é protegida por segredos de negócio ou pelas complexidades da inteligência artificial, que com frequência é considerada uma espécie de alquimia imprevisível.

Por fim, a reflexividade dos tribunais constitucionais se fundamenta em como eles são constituídos. Embora as regras variem de um país para outro, ministros e ministras costumam ser nomeados por governantes e avaliados por membros de um parlamento, que podem aprovar ou rejeitar a nomeação. Além disso, a publicidade das ações da ministra ou do ministro é um componente central da reflexividade que eles podem fomentar. A pluralidade de perspectivas expressa em um tribunal constitucional deve alimentar uma reflexividade pública em relação a tópicos controversos de interesse público. Para tanto, os ministros e as ministras devem sustentar suas posições, dar justificativas para aquilo que defendem e analisar as possíveis consequências de suas decisões. Novamente: os sistemas algorítmicos são um animal de um gênero muito diferente. Mesmo que eles possam lidar com várias possibilidades e simular os resultados de uma ampla gama de alternativas, não estão limitados nem pela dinâmica da política democrática nem pelo escrutínio público da troca de argumentos. Aliás, temos fortes dúvidas em relação à possibilidade de definir como uma forma de reflexividade sua capacidade de lidar com diferentes posições. Por um lado, eles de fato podem fornecer soluções complexas, mas, por outro, não deixam muito espaço para a pausa e a ponderação indispensáveis à reflexividade.

Em suma, ainda que sistemas algorítmicos sejam uma parte central de nossa vida institucional contemporânea, eles são desprovidos dos dois principais pilares da legitimação democrática: autorização e *accountability*. De diferentes maneiras, e com diversas combinações entre esses dois princípios, autoridades eleitas, burocratas, diretores e diretoras de agências reguladoras, ministras e ministros de tribunais constitucionais estão autorizados a agir pela coletividade e podem ser responsabilizados pela comunidade política. As decisões tomadas por meio de sistemas algorítmicos, em contrapartida, não costumam ter mecanismos claros de autorização e *accountability*. Os algoritmos desfrutam dos benefícios da legitimidade esperada a partir de seus resultados sem sofrer com os fardos inerentes à tomada de decisões democrática. Eles enquadram cenários interativos e têm profundas consequências coletivas sem precisar passar pelos testes de autorização ou pelos controles que estão no cerne de outras instituições com implicações políticas nos regimes democráticos. Ou seja, a institucionalização de sistemas algorítmicos com diferentes formas de consequências públicas raramente satisfaz os critérios de princípios e valores democráticos, não havendo procedimentos claros para justificar tais sistemas na comunidade política.

Defendemos que as instituições algorítmicas precisam ser democratizadas, mas o significado dessa democratização precisa ser bem esclarecido. Obviamente não significa que os algoritmos que usamos devem ser eleitos nem que o papel de especialistas que os desenham deva ser igual ao de outras cidadãs e cidadãos na definição de como eles devem funcionar. Não definimos a democracia como uma agregação majoritária de opiniões. No caso dos algoritmos, uma reconceituação crítica do significado e das práticas do consentimento é capaz de indicar caminhos para avançar nos procedimentos de autorização. Pensamos, porém, que o princípio da *accountability* pode ser a chave para democratizar os algoritmos. Esse princípio também pode, no entanto, levar a caminhos diferentes. Por isso, nas próximas seções deste capítulo, desenvolveremos valores democráticos centrais a serem considerados em uma compreensão apropriada dos possíveis caminhos para uma *accountability* democrática dos algoritmos.

Valores democráticos

A literatura sobre teoria democrática é suficientemente plural para abranger um amplo leque de definições. Jean-Paul Gagnon mapeou mais de 2 mil adjetivos usados para definir as democracias, demonstrando a amplitude e a vagueza do conceito.[25] Democratas pluralistas, elitistas, agonistas, radicais, participativos e deliberativos, para ficar em apenas alguns exemplos, têm diferentes pontos de partida e diferentes objetivos quando afirmam a necessidade de proteger ou expandir as democracias. Ainda assim, um número crescente de acadêmicos busca mapear alguns eixos e agendas comuns que atravessam esse campo de investigação.

Morlino, por exemplo, realizou uma análise comparativa sobre a qualidade das democracias considerando oito dimensões: o Estado de direito, a *accountability* eleitoral, a *accountability* interinstitucional, a participação, a competição, as liberdades, a igualdade e a responsividade.[26] Já Mendonça forneceu uma grade analítica fundamentada em sete dimensões que perpassam distintas teorias de democracia: autorização popular para o exercício da representação; participação e autogoverno; monitoramento e *accountability*; igualdade; competição plural; debate

25 Jean-Paul Gagnon, "2,234 Descriptions of Democracy: An Update to Democracy's Ontological Pluralism". *Democratic Theory*, v. 5, n. 1, 2018.

26 Leonardo Morlino, *Changes for Democracy: Actors, Structures, Processes*. Oxford: Oxford University Press, 2012.

público; e a busca pelo bem comum.[27] Em contraste com Morlino, sua perspectiva busca compreender como essas dimensões adquirem significados diversos em diferentes concepções teóricas da democracia. Concepções diversas enquadram cada uma dessas dimensões de modo diferente e podem até opor algumas delas a outras. Elitistas, por exemplo, negam a noção de bem público, embora discutam o tema, reforçando seu papel como um eixo do debate teórico.

De modo semelhante, Mark Warren tem defendido uma abordagem da democracia baseada em problemas, buscando superar a organização rígida dos modelos de democracia.[28] Para ele, um sistema político deve abordar três tipos de problemas para se tornar democrático: deve promover a inclusão, deve possibilitar a formação de agendas e vontades coletivas e deve gerar decisões coletivas. Diferentes práticas podem promover esses objetivos centrais que fundamentam a ideia de democracia. De certa maneira, essa abordagem baseada em problemas ressoa a máxima de John Dewey do início do século XX: para promover a democracia, é preciso se concentrar na ideia de democracia, e não no maquinário institucional existente. As instituições podem operar de maneiras mais ou menos democráticas: a ideia de democracia serve como linha-mestra para avaliar como promover processos democráticos. Para Dewey, a ideia de democracia se fundamenta na capacidade de uma comunidade política lidar coletivamente com problemas públicos.[29] Ainda segundo ele, as democracias exigem a emergência do público em torno de

27 R. F. Mendonça, "Dimensões democráticas nas jornadas de junho: Reflexões sobre a compreensão de democracia entre manifestantes de 2013". *Revista Brasileira de Ciências Sociais*, v. 33, n. 98, 2018.

28 Mark E. Warren, "A Problem-Based Approach to Democratic Theory". *American Political Science Review*, v. 111, n. 1, 2017.

29 John Dewey, *The Public and Its Problems*. Chicago: Swallow Press, 1954.

temas controversos. É por meio de processos comunicativos que cidadãs e cidadãos constituem o público, alimentando a reflexividade social sobre problemas compartilhados. Esse processo depende do encontro de uma ampla gama de perspectivas, uma vez que a reflexividade social envolve um empenho coletivo em testar hipóteses alternativas.

Essa noção abrangente de democracia pode nos ajudar a pensar sobre a possibilidade de democratizar os algoritmos. Tal democratização requer que se estabeleça a reflexividade pública sobre as consequências dos algoritmos, de modo que as cidadãs e os cidadãos encontrem maneiras de lidar com eles. Para tanto, certos valores relacionados às já mencionadas dimensões democráticas devem ser promovidos. Como afirmam Grimmelikhuijsen e Meijer, "a legitimidade do governo algorítmico aumenta quando os resultados do uso de um algoritmo contribuem para a realização de valores que cidadãos e cidadãs consideram importantes".[30] Nas subseções seguintes, mapeamos alguns desses valores que são essenciais para a democratização dos algoritmos.

Participação

A legitimidade democrática exige que haja, em sua construção, o efetivo envolvimento daqueles e daquelas afetados por uma decisão. Esse tem sido um corolário básico da democracia ao longo da história: o autogoverno é essencial para a democracia e, com autogoverno, queremos dizer que cidadãs e cidadãos devem ter um papel efetivo na produção de decisões que os afetem.[31] O

30 S. Grimmelikhuijsen e A. Meijer, "Legitimacy of Algorithmic Decision-Making", op. cit., p. 235.

31 Carole Pateman, *Participação e teoria democrática*, trad. Luiz Paulo Rouanet. Rio de Janeiro: Paz e Terra, 1992.

empoderamento é, portanto, um componente central da participação. Cidadãs e cidadãos devem ter o poder efetivo, e não apenas uma consideração metafórica e abstrata.

O valor da participação tem implicações importantes para a democratização dos algoritmos. Ele lembra filósofas e filósofos, cientistas da computação, juristas e cientistas sociais de que, ainda que tenham um papel relevante no processo, não cabe apenas a eles definir se e como os algoritmos devem ser regulados, por exemplo. Movimentos sociais e ONGs também têm um papel-chave nesse processo, em especial por sua luta para transformar questões invisíveis em problemas públicos. Eles buscam expandir o engajamento em questões muitas vezes vistas como técnicas e opacas demais.

Há um chamado crescente pela necessidade da participação de cidadãs e cidadãos na democratização dos algoritmos.[32] Robinson mostra a centralidade da noção de abertura nos documentos de políticas públicas de países nórdicos relativos à inteligência artificial, os quais enfatizam a participação de cidadãs e cidadãos na tomada de decisões sobre essas tecnologias.[33] Grimmelikhuijsen e Meijer também destacam a necessidade de participação no desenvolvimento de sistemas algorítmicos e políticas nessa área, a fim de assegurar a legitimidade dos *inputs* para o

32 Bruno Lepri et al., "Fair, Transparent, and Accountable Algorithmic Decision-Making Processes". *Philosophy & Technology*, v. 31, 2018; Pascal D. König e Georg Wenzelburger, "The Legitimacy Gap of Algorithmic Decision-Making in the Public Sector: Why It Arises and How to Address It". *Technology in Society*, v. 67, 2021; Brent Daniel Mittelstadt et al., "The Ethics of Algorithms: Mapping the Debate". *Big Data & Society*, v. 3, n. 2, 2016; S. Grimmelikhuijsen e A. Meijer, "Legitimacy of Algorithmic Decision-Making", op. cit.

33 Stephen Cory Robinson, "Trust, Transparency, and Openness: How Inclusion of Cultural Values Shapes Nordic National Public Policy Strategies for Artificial Intelligence (AI)". *Technology in Society*, v. 63, 2020.

funcionamento do sistema político.[34] A participação é a pedra fundamental da democracia, e, tal como ocorreu com muitas outras instituições, a democratização dos algoritmos deve contar com o envolvimento das cidadãs e dos cidadãos.

Igualdade

As democracias são comunidades de iguais, o que significa que a voz daqueles e daquelas considerados membros da comunidade política deve ter o mesmo peso para a construção das regras dessa comunidade. Os gregos operacionalizaram a igualdade democrática por meio dos princípios de isonomia e isegoria, usando o sorteio para definir a ocupação de funções públicas e assegurando a todos os cidadãos o direito de fala nas assembleias. As democracias modernas efetivam a igualdade principalmente com a ideia de *uma pessoa, um voto*.

O valor da igualdade também significa que as decisões não devem prejudicar grupos minorizados nem tratar cidadãs e cidadãos desigualmente de maneira sistemática e injustificada. Uma comunidade de iguais digna desse nome deve valorizar a luta contra assimetrias injustificadas e fomentar a igualdade como valor, considerando seus membros de maneira simétrica, não apenas nos procedimentos adotados para produzir decisões como também na substância dessas decisões. As instituições algorítmicas podem até conter vieses, desde que eles promovam formas redistributivas de justiça, orientadas pela equidade.

Quando pensamos na democratização dos algoritmos, o valor da igualdade tem ramificações relevantes que, de certo modo,

34 S. Grimmelikhuijsen e A. Meijer, "Legitimacy of Algorithmic Decision-Making", op. cit., p. 236.

se sobrepõem às da participação. A igualdade pressupõe, em primeiro lugar, que é preciso considerar cidadãs e cidadãos nas decisões que afetam sua vida. Mesmo que grandes empresas e especialistas tenham um tipo técnico de conhecimento e recursos importantes para afetar o *design* dos sistemas algorítmicos, a maneira pela qual tais algoritmos afetam cidadãs e cidadãos exige que estas e estes tenham voz na infraestrutura algorítmica mais ampla das sociedades e nos resultados de algoritmos específicos.

A natureza coletiva das consequências dos algoritmos convida a uma reflexão sobre as maneiras pelas quais eles podem prejudicar grupos minorizados e alimentar círculos viciosos de opressão. A democratização dos algoritmos exige não apenas procedimentos que permitam à comunidade de iguais participar nas definições relativas a como as sociedades devem lidar com tais sistemas mas também mecanismos que sistematicamente lancem luz sobre a maneira pela qual os resultados dos sistemas algorítmicos possam estar gerando ou alimentando desigualdades injustificáveis. Algoritmos democratizados devem fomentar a inclusão, não a exclusão.

Na literatura sobre as implicações políticas dos algoritmos, o valor democrático da igualdade tende a aparecer sob o rótulo de justiça ou nas tentativas de problematizar vieses algorítmicos. O conceito de "viés" pode sugerir, contudo, que existem decisões sem vieses e que escolhas políticas podem ser superadas, o que acaba por alimentar o quadro epistocrático que criticamos anteriormente. A equidade é, muitas vezes, reduzida à ideia de que as decisões devem tratar cidadãs e cidadãos da mesma maneira nos debates sobre algoritmos, mas a igualdade pode exigir formas desiguais de tratamento a fim de garantir a justiça: "A questão central nesse quesito é, para sermos diretos, se os sistemas algorítmicos de tomada de decisões devem reproduzir padrões já existentes nos dados ou se devem intervir ativamente na realidade por meio de seu tratamento, a fim de amoldá-la gradativamente rumo a um estado diferente de sociedade".[35]

Pluralismo

As democracias exigem a coexistência de uma pluralidade de perspectivas. Não existe uma teoria de democracia que atribua às maiorias o direito de eliminar seus oponentes. Como explicou Robert Dahl há tempos, a democratização envolve uma combinação de participação inclusiva e abertura à expressão do dissenso.[36] O pluralismo se fundamenta na tolerância, reconhecendo a necessidade democrática de formas não violentas de lidar com conflitos acerca do poder. Além disso, o poder pode fornecer mecanismos para a construção de soluções melhores, por meio da consideração de muitos pontos de vista.

O pluralismo é particularmente relevante quando pensamos sobre a democratização dos algoritmos. As definições para sistemas tecnológicos complexos exigem uma multiplicidade de perspectivas, não apenas por haver diferentes interesses em jogo mas também porque nenhum ator tem, sozinho, a informação necessária para desenhar soluções para problemas complexos. Landemore mostrou a necessidade epistêmica de uma inteligência coletiva, seguindo uma trilha aberta anteriormente por autores como John Stuart Mill e John Dewey.[37] Ela defendeu que decisões melhores podem ser alcançadas quando deparamos com

35 P. D. König e G. Wenzelburger, "The Legitimacy Gap of Algorithmic Decision-Making in the Public Sector", op. cit., p. 7.

36 R. Dahl, *Poliarquia: Participação e oposição*, trad. Celso Mauro Paciornik. São Paulo: Edusp, 2022.

37 Hélène Landemore, *Democratic Reason: Politics, Collective Intelligence, and the Rule of the Many*. Princeton: Princeton University Press, 2013.

perspectivas diversas a fim de superar assimetrias informacionais e perspectivas enviesadas. Essa pluralidade exige abertura, e a democratização de tecnologias digitais ocorre quando essa multidão de perspectivas é lançada na esfera pública.[38]

Quando pensamos, por exemplo, nas tentativas democráticas de promover a governança da internet, percebemos o fortalecimento das abordagens que consideram múltiplas partes interessadas e enfatizam a necessidade de que governos, empresas privadas, acadêmicos e acadêmicas e sociedade civil participem da formulação de normas, princípios, padrões e estratégias para lidar com vulnerabilidades e riscos. A pluralidade de pontos de vista – em contextos como os do Fórum de Governança da Internet (IGF, na sigla em inglês), da Comissão Global sobre a Estabilidade do Ciberespaço e da NETmundial – foi essencial para construir soluções mais complexas, capazes de lidar com os interesses e perspectivas específicos de diferentes tipos de atores.[39] Esses fóruns, que às vezes levam a acordos viáveis e expõem desacordos arraigados, criam mecanismos para um processamento plural de questões coletivas.

De maneira análoga, a democratização dos algoritmos requer o envolvimento das múltiplas perspectivas de atores que agem por meio desses algoritmos e/ou estão sujeitos a suas consequências. Mas diferentes partes interessadas podem ter papéis diversos. Não podemos esperar que especialistas, governos e movimentos sociais desempenhem o mesmo papel no processo de desenhar maneiras de lidar com os algoritmos. Não estamos falando apenas de interesses divergentes. A pluralidade

38 Id., "Open Democracy and Digital Technologies", in L. Bernholz, H. Landemore e R. Reich (orgs.), *Digital Technology and Democratic Theory*. Chicago: The University of Chicago Press, 2021.

39 Wolfgang Kleinwächter e Virgílio Almeida, "The Internet Governance Ecosystem and the Rainforest". IEEE *Internet Computing*, v. 19, n. 2, 2015.

de perspectivas vai além de interesses, como demonstrou Iris Young.[40] A fecundidade das abordagens que consideram diferentes partes interessadas está justamente na multiplicidade de olhares para determinado fenômeno e no reconhecimento de que o dissenso é inerente à governança democrática.

Existem algumas tentativas de criar formas de governança de algoritmos envolvendo múltiplas partes interessadas.[41] Abdala, Ortega e Pomares, por exemplo, defendem que apenas entendimentos efetivos entre atores diversos podem fazer a governança dos algoritmos passar dos princípios abstratos para a ação concreta:

> Ao estabelecer regras fundamentais compartilhadas, elas [as múltiplas partes interessadas] podem reduzir os riscos da concorrência internacional e de mercado, apoiando assim os objetivos de políticas públicas para as quais é necessária a governança global (a governança de sistemas de decisão cada vez mais automatizados). Padrões internacionais poderiam mudar o contexto em que a inteligência artificial é pesquisada, desenvolvida e implementada, lidando com as diferenças geopolíticas e culturais existentes e, ao mesmo tempo, disseminando boas práticas em nível global.[42]

Nesse sentido, a União Europeia está criando em Sevilha, na Espanha, o Centro Europeu para a Transparência Algorítmica (Ecat, na sigla em inglês). O centro visa reunir diferentes atores

40 Iris Marion Young, *Inclusion and Democracy*. Oxford: Oxford University Press, 2002.

41 Helena Webb et al., "Multi-stakeholder Dialogue for Policy Recommendations on Algorithmic Fairness". *SMSociety '18: Proceedings of the 9th International Conference on Social Media and Society*, 2018.

42 Maria Belén Abdala, Andrés Ortega e Julia Pomares, "Managing the Transition to a Multi-stakeholder Artificial Intelligence Governance". Task Force 5: The Future of Multilateralism and Global Governance. Think20 (T20). Saudi Arabia, 2020.

para analisar algoritmos e fomentar soluções tecnológicas mais democráticas:

> Os cientistas e peritos que trabalham no Ecat cooperarão com representantes da indústria, do meio acadêmico e das organizações da sociedade civil para melhorar a nossa compreensão do funcionamento dos algoritmos: analisarão a transparência, avaliarão os riscos e proporão abordagens e boas práticas novas e transparentes.[43]

O foco do centro para a transparência nos leva ao valor seguinte, que é fundamental para a democratização dos algoritmos.

Accountability e transparência

A *accountability* é um elemento fundamental das democracias, se considerarmos que, numa democracia, o poder não pode estar concentrado em uma única instituição ou um único grupo de atores. Dizer que as democracias exigem *accountability* é dizer que uma instituição é responsabilizada por outras: ela deve justificar as ações tomadas por meio dela e estar sujeita a formas de punição.[44] Esse é o cerne da ideia de freios e contrapesos, que possibilita a supervisão de uma instituição por outras e gera algum equilíbrio, evitando a concentração de poder. A transparência é uma condição necessária para a *accountability*, pois a supervisão

43 Comissão Europeia, Centro Europeu para a Transparência Algorítmica (ECAT): digital-strategy.ec.europa.eu/pt/policies/ecat.

44 Richard Mulgan, "'Accountability': An Ever-Expanding Concept?". *Public Administration*, v. 78, n. 3, 2000; Mark Bovens, "Analysing and Assessing Accountability: A Conceptual Framework". *European Law Journal*, v. 13, n. 4, 2007.

e o controle das instituições dependem da disponibilidade de informação sobre elas e sobre suas ações.[45]

Um importante conjunto de teóricos da democracia enfatiza a crescente importância da *accountability* para as democracias contemporâneas. John Keane, por exemplo, fala da ascensão de uma *democracia monitória* na segunda metade do século XX, a partir da importância crescente de redes formais e informais de vigilância dos atores políticos.[46] Rosanvallon fala de mecanismos de *contrademocracia* que historicamente contribuíram para o controle do poder. Os mecanismos de soberania negativa incluem não apenas vetos como também o monitoramento e a vigilância sobre as instituições.[47]

A democratização dos algoritmos é altamente dependente do estabelecimento de formas de *accountability*.[48] Tal democratização requer maneiras mais claras de garantir a responsabilização dos atores pelas consequências efetivas dos sistemas algorítmicos. Para tanto, a transparência é sempre apontada como um elemento-chave. Se outras instituições e outros atores não entenderem o que está acontecendo nos processos complexos por meio dos quais as decisões são tomadas algoritmicamente, então a *accountability* se torna impossível.

Há, contudo, dificuldades significativas nesse sentido. Como argumentamos anteriormente, os algoritmos não devem ser vistos como caixas-pretas que podem ser abertas, à espera de que seu conteúdo secreto seja revelado. Existem camadas de complexidade envolvendo as inter-relações imprevisíveis entre

45 Fernando Filgueiras, "Transparency and Accountability: Principles and Rules for the Construction of Publicity". *Journal of Public Affairs*, v. 16, n. 2, 2016.

46 J. Keane, *Democracy and Media Decadence*, op. cit.

47 P. Rosanvallon, *A contrademocracia*, op. cit.

48 Joshua A. Kroll et al., "Accountable Algorithms". *University of Pennsylvania Law Review*, v. 165, n. 3, 2017; Reuben Binns, "Algorithmic Accountability and Public Reason". *Philosophy & Technology*, v. 31, 2018.

algoritmos e entre humanos e máquinas no modo de funcionamento da inteligência artificial, o que torna o conceito de transparência algo um tanto esquisito. Não há muita coisa a ser revelada por baixo da superfície, pois a superfície está constantemente se desdobrando, transformando-se em algo diferente.

Apesar dessa aparente singularidade, é preciso lembrar que outras instituições operam de maneira similar. Com base nas ideias de Ansell,[49] Rebecca Abers afirma que as instituições coexistem com bastante frequência em estruturas ultracomplexas marcadas por sobreposições e contradições.[50] Democratizar instituições nunca foi algo fácil, e tampouco é trivial compreender as implicações de suas várias inter-relações. Talvez o que precise mudar seja a própria ideia do que é ser transparente. Mesmo que o *design* de um algoritmo não possa se tornar totalmente transparente e compreensível, uma compreensão mais clara de seus resultados parece algo mais alcançável.

Isso ajuda a resolver outra questão. É frequente o argumento de que muitos sistemas algorítmicos não podem ser tornados mais transparentes: alguns algoritmos chegam a ser protegidos por leis de segredo de negócio, e, se essas leis forem um dia revogadas, podem causar retrocessos em desenvolvimentos tecnológicos. Além disso, a opacidade de alguns algoritmos precisa ser resguardada por razões de segurança nacional. Se as operações de alguns algoritmos fossem completamente reveladas, agentes do crime e inimigos poderiam distorcê-los a seu favor, jogando com esses algoritmos de maneiras que impediriam a realização das tarefas para as quais eles foram

49 Chris Ansell, "Ecological Explanation", in G. Berk, D. C. Galvan e V. Hattam (orgs.), *Political Creativity: Reconfiguring Institutional Order and Change*. Philadelphia: University of Pennsylvania Press, 2013.

50 Rebecca Neaera Abers (org.), *Ativismo institucional: Criatividade e luta na burocracia brasileira*. Brasília: Editora UnB, 2021, p. 24.

desenvolvidos. No entanto, nem sequer as decisões poderiam ser tornadas totalmente transparentes em uma imaginada era de ouro da ação humana: "Na realidade, os seres humanos que tomam decisões são, no fim das contas, opacos; não há maneiras de traçar e discernir os processos psicológicos 'internos' através dos quais eles chegam a uma decisão".[51] Joanna Bryson mira exatamente nesse ponto:

> Muita gente alega que tamanha *accountability* é impossível para a inteligência artificial, dada sua complexidade, ou o fato de ela incluir aprendizado de máquina, ou o de ter uma espécie de autonomia. No entanto, há séculos garantimos a *accountability* de muitas instituições conduzidas por seres humanos, como bancos e governos. Os seres humanos nessas instituições também aprendem e têm autonomia, e o funcionamento de seu cérebro é muito mais inescrutável que qualquer sistema deliberadamente construído e mantido por humanos. No entanto, podemos dar crédito ou culpabilizar sempre que necessário, ao manter relatos e registros de quem faz o que e por quê.[52]

Se enfocarmos os resultados das decisões – analisando os algoritmos em vez de seu *design* –, o problema pode ser mitigado em parte. A *accountability* não necessariamente requer todas as formas de transparência, e a dificuldade ou a indisposição de gerar certas formas de transparência não deveria significar uma impossibilidade de responsabilizar atores e instituições. König e Wenzelburger defendem esse ponto quando afirmam que "a legitimidade da tomada de decisão não mais se assenta em

51 P. D. König e G. Wenzelburger, "The Legitimacy Gap of Algorithmic Decision-Making in the Public Sector", op. cit.

52 Joanna Bryson, "AI & Global Governance: No One Should Trust AI". *United Nations University Centre for Policy Research Blog*, 13 nov. 2018.

valores e procedimentos internalizados; em vez disso, encontra-se ligada à aceitabilidade dos resultados produzidos".[53]

Afirmamos, porém, que o foco nos resultados é uma solução apenas parcial. Há ainda outra camada do problema, que envolve a decisão sobre o que deve ser protegido e o que deve ser revelado. A proteção do *design* de alguns algoritmos não significa que o *design* de todos os algoritmos deva ser secreto em todos os momentos. A definição do que deve ser tornado público está no âmago das democracias, que na maior parte se deparam sistematicamente com os impasses entre segredo e transparência. No que diz respeito a esse dilema, Simone Chambers afirma que a própria definição do que deveria permanecer em segredo é política e, portanto, deveria ser feita por públicos democráticos.[54] Alguns segredos são perfeitamente compatíveis com democracias, e o que os legitima é a construção de processos que justifiquem publicamente sua necessidade. Isso nos leva ao próximo ponto de nossa discussão: a centralidade do debate público.

Debate público

As democracias dependem da capacidade da comunidade política de processar questões públicas por meio de trocas discursivas. Os discursos são o principal meio para a participação política e para a mediação de conflitos que perpassam a comunidade política. Ainda que alguns mecanismos agregativos não pareçam essencialmente discursivos – tais como votar –,

53 P. D. König e G. Wenzelburger, "The Legitimacy Gap of Algorithmic Decision-Making in the Public Sector", op. cit., p. 4.

54 Simone Chambers, "Behind Closed Doors: Publicity, Secrecy, and the Quality of Deliberation". *The Journal of Political Philosophy*, v. 12, n. 4, 2004.

discursos públicos têm sido fundamentais para a construção da legitimidade desses mecanismos.

Na teoria democrática, o papel da discussão pública tem sido enfatizado em diversas tradições de pensamento. Por razões distintas, democratas liberais, agonistas e participativos lançaram luz sobre o papel dos debates públicos nas democracias.[55] Os democratas deliberativos reconstruíram todo o conceito de democracia em torno da centralidade dos debates públicos.[56] De acordo com eles, a troca pública de justificativas é o principal pilar da legitimidade democrática, e a deliberação pública pode tanto fomentar soluções epistemicamente complexas como promover um senso de comunidade.[57]

A democratização de sistemas algorítmicos se vincula essencialmente a debates públicos ou, em outras palavras, ao aperfeiçoamento de processos deliberativos em torno de algoritmos.[58] As organizações políticas precisam transformar as operações e consequências dos algoritmos em questões de preocupação pública, revelando sua dimensão política. Embora os algoritmos sejam vistos como ferramentas para racionalizar decisões, eles não podem ser devidamente abordados como artefatos

55 R. F. Mendonça, "Dimensões democráticas nas jornadas de junho", op. cit.

56 Jürgen Habermas, *Facticidade e validade: Contribuições para uma teoria discursiva do direito e da democracia*, trad. Felipe Gonçalves Silva e Rúrion Melo. São Paulo: Editora Unesp, 2021; S. Chambers, "Deliberative Democratic Theory". *Annual Review of Political Science*, v. 6, 2003; John S. Dryzek e Simon Niemeyer, *Foundations and Frontiers of Deliberative Governance*. Oxford: Oxford University Press, 2010; Jürg Steiner, *The Foundations of Deliberative Democracy: Empirical Research and Normative Implications*. Cambridge: Cambridge University Press, 2012; André Bächtiger et al. (orgs.), *The Oxford Handbook of Deliberative Democracy*. Oxford: Oxford University Press, 2018; Selen Ercan et al. (orgs.), *Research Methods in Deliberative Democracy*. Oxford: Oxford University Press, 2022.

57 Maeve Cooke, "Five Arguments for Deliberative Democracy". *Political Studies*, v. 48, n. 5, 2000.

58 Alexander Buhmann e Christian Fieseler, "Towards a Deliberative Framework for Responsible Innovation in Artificial Intelligence". *Technology in Society*, v. 64, 2021.

sociotécnicos com implicações políticas que moldam comportamentos individuais e têm consequências coletivas. É apenas mediante o debate público que a natureza institucional dos algoritmos pode ser revelada e as maneiras de lidar com eles podem emergir. A politização dos algoritmos, em última instância, requer um debate aberto e amplo sobre eles.

A publicidade é uma característica central dos debates necessários para a democratização. Como há tempos afirmou James Bohman, a publicidade envolve mais que o estabelecimento de um espaço compartilhado de visibilidade para a aparição de questões de preocupação pública, apesar da centralidade desse aspecto.[59] A publicidade também implica a emergência de certas restrições que possibilitem filtrar as sujidades dos processos argumentativos, para usar as palavras de Jürgen Habermas,[60] ou fomentar a força civilizadora da hipocrisia, para usar o conceito de Elster.[61] A publicidade está no cerne da construção do interesse público, possibilitando processos mediante os quais cidadãs e cidadãos democráticos possam processar questões coletivas e tornar visível a inaceitabilidade de certos argumentos e resultados. A publicidade é construída por meio de processos comunicativos, conforme cidadãs e cidadãos erguem um espaço público compartilhado para a reflexão sobre questões de interesse coletivo.

John Dewey defendeu que as democracias surgiram quando *comunidades de aventura* se tornaram *comunidades de investigação*.[62] Com isso, ele quis dizer que as democracias eram um

59 James Bohman, *Public Deliberation: Pluralism, Complexity and Democracy*. Cambridge: MIT Press, 1996.

60 J. Habermas, "Comunicação política na sociedade mediática: O impacto da teoria normativa na pesquisa empírica", trad. Ângela Cristina Salgueiro Marques. *Líbero*, ano XI, n. 21, 2008.

61 Jon Elster, "Deliberation and Constitution Making", in J. Elster (org.), *Deliberative Democracy*. Cambridge: Cambridge University Press, 1998.

62 J. Dewey, *The Public and Its Problems*, op. cit.

tipo de associação que reconhecia as implicações públicas da coexistência de indivíduos – e suas tecnologias – e começava a pensar em maneiras de lidar com essas implicações. É o debate público que permite aos indivíduos construir bases comuns e simular alternativas para resolver um problema coletivo. Esse debate deveria ocorrer na ampla esfera pública, que inclui a mídia tradicional, as mídias sociais e outras arenas de grande visibilidade, mas também em fóruns específicos e com poderes para abordar a questão:

> Todos e todas que potencialmente sofrerem os efeitos negativos dos processos e decisões dos sistemas algorítmicos devem ter igual acesso a um fórum e a um processo comunicativo que vise lançar luz sobre questões potenciais e facilitar a argumentação com o objetivo de chegar a decisões amplamente aceitáveis. As partes interessadas precisam de *acesso institucionalizado a configurações deliberativas* para garantir que tenham uma possibilidade de vocalizar suas preocupações, opiniões e argumentos.[63]

As inovações democráticas podem ter, portanto, um papel importante para a promoção de discussões entre as pessoas afetadas pela tomada algorítmica de decisões, mas é fundamental ter em mente a necessidade de conectar essas inovações com discussões mais amplas (gerais e irrestritas) na esfera pública. Como enfatizam Buhmann e Fieseler, o jornalismo crítico e a sociedade civil têm um papel-chave na promoção de conexões que gerem discussão pública e democrática.

63 A. Buhmann e C. Fieseler, "Towards a Deliberative Framework for Responsible Innovation in Artificial Intelligence", op. cit., p. 3.

Liberdade

O último ponto, mas que talvez seja o primeiro, é que democracias valorizam as liberdades. A reinvenção moderna da democracia no século XVIII se liga fundamentalmente à ideia de liberdades. Nesse contexto, a liberdade se refere essencialmente a formas de proteção que cidadãs e cidadãos devem ter em relação ao Estado e a outras cidadãs e cidadãos. A liberdade de associação, de oposição, de expressão e de crença são normalmente vistas como parte do pacote das liberdades democráticas. Embora a matéria exata de cada uma dessas liberdades possa ser debatida, as democracias dependem de indivíduos livres que possam formar e expressar suas preferências.[64] A liberdade é frequentemente vista como uma condição para a autonomia, que é, por sua vez, fundamental para a formação democrática de preferências e a agregação destas.

As liberdades democráticas, contudo, não se restringem a essa dimensão protetiva. As democracias exigem liberdade em relação à coerção, mas também liberdade de agir e de ser ouvido ou ouvida. Partindo da distinção clássica de Isaiah Berlin, embora sigamos um caminho diferente de seu argumento, nossa compreensão de democracia envolve tanto liberdades positivas como negativas.[65] *Liberdade de* e *liberdade para* são necessárias à participação autônoma de cidadãs e cidadãos na construção de regras que governem sua vida.

Como vimos ao longo do livro, os algoritmos podem ter consequências profundas para a maneira de vivenciar as liberdades, muitas vezes solapando possibilidades de agência humana

64 R. Dahl, *Poliarquia*, op. cit.
65 Isaiah Berlin, *Two Concepts of Liberty: An Inaugural Lecture Delivered before the University of Oxford on 31 October 1958*. Oxford: Clarendon Press, 1958.

autônoma.[66] Seja por meio da vigilância onipresente, seja por formas manipuladoras de recomendação, os algoritmos podem prejudicar as condições para a formação autônoma da vontade. Além disso, como muitas decisões são tomadas por meio de sistemas algorítmicos, os cidadãos e as cidadãs podem perder de vista sua liberdade de agir e de construir as sociedades onde vivem.

A democratização dos algoritmos requer maior atenção aos dois tipos de liberdade discutidos por Berlin. Em primeiro lugar, a proteção de dados continua sendo um tópico central e inevitável. Embora concordemos com Sanches, que defende que a privacidade não deve ser vista como o único valor a orientar as discussões sobre tecnologias digitais, parece-nos inegável que mecanismos para a proteção de informação e dados pessoais continuam sendo essenciais.[67] Dados sobre indivíduos - e dados produzidos por eles - podem ser usados por governos, adversários, empresas e outros atores para causar danos e minar as possibilidades de uma existência segura. A *liberdade de* pode ser limitada porque os sistemas algorítmicos podem expor alguns indivíduos e torná-los rastreáveis. Em segundo lugar, os sistemas algorítmicos têm um impacto nas preferências de cidadãs e cidadãos e podem minar a *liberdade para*. Por exemplo, quando sistemas de recomendação criam câmaras de eco e espirais de silêncio, ou quando campanhas de microssegmentação conseguem induzir formas de comportamento específicas, podemos falar de processos capazes de comprometer a ação autônoma. A democratização dos algoritmos exige que essas questões sejam encaradas. Muitas sociedades lutaram arduamente para implementar as condições de liberdade que possibilitaram a emergência de nossas frágeis (e problemáticas) instituições democráticas.

66 S. P. Silva, "Algoritmos, comunicação digital e democracia", op. cit.
67 R. A. L. Sanches, *Economia política digital*, op. cit.

É preciso manter acesa a luz que ilumina as consequências dos algoritmos para as liberdades individuais e coletivas, caso queiramos que as democracias sobrevivam a estes tempos tão difíceis.

Observações finais

Este capítulo defendeu que os algoritmos, assim como outras instituições, devem ser democratizados, caso queiramos a sobrevivência das democracias. Uma vez que os algoritmos têm ganhado proeminência e centralidade na organização das sociedades contemporâneas, sua democratização se torna uma condição *sine qua non* para a resiliência da democracia como regime político. Apesar de os algoritmos fomentarem tendências tecnocráticas alinhadas à ascensão das alternativas epistocráticas à democracia, afirmamos que eles podem, sim, ser democratizados.

Tal democratização não deve ser vista, porém, como um estado final ou um *telos* alcançável. Como as teorias da democracia têm mostrado amplamente, a democracia deve ser concebida como um processo ou um horizonte normativo que guia práticas e permite a crítica contínua das instituições existentes. Não se deve pensar a democratização dos algoritmos como uma tarefa que pode ser resolvida de uma só vez; ela é, isto sim, um horizonte que deve nos manter alertas para os muitos dilemas e mudanças que estão acontecendo ou podem acontecer no futuro. Democratizar algoritmos significa pensar os sistemas algorítmicos como questões de preocupação pública que devem ser discutidas sistematicamente e com as quais se deve lidar coletivamente através de lentes democráticas. Esse processo interminável deve ser marcado pela ideia de revisibilidade democrática, que nos lembra de que as democracias avançam por meio da experimentação, da tentativa e erro e de progressos e retrocessos. A democratização dos algoritmos requer trazer a reflexividade de volta ao centro da equação de como governamos a nós mesmos.

Consideramos importante ressaltar que fomos suficientemente cuidadosos ao falar da necessidade de uma ampla democratização dos algoritmos, que vá além dos sistemas empregados pelos governos. Embora uma boa parte do debate se atenha à necessidade de democratizar os sistemas algorítmicos usados nos serviços públicos, afirmamos que muitos sistemas privados podem ter consequências públicas capazes de contribuir para a erosão democrática. Vistos como instituições que dão forma a comportamentos individuais e têm consequências públicas, os sistemas algorítmicos empregados por diversas companhias e com diferentes propósitos devem ser submetidos ao escrutínio público, pelo bem das sociedades democráticas. Das plataformas de mídias sociais aos sistemas usados na organização de escalas de trabalho, vemos diversos riscos à autonomia humana, aos direitos individuais, ao empreendimento coletivo e ao tecido social necessário à sobrevivência da democracia.

O institucionalismo algorítmico oferece um caminho para avançarmos no entendimento desses fenômenos e para pensarmos sobre o futuro das organizações e comunidades políticas [*polities*], da própria política em um sentido mais amplo [*politics*] e das políticas públicas [*policies*]. Ao indicar as complexas relações mediante as quais são constituídas as regras e normas que dão forma a comportamentos individuais e têm resultados coletivos, ele permite uma compreensão refinada das sociedades contemporâneas e afirma que a democratização dos algoritmos é crucial para a democracia, do mesmo modo que a democratização de outras instituições o foi em outros momentos da história da humanidade. Reconhecer a natureza institucional dos algoritmos é, portanto, um passo frutífero para a compreensão das complexidades da tarefa à nossa frente, mas também das possibilidades do porvir.

A democratização dos algoritmos, pensados como instituições que permeiam a sociedade contemporânea, requer um conjunto de ações públicas que dependem das dimensões em inglês referidas como *polities*, *politics* e *policies*. Em primeiro lugar, na dimensão das organizações e comunidades políticas, o *design*, a mobilização e a operação de sistemas algorítmicos exigem avaliação - baseada nos princípios aqui listados - para construir uma ordem de intervenções legítimas na sociedade. Os princípios são marcadores essenciais dos valores que guiam o desenho e a ação dos algoritmos como instituições. Em segundo lugar, na dimensão da política, as lideranças políticas precisam estar atentas ao crescente papel dos algoritmos na sociedade contemporânea. Lideranças partidárias e da sociedade civil podem ser essenciais para a mobilização da comunidade no sentido de conseguir atenção para os problemas públicos e as consequências dos sistemas algorítmicos. Por fim, na dimensão das políticas públicas, os governos devem agir para regular e fomentar formas democráticas de governança dos sistemas algorítmicos, criando políticas focadas que busquem mitigar riscos, monitorar a *compliance* e guiar o desenvolvimento digital.

Isso nos leva a uma questão final: estariam as instituições algorítmicas criando uma nova ordem política? Considerando os casos analisados neste livro, trata-se de um processo em construção, conforme nos movemos rumo a uma ordem política de algoritmos. Democratizar essa ordem política é desafiador e exige dimensões de democracia que sejam consistentes e coerentes com valores que injetem legitimidade. É real a possibilidade de que os sistemas algorítmicos democratizem ordens políticas existentes, estabeleçam mecanismos democráticos de tomada de decisões, façam avançar formas de pluralização do conhecimento de preferências e deem forma a ordens legítimas de decisão e de governança. Em um futuro utópico, as tecnologias digitais podem ser motores de profunda mudança democrática.[68] No entanto, esse futuro utópico precisa ser construído, o que exige pensamento crítico em relação ao papel institucional desempenhado pelos algoritmos. A grade analítica do institucionalismo algorítmico busca fornecer ferramentas teóricas adequadas para esse pensamento crítico. Ela nos permite compreender nuances e considerar múltiplas dimensões do papel desempenhado pelos algoritmos nas metamorfoses das sociedades. Além disso, lança luz sobre a necessidade de reconceber alguns elementos das teorias institucionais, como ficará claro nas considerações finais a seguir.

68 H. Landemore, "Open Democracy and Digital Technologies", op. cit.

Considerações finais: uma agenda necessária

Neste livro, apresentamos o argumento de que os algoritmos são instituições que deveriam ser pensadas como artefatos sociotécnicos que moldam o comportamento individual e as escolhas coletivas. Como instituições, os sistemas algorítmicos têm consequências políticas e sociais para diversos contextos de interação. Sistemas algorítmicos são um componente-chave nos processos de reorganização das sociedades, pois produzem conveniência para consumidores e consumidoras, para cidadãos e cidadãs, oferecendo soluções racionalizadoras para empresas e governos. Com isso, esses artefatos políticos encarnam valores e perspectivas interpretativas que dão forma às decisões que afetam a trama da vida social.

Como Langdon Winner anteviu, esses sistemas técnicos têm um papel similar ao da legislação, pois "moldam o padrão e o conteúdo básicos da atividade humana em nosso tempo. Assim, a política se torna (entre outras coisas) um encontro ativo com as formas e os processos específicos contidos na tecnologia".[1] Tal percepção é compartilhada por Lawrence Lessig, para quem os códigos de computador regulam a atividade humana da mesma maneira que os códigos legais.[2]

Os trabalhos seminais de Winner e Lessig ofereceram os caminhos iniciais para a compreensão do lugar que os algoritmos ocupam nas sociedades contemporâneas. Em muitos aspectos, ambos reproduzem argumentos da velha tradição

1 Langdon Winner, *Autonomous Technology: Technics-out-of-Control as a Theme in Political Thought*. Cambridge: MIT Press, 1977, p. 323.

2 L. Lessig, *Code and Other Laws of Cyberspace*, op. cit.

institucionalista, em que as tecnologias têm papéis formais e legais. Este livro propõe um passo adiante em relação a essas questões formais e legais sobre os sistemas computacionais, as quais abriram caminho para que estes fossem compreendidos como instituições. Entendemos que os sistemas algorítmicos não apenas definem a "lei" como também devem ser lidos de maneiras mais complexas e refinadas por meio de teorias institucionalistas. Os algoritmos não são meros códigos formais; eles interagem com camadas de agência humana e com outros algoritmos em complexos conjuntos que afetam - formal e informalmente - as normas, as regras e os contextos em que vivemos. São uma infraestrutura institucional da existência contemporânea.

Ao propor a noção de institucionalismo algorítmico, este livro discute como a onipresença dos algoritmos nas sociedades tem consequências políticas, remodelando relações de poder, criando novas restrições e oportunidades para a ação humana e efetivando processos históricos e dinâmicas discursivas por meio dos quais construímos a realidade social.

O capítulo 1 introduz a ideia de institucionalismo algorítmico, apresentando algumas definições básicas e indicando a crescente difusão desses sistemas sociotécnicos nas sociedades contemporâneas. Afirmamos ali que os algoritmos desempenham papéis centrais nos processos de desinstitucionalização e reinstitucionalização por meio dos quais as sociedades mudam. No capítulo 1, também defendemos que a lente do institucionalismo algorítmico é particularmente apropriada para que escapemos da série de dicotomias frequentemente usadas nas tentativas de teorizar as sociedades algorítmicas. Concebemos os algoritmos como instituições, o que significa que eles se situam em algum ponto entre os polos dessas dicotomias e não são agentes autônomos animados nem ferramentas neutras.

São, na realidade, estruturais e ao mesmo tempo uma forma de agência, com consequências individuais e coletivas. Eles não são fatores deterministas de ação nem estão totalmente abertos à novidade de interações imprevisíveis.

O capítulo 2 analisa diferentes teorias institucionalistas, incluindo o institucionalismo sociológico, o de escolha racional, o histórico e o discursivo, a fim de construir uma grade analítica dedicada à compreensão das instituições algorítmicas. Esse arcabouço, que denominamos institucionalismo algorítmico, exige atentar a seis dimensões: construção e desenho de instituições; processos históricos; regras e normas; relações de poder; *gaming*; e dimensões discursivas. Uma vez introduzida a grade analítica, o livro avança na apresentação de três operacionalizações voltadas a áreas de relevância que contemplam diferentes níveis dos sistemas algorítmicos. Essas operacionalizações enfocam uma variedade de casos que ilustram como as dimensões podem ser aplicadas a áreas específicas de investigação.

O capítulo 3 se concentra em um subcampo específico do uso de algoritmos: a segurança. Os casos de policiamento preditivo, o amplo uso de tecnologias de reconhecimento facial e o desenvolvimento de armas letais autônomas ilustram uma variedade de dilemas sociais relacionados à crescente algoritmização da segurança. As tecnologias algorítmicas empregadas nesse campo estão construindo um novo tipo de Leviatã, no qual organizações privadas desempenham funções públicas. Os algoritmos estão se tornando instituições que implementam políticas de segurança e mudando rotinas das forças coercitivas do Estado. Em muitos momentos, eles criam situações de ação autoritárias, injustas e excludentes, com impactos negativos para a sociedade. A aplicação de sistemas algorítmicos à segurança traz consigo novas dinâmicas de ação e resistência.

O capítulo 4 lida com várias transformações nos governos trazidas por sua plataformização, que decorreu do crescente uso de sistemas algorítmicos nos processos de políticas públicas. Esses sistemas estão redesenhando as estruturas governamentais e transformando tanto as rotinas da administração pública como os processos de formulação e implementação de políticas públicas. Os sistemas algorítmicos gradativamente criam perturbações nas políticas públicas, tomando decisões públicas críticas de alto impacto na sociedade. Eles afetam a lógica da identificação de problemas com base em dados e também alteram processos de *agenda-setting*. Os sistemas algorítmicos automatizam tarefas de implementação e, como outras instituições de governo, são essenciais no mundo contemporâneo, modificando o modo como os governos resolvem problemas e dão forma à ação política.

O capítulo 5 trata da importância dos sistemas de recomendação, lançando luz sobre um mecanismo tecnológico mais amplo que perpassa muitas das mudanças discutidas ao longo do livro. Esses sistemas são empregados nos setores privado e público, em relações comerciais ou afetivas, na indústria, nos mercados e nos governos, para ficar em alguns exemplos. Os sistemas de recomendação algorítmica racionalizam as escolhas humanas, delineando quais opções estão disponíveis e visíveis, organizando e antecipando as preferências de cidadãs e cidadãos, de consumidoras e consumidores. Além disso, eles guiam as escolhas dos consumidores e das consumidoras, gerando oportunidades para a otimização de negócios. A presença generalizada dos sistemas de recomendação algorítmica cria diversos desafios morais e políticos, como evidenciam seus usos nas plataformas de mídias sociais e em serviços essenciais, a exemplo da identificação das pessoas com direito a receber a doação de um órgão.

Por fim, o capítulo 6 parte das discussões anteriores para chegar ao argumento de que os sistemas algorítmicos estão surgindo como instituições fortemente conectadas a um movimento em direção a regimes epistocráticos que vê o conhecimento técnico como a base para superar a política e a democracia. Nesse contexto de valorização da epistocracia, os algoritmos têm seu papel em moldar decisões técnicas e configurar novas relações de poder. As pessoas, de maneira consciente, deliberada ou inadvertida, usam sistemas que influenciam como elas trabalham, se comunicam, consomem, participam da esfera pública, produzem bens públicos, apreciam a cultura e constroem relações sociais. Da mesma maneira, essa ordem política dos algoritmos produz novos resultados sociais, criando novas formas de injustiça, dilemas e problemas. No capítulo 6, defendemos que a sobrevivência das democracias requer a democratização dessas instituições centrais das sociedades contemporâneas denominadas algoritmos. Tal democratização deve ser pensada como um horizonte normativo que guia práticas e possibilita a crítica constante das instituições existentes. Para serem democráticos, os algoritmos precisam ser inseridos em dinâmicas políticas orientadas pelos valores da participação, da igualdade, do pluralismo, da *accountability*, do debate público e da liberdade. A democratização deve ser pensada não como um estado final, mas como um processo em curso que gira em torno da ideia de que a democracia precisa se adaptar a contextos diferentes e sempre cambiantes.

Ademais, ao longo deste livro, defendemos que as lentes das teorias institucionalistas são proveitosas para o entendimento dos algoritmos, captando o que eles são e como eles operam em termos sociopolíticos. As teorias institucionalistas fornecem elementos inovadores para a compreensão desses artefatos sociotécnicos e de suas consequências. Elas oferecem conceitos e uma tradição de pesquisas sobre fenômenos de complexidade similar, direcionando nossa atenção para dimensões importantes dos sistemas algorítmicos. Com o auxílio das teorias institucionalistas, podemos olhar para os processos de racionalização, as regras e normas, o isomorfismo institucional, a dependência de trajetória e as conjunturas críticas, de modo a lançar nova luz sobre a algoritmização das sociedades. A centralidade da preocupação com a legitimidade e a democracia nas teorias institucionais pode fomentar avanços nos passos necessários para a migração rumo a algoritmos mais democráticos.

Se a compreensão dos algoritmos pode se beneficiar das teorias institucionalistas, defendemos também que as teorias institucionalistas podem se beneficiar do estudo dos algoritmos, repensando alguns de seus próprios conceitos e elementos. Os algoritmos são um tipo peculiar de instituição, e suas especificidades convidam a uma reflexão sobre conceitos centrais para as teorias institucionalistas, como os de agência, racionalidade, reflexividade, responsabilidade e *accountability*. Os algoritmos podem forçar as fronteiras da organização institucional geralmente discutidas pelo institucionalismo sociológico e mudar radicalmente os contextos de produção discursiva enfocados pelos institucionalistas discursivos. Os algoritmos levam a dependência de trajetória a um novo patamar e revelam a necessidade de repensar modelos de agência racional. Além disso, podem ter consequências drásticas para a mudança institucional, trabalhando na dinâmica de transformação institucional não apenas como choques tecnológicos exógenos mas também como forças motoras endógenas. Não nos aprofundamos nesses pontos ao longo do livro, mas os destacamos como uma agenda para estudos futuros que podem se desdobrar a partir deste primeiro passo: o reconhecimento de que os algoritmos são instituições.

Essa inovação teórica indica um amplo campo de aplicações que observam como essas instituições resolvem problemas, conformam decisões, realizam tarefas organizacionais, alocam recursos, afetam relações sociais, atribuem sentidos à ação coletiva e definem o que é proibido, permitido ou facilitado nas interações entre seres humanos e máquinas. O institucionalismo algorítmico fornece uma grade analítica fecunda para o entendimento de um mundo em transformação nestes tempos incertos.

Posfácio à edição brasileira

Quando escrevemos este livro, ao longo de 2022 e 2023, o propósito era compreender as transformações pelas quais diferentes sociedades vêm passando em função da ubiquidade dos sistemas algorítmicos. De lá para cá, muita coisa mudou rapidamente. O tema da inteligência artificial (IA) ganhou projeção pública desde a popularização do acesso aos modelos de linguagem de grande porte, os chamados LLMs, como o ChatGPT. O impacto se fez sentir não apenas na avalanche de artigos em diversas mídias sobre IA mas também no próprio cotidiano, na forma como as pessoas trabalham, planejam férias, escrevem, relacionam-se com outras e até consigo mesmas. Chama a atenção, nesse sentido, a profusão daquelas que alegam fazer terapia e se aconselhar com diferentes formas de IA.

Essa atenção pública fez com que as preocupações morais e políticas acerca dos rumos das tecnologias algorítmicas também crescessem. Tornaram-se mais frequentes e ubíquas as discussões sobre vieses algorítmicos e impactos das tecnologias na forma como pensamos, comunicamos e percebemos a realidade. A circulação de vídeos feitos por IA em plataformas diversas, o emprego de armas letais autônomas nos conflitos bélicos atuais e a capilarização do uso de tecnologias de reconhecimento facial no mundo pós-pandêmico não deixam dúvidas sobre a escala dos desafios que se colocam nas sociedades contemporâneas. Desafios esses que geraram debates, propostas, decretos e/ou leis para a regulação da IA em contextos tão distintos como a China, a União Europeia e os Estados Unidos.

Houve, em síntese, um processo muito rápido e generalizado de construção de atenção pública em torno dos desafios sociais e políticos gerados pela algoritmização da sociedade, sobre os quais escrevêramos. E esse processo ilustrou, em dois sentidos, o valor da empreitada que acabáramos de realizar. Em primeiro lugar, essas transformações demandavam esforços teóricos mais amplos, que não apenas descrevessem mudanças ao sabor das inovações do dia. Em segundo lugar, a rapidez das mudanças indicava transformações estruturais na maneira como construímos e institucionalizamos a vida social. É nesse contexto que o desafio enfrentado pelo livro se mostra atual para a compreensão do mundo em que vivemos.

Tratar esse desafio só foi possível com um trabalho interdisciplinar que envolveu os aspectos técnicos, políticos e sociais relacionados aos sistemas algorítmicos. Na perspectiva deste livro, argumentamos que algoritmos representam instituições em um mundo em transformação. E, como instituições, são dispositivos incorporados ao cotidiano das sociedades digitais, organizando, assim, os processos de decisão coletiva e as interações entre humanos e máquinas e de máquinas entre si.

A pretensão e ousadia deste livro foi construir uma teoria geral da transformação digital baseada em processos de desinstitucionalização e reinstitucionalização, os quais emergem com sistemas computacionais que estão redesenhando o mundo conhecido. Essa reengenharia sociotécnica das sociedades contemporâneas tem em seu âmago os algoritmos, os quais proporcionam novas normas e regras que proporcionam a reorganização radical das ações e das escolhas humanas em contextos coletivos.

Assim, o olhar foi direcionado para compreender essas transformações com um foco global. A obra é permeada de exemplos e casos que miram o Norte e o Sul globais de maneira a capturar o modo como os algoritmos estão no coração da mudança. O que se busca é entender como a humanidade mudou os seus instrumentos de ação ao adotar, de forma transversal e onipresente, sistemas computacionais para resolver diferentes tipos de problemas e gerar novas formas de conhecimento que se estruturam a partir de dados. A profunda transformação sociotécnica, ligada à expansão gradativa da presença de sistemas algorítmicos, transforma as estruturas das sociedades contemporâneas, com consequências políticas diversas.

Nas linhas aqui anteriormente escritas, portanto, enfrentamos uma perspectiva global. Porém, precisamos entender como o Brasil se insere nessas transformações que desafiam a sociedade brasileira. Olhar para o Brasil com as lentes do institucionalismo algorítmico significa compreender uma sociedade do Sul Global que enfrenta problemas particulares e dinâmicas próprias com relação às questões da transformação digital. E significa, ainda, refletir que, ao menos desde a entrada em vigor do Marco Civil da Internet, em 2014, a última década espelha mudanças profundas, as quais impactam a sociedade, a política, a economia e a cultura. No centro disso, temos o modo como tecnologias digitais produzem uma reorganização profunda da sociedade brasileira em suas diversas facetas. Entender as mudanças sociotécnicas no Brasil não é simples exercício de ilustração e aplicação de uma teoria; trata-se de observar como os sistemas algorítmicos estão no centro das transformações.

Um simples olhar panorâmico nos permite constatar diferentes transformações. As eleições de 2014, 2018 e 2022 tiveram em seu centro diferentes formas de engajamento de grupos sociais, disseminação da informação, desinformação e dinâmicas que abarcaram, de maneiras distintas, os atores políticos. O ritmo frenético com que a elite política brasileira está sendo remodelada com novos personagens, práticas, ideias e formas de engajamento tem em sistemas algorítmicos de plataformas de mídia social um profundo impulsionador. As reações a essas mudanças produzem incertezas e dilemas sociais inauditos. Por exemplo, como lidamos com a liberdade de expressão, um direito liberal consolidado e clássico, em um contexto de impulsionamento da desinformação, fortalecido por sistemas algorítmicos? E a resposta a essa pergunta diz respeito à forma como algoritmos que estruturam as plataformas de mídia social são desenhados para produzir modos de engajamento, economias de atenção, bolhas, câmaras de eco e construção coletiva da (des)informação. E a como esses mesmos algoritmos moldam as escolhas coletivas em ambientes democráticos, com consequências diferentes para a ação coletiva em contextos epistêmicos totalmente novos. Os sistemas algorítmicos das plataformas sociais são capazes de colocar conteúdos e personagens em evidência no mundo digital, como também de deixá-los quase invisíveis no ilimitado mundo de conteúdo digital.

Do mesmo modo, governos se tornam cada vez mais digitais, operando serviços e políticas públicas de maneiras inovadoras. A plataforma Gov.br, com uma série de algoritmos embarcados, reorganizou o funcionamento do serviço público brasileiro. Por meio dela, cidadãos e cidadãs têm direitos implementados e podem realizar seus deveres. Ademais, ela transformou a maneira como as pessoas se relacionam com o governo, criando formas de conexão e influência. Plataformas digitais de serviços públicos proporcionam, ainda, a expansão de dados e informações úteis para governos balizarem políticas públicas e produzirem transformações da sociedade. Ao mesmo tempo, plataformas de governo criam riscos com relação a processos de vigilância que se expandem, assim como novos problemas que são derivados de falhas na governança dos dados. A sociedade civil pode ou deve deixar de controlar o modo como governos utilizam esses dados, sob o risco de produzirem novos modos de desigualdades? No centro dessa discussão, temos os algoritmos estruturando e organizando o serviço público, com consequências diversas para a sociedade.

As mudanças econômicas no Brasil passam, em muitos aspectos, pelos sistemas algorítmicos. Estes remodelam a estrutura das organizações, transformando, por sua vez, os modos de trabalho, contratos e gestão. Devemos lembrar como, no auge da pandemia de covid-19, no Brasil, entregadores de plataformas manifestaram-se contra novos modos de exploração do trabalho e ausência de direitos. Embora os aplicativos de entrega, com algoritmos que definem quem entrega o que, a quem, a que preço, sejam inovações interessantes, seu desenho e uso implicam novas formas de relação de trabalho e remuneração de trabalhadores e trabalhadoras. Adicione-se a isso o modo como esses mesmos aplicativos definem, de forma dinâmica, preços de produtos dentro de uma cadeia complexa de fornecimento, alterando o rendimento de restaurantes e fornecedores. Podemos dizer que sistemas algorítmicos, tais como os aplicativos de entrega, transformam toda uma cadeia econômica de produção e logística. No Brasil, essas transformações demandam mudanças no marco institucional do trabalho, no contexto de uma sociedade desigual e assimétrica.

Em todas essas situações, a sociedade brasileira enfrenta dilemas sociais diversos em função da algoritmização de processos, particularmente sobre como equilibrar a liberdade individual com as transformações do plano coletivo. Sejam os dilemas da liberdade de expressão, sejam os dilemas políticos, sejam os dilemas econômicos, em todas essas situações temos um contexto social cada vez mais digital no Brasil. O institucionalismo algorítmico nos ensina que as instituições são desenhadas com um propósito por parte de atores específicos, contêm contextos e trajetórias, implicam processos de *gaming*, moldam e são moldadas por ideias encapsuladas em discursos, organizando as dinâmicas de poder e de regulação. O mundo é atravessado por dilemas sociais em função de uma outra institucionalização que se dá pelos algoritmos, os quais também contribuem para a desinstitucionalização de práticas e processos tradicionais.

Em contextos em que os dilemas explodem, as incertezas abundam. Quando as incertezas abundam, as dinâmicas conflitivas se expandem. Instituições algorítmicas surgem de forma a reproduzir ou amplificar desigualdades, produzir velhas injustiças com uma roupagem tecnológica nova, novas formas de regulação e novas dinâmicas de poder. Todas essas transformações são atravessadas por discursos enquadrados em uma lógica de eficácia, sem observar questões éticas e normativas centrais.

Os desafios da sociedade brasileira passam, fundamentalmente, pelo modo como tecnologias digitais vêm institucionalizando novas práticas sociais, um novo cotidiano, uma política marcada pelo conflito em bases que ameaçam a existência da democracia tal como a conhecemos. E o faz, muitas vezes, ao intensificar e reescalonar práticas e desigualdades históricas que não são nada novas. Este livro não quer ser determinista nem tecnossolucionista. Ao contrário. Queremos, com as lentes do institucionalismo algorítmico, construir uma perspectiva crítica que reconheça que as mudanças estão em curso e examine como elas demandam novos arcabouços institucionais capazes de produzir inclusão, liberdade, igualdade, *accountability* e novas dinâmicas de participação.

O institucionalismo algorítmico nos ensina que, no Brasil, as mudanças em processo são críticas, corroendo as bases de uma sociedade já desigual, assimétrica e excludente. Se não pensarmos tais transformações à luz de valores democráticos, fracassaremos individual e coletivamente com as próximas gerações. Embora este livro procure por uma teoria geral dos algoritmos como instituições, devemos olhar para a especificidade do Brasil, de modo a entender como as instituições algorítmicas emergem em um contexto complexo como o da sociedade brasileira.

Precisamos entender como os algoritmos deslocam e reorganizam instituições existentes ou como as ressignificam, afetando o complexo tecido institucional que estrutura e baliza a vida social.

Esperamos que a jornada empreendida nestas páginas possa jogar luz sobre os problemas e dilemas da sociedade brasileira e que possamos, coletivamente, reconstruir as bases de sua democracia e dos vínculos mais profundos com a liberdade e a igualdade como horizontes da mudança.

Agosto de 2025

Bibliografia

ABDALA, Maria Belén; Andrés ORTEGA & Julia POMARES. "Managing the Transition to a Multi-stakeholder Artificial Intelligence Governance". Task Force 5: The Future of Multilateralism and Global Governance. Think20 (T20), Saudi Arabia, 2020.

ABERS, Rebecca Neaera (org.). *Ativismo institucional: Criatividade e luta na burocracia brasileira*. Brasília: Editora UnB, 2021.

AGÊNCIA NACIONAL DO PETRÓLEO, GÁS NATURAL E BIOCOMBUSTÍVEIS (Brasil). *RenovaBio*. Política Nacional de Biocombustíveis. Disponível em: www.gov.br/anp/pt-br/assuntos/renovabio. Acesso em: 26 ago. 2025.

AGUDO, Ujué & Helena MATUTE. "The Influence of Algorithms on Political and Dating Decisions". *PLOS One*, v. 16, n. 4.

AGUIRRE, Katherine; Emile BADRAN & Robert MUGGAH. "Future Crime: Assessing Twenty First Century Crime Prediction". *Igarapé Institute Strategic Note*, v. 33, jul. 2019.

AHMAD, Khaleel et al. (orgs.) *Emerging Security Algorithms and Techniques*. Boca Raton: Taylor & Francis, 2019.

AIROLDI, Massimo. *Machine Habitus: Toward a Sociology of Algorithms*. Cambridge: Polity Press, 2022.

"A-Levels and GCSEs: How Did the Exam Algorithm Work?". *BBC*, 20 ago. 2020.

ALLEN, Daniel T. "Farmers Are Using AI to Spot Pests and Catch Diseases – And Many Believe It's the Future of Agriculture". *Business Insider*, 8 nov. 2019.

ALLEN, Douglas W. *Marriage as an Institution: A New Institutional Economic Approach*. Simon Fraser University, 2005.

ALMEIDA, Virgílio; Fernando FILGUEIRAS & Ricardo Fabrino MENDONÇA. "Algorithms and Institutions: How Social Sciences Can Contribute to Governance of Algorithms". *IEEE Internet Computer*, v. 26, n. 2, 2022.

ALNEMR, Nardine. *Citizens and Intelligent Machines: Algorithms in Deliberative Democracy*. Tese de doutoramento em Filosofia. University of Canberra, Canberra, 2021.

ALSTON, Philip. *Extreme Poverty and Human Rights: Note by the Secretary-General*. New York, United Nations, 2019.

ALVES, Gabrielle et al. "Favelas precisam de justiça racial, não de reconhecimento facial". *Le Monde Diplomatique Brasil*, 9 jun. 2022.

ALVES, Marco Antonio Souza & Otávio Morato de ANDRADE. "Autonomia individual em risco? Governamentalidade algorítmica e a constituição do sujeito". *Cadernos Metrópole*, v. 24, n. 55, 2022.

AMNESTY INTERNATIONAL. *Myanmar: The Social Atrocity: Meta and the Right to Remedy for the Rohingya*. London, 2022.

AMOORE, Louise. "Biometric Borders: Governing Mobilities in the War on Terror". *Political Geography*, v. 25, n. 3, 2006.

__. "Governing by Identity", in C. J. Bennett & D. Lyon (orgs.). *Playing the Identity Card: Surveillance, Security, and Identification in Global Perspective*. London: Routledge, 2008.

__. "Security and the Incalculable". *Security Dialogue*, v. 45, n. 5, 2014.

__. *Cloud Ethics: Algorithms and the Attributes of Ourselves and Others*. Durham: Duke University Press, 2020.

__. "The deep border". *Political Geography*, v. 96, 2021.

ANANNY, Mike. "Toward an Ethics of Algorithms: Convening, Observation, Probability, and Timeliness". *Science, Technology, & Human Values*, v. 41, n. 1, jan. 2016.

ANEESH, A. *Virtual Migration: The Programming of Globalization*. Durham: Duke University Press, 2006.

ANGWIN, Julia et al. "Machine Bias: There's Software Used across the Country to Predict Future Criminals. And It's Biased against Blacks". *ProPublica*, 23 maio 2016.

ANSELL, Chris. "Ecological Explanation", in G. Berk; D. C. Galvan & V. Hattam (orgs.). *Political Creativity: Reconfiguring Institutional Order and Change*. Philadelphia: University of Pennsylvania Press, 2013.

AQUINO, Jânia Perla Diógenes de. "Segurança pública no Ceará: Finalmente, as estatísticas de mortes violentas sofrem efetivas reduções", in Fórum Brasileiro de Segurança Pública. *Anuário brasileiro de segurança pública: 2018-2021*. São Paulo: FBSP, 2022.

ARADAU, Claudia & Tobias BLANKE. *Algorithmic Reason: The New Government of Self and Other*. Oxford: Oxford University Press, 2022.

ARAL, Sinan & Dean ECKLES. "Protecting Elections from Social Media Manipulation". *Science*, v. 365, n. 6.456, 2019.

AREFINIA, Ali et al. "Cropping Patterns Based on Virtual Water Content Considering Water and Food Security under Climate Change Conditions". *Natural Hazards*, v. 114, 2022.

ARKIN, Ronald C. et al. "A Path towards Reasonable Autonomous Weapons Regulation". IEEE *Spectrum*, 21 out. 2019.

ARROW, Kenneth. "A Difficulty in the Concept of Social Welfare". *Journal of Political Economy*, v. 58, n. 4, 1950.

ARTHUR, W. Brian. "Competing Technologies, Increasing Returns, and Lock-In by Historical Events". *Economic Journal*, v. 99, n. 394, 1989.

ASARO, Peter. "Algorithms of Violence: Critical Social Perspectives on Autonomous Weapons". *Social Research: An International Quarterly*, v. 86, n. 2, 2019.

AUSTIN, John Langshaw. *Quando dizer é fazer: palavras e ação*, trad. Danilo Marcondes de Souza Filho. Porto Alegre: Artes Médicas, 1990.

AVRITZER, Leonardo. *O pêndulo da democracia*. São Paulo: Todavia, 2019.

AXELROD, Robert. *The Evolution of Cooperation*. New York: Basic Books, 1984.

BACHRACH, Peter & Morton S. BARATZ. "Duas faces do poder", trad. Gustavo Biscaia de Lacerda. *Revista de Sociologia Política*, v. 19, n. 40, 2011.

BÄCHTIGER, André et al. *The Oxford Handbook of Deliberative Democracy*. Oxford: Oxford University Press, 2018.

BAEZA-YATES, Ricardo & Usama M. FAYYAD. "The Attention Economy and the Impact of Artificial Intelligence", in H. Werthner et al. (orgs.). *Perspectives on Digital Humanism*. Cham: Springer, 2021.

BALDWIN, David A. "The Concept of Security". *Review of International Studies*, v. 23, n. 1, 1997.

BATESON, Gregory. "Uma Teoria da brincadeira e da fantasia", in *Rumo a uma ecologia da mente*, trad. Simone Campos. São Paulo: Ubu Editora, 2025.

BEER, David. "The Social Power of Algorithms". *Information, Communication & Society*, v. 20, n. 1, 2017.

BÉLAND, Daniel. *How Ideas and Institutions Shape the Politics and Public Policy*. Cambridge: Cambridge University Press, 2019.

BENJAMIN, Ruha. *Race after Technology*. New York: Polity, 2019.

BENN, Claire & Seth LAZAR. "What's Wrong with Automated Influence". *Canadian Journal of Philosophy*, v. 52, n. 1, 2022.

BERGER, Peter L. & Thomas LUCKMANN. *A construção social da realidade: Tratado de sociologia do conhecimento*, trad. Floriano de Souza Fernandes. Petrópolis: Vozes, 1985.

BERGMAN, Ronen & Mark MAZZETTI. "The Battle for the World's Most Powerful Cyberweapon". *The New York Times*, 28 jan. 2022.

BERLIN, Isaiah. *Two Concepts of Liberty: An Inaugural Lecture Delivered before the University of Oxford on 31 October 1958*. Oxford: Clarendon Press, 1958.

BINNS, Reuben. "Algorithmic Accountability and Public Reason". *Philosophy & Technology*, v. 31, 2018.

BISCHOFF, Paul. "Facial Recognition Technology (FRT): Which Countries Use It? [100 Analyzed]". *Comparitech*, 24 jan. 2022.

BLACK, Ian. "NSA Spying Scandal: What We Have Learned". *The Guardian*, 10 jun. 2013.

BOHMAN, James. *Public Deliberation: Pluralism, Complexity and Democracy*. Cambridge: MIT Press, 1996.

BOMMASANI, Rishi et al. "On the Opportunities and Risks of Foundation Models". Center for Research on Foundation Models (CRFM), 2021.

BOVENS, Mark. "Analysing and Assessing Accountability: A Conceptual Framework". *European Law Journal*, v. 13, n. 4, 2007.

BRAYNE, Sarah. "Big Data Surveillance: The Case of Policing". *American Sociological Review*, v. 82, n. 5, 2017.

__. *Predict and Surveil: Data, Discretion, and the Future of Policing*. New York: Oxford University Press, 2021.

BRENNAN, Jason. *Against Democracy*. Princeton: Princeton University Press, 2016. [Ed. port.: *Contra a democracia*, trad. Elizabete Lucas. Lisboa: Gradiva, 2017.]

BROWNE, Simone. *Dark Matters: On the Surveillance of Blackness*. Durham: Duke University Press, 2015.

BRUNS, Axel. *Are Filter Bubbles Real? Digital Futures*. Cambridge: Polity Press, 2019.

BRYSON, Joanna. "AI & Global Governance: No One Should Trust AI". *United Nations University Centre for Policy Research Blog*, 13 nov. 2018.

BUCHANAN, James & Gordon Tullock. *The Calculus of Consent: Logical Foundations of Constitutional Democracy*. Ann Arbor: University of Michigan Press, 1962.

BUCHER, Taina. "Want to Be on the Top? Algorithmic Power and the Threat of Invisibility on Facebook". *New Media & Society*, v. 14, n. 7, 2012.

__. *If... Then. Algorithmic Power and Politics*. Oxford: Oxford University Press, 2018.

BUHMANN, Alexander & Christian FIESELER. "Towards a Deliberative Framework for Responsible Innovation in Artificial Intelligence". *Technology in Society*, v. 64, 2021.

BURRELL, Jenna & Marion FOURCADE. "The Society of Algorithms". *Annual Review of Sociology*, v. 47, 2021.

BYRNES, Michael W. "Nightfall: Machine Autonomy in Air-to-Air Combat". *Air and Space Power Journal*, v. 28, n. 3, 2014.

CALO, Ryan & Alex ROSENBLAT. "The Taking Economy: Uber, Information, and Power". *Columbia Law Review*, v. 117, n. 6, 2017.

CAPLAN, Robin & Danah BOYD. "Isomorphism through Algorithms: Institutional Dependencies in the Case of Facebook". *Big Data & Society*, v. 5, n. 1, 2018.

CAPOCCIA, Giovanni. "Critical Junctures and Institutional Change", in J. Mahoney & K. Thelen (orgs.), *Advances in Comparative-Historical Analysis*. Cambridge: Cambridge University Press, 2015.

CARAMANI, Daniele. "Will vs. Reason: The Populist and Technocratic Forms of Political Representation and Their Critique to Party Government". *American Political Science Review*, v. 111, n. 1, 2017.

CARDOSO, Bruno Baranda. "A implementação do Auxílio Emergencial como medida excepcional de proteção social". *Revista de Administração Pública*, v. 54, n. 4, 2020.

CENTENO, Miguel Ángel. "The New Leviathan: The Dynamics and Limits of Technocracy". *Theory and Society*, v. 22, n. 3, 1993.

CHAMBERS, Simone. "Deliberative Democratic Theory". *Annual Review of Political Science*, v. 6, 2003.

__. "Behind Closed Doors: Publicity, Secrecy, and the Quality of Deliberation". *The Journal of Political Philosophy*, v. 12, n. 4, 2004.

__. "Truth, Deliberative Democracy, and the Virtues of Accuracy: Is Fake News Destroying the Public Sphere?" *Political Studies*, v. 69, n. 1, 2021.

CHANDRA, Ankita. "5 real stories of finding love online to warm your cold, millennial heart". *Vogue India*, 14 fev. 2018.

CHATTERJEE, Chirantan & D. Daniel SOKOL. "Data Security, Data Breaches, and Compliance", in B. Rooij & D. D. Sokol (orgs.). *The Cambridge Handbook of Compliance*. Cambridge: Cambridge University Press, 2021.

CHEN, Chen; Ray SURETTE & Mubarak SHAH. "Automated Monitoring for Security Camera Networks: Promise from Computer Vision Labs". *Security Journal*, v. 34, 2021.

CHEN, Le; Alan MISLOVE & Christo WILSON. "Peeking Beneath the Hood of Uber". *Proceedings of the 2015 Internet Measurement Conference.* New York, Association for Computing Machinery, 2015.

CINELLI, Matteo et al. "The Echo Chamber Effect on Social Media". *Proceedings of the National Academy of Sciences of the United States of America*, v. 118, n. 9, 2021.

COBBE, Jennifer & Jatinder SINGH. "Regulating Recommending: Motivations, Considerations, and Principles". *European Journal of Law and Technology*, v. 10, n. 3, 2019.

COMPETITION & MARKETS AUTHORITY. *Algorithms: How They Can Reduce Competition and Harm Consumers*. Reino Unido, 19 jan. 2021.

CONNOLLY, Randy. "Why Computing Belongs within the Social Sciences". *Communications of the ACM*, v. 63, n. 8, 2020.

COOKE, Maeve. "Five Arguments for Deliberative Democracy". *Political Studies*, v. 48, n. 5, 2000.

COTTER, Kelley. "Playing the Visibility Game: How Digital Influencers and Algorithms Negotiate Influence on Instagram". *New Media & Society*, v. 21, n. 4, 2018.

COULDRY, Nick & Ulises A. MEJIAS. "Data Colonialism: Rethinking Big Data's Relation to the Contemporary Subject". *Television & New Media*, v. 20, n. 4, 2019.

__ & __. "The Decolonial Turn in Data and Technology Research: What Is at Stake and Where Is it Heading?". *Information, Communication & Society*, v. 26, n. 4, 2021.

CRAWFORD, Kate. "Can an Algorithm Be Agonistic? Ten Scenes from Life in Calculated Public Spaces". *Science, Technology & Human Values*, v. 41, n. 1, 2015.

__. *Atlas of AI: Power, Politics, and the Planetary Costs of Artificial Intelligence*. New Haven: Yale University Press, 2021.

CROUCH, Colin. *Post-democracy*. Cambridge: Polity, 2004.

CULPEPPER, Pepper D. & Kathleen THELEN. "Are We All Amazon Primed? Consumers and the Politics of Platform Power". *Comparative Political Studies*, v. 53, n. 2, 2021.

CURATO, Nicole; Marit HAMMOND & John B. MIN. *Power in Deliberative Democracy: Norms, Forums, Systems*. Cham: Palgrave Macmillan, 2019.

DAHL, Robert. *Sobre a democracia*, trad. Beatriz Sidou. Brasília: Editora UnB, 2001.

__. *Poliarquia: Participação e oposição*, trad. Celso Mauro Paciornik. São Paulo: Edusp, 2022.

DAI, Xin. "Enforcing Law and Norms for Good Citizens: One View of China's Social Credit System Project". *Development*, v. 63, 2020.

DANAHER, John. "The Threat of Algocracy: Reality, Resistance and Accommodation". *Philosophy & Technology*, v. 29, 2016.

DAVE, Paresh. "U.S. Cities Are Backing Off Banning Facial Recognition as Crime Rises". *Reuters*, 12 maio 2022.

DAVIS, Ashley R. "A Conceptual Framework for Understanding Path Dependency and Technology Option Evaluation when Valuing IT Opportunities". *International Journal of Business and Social Science*, v. 6, n. 1, 2015.

DEKONINCK, Heleen & Desiree SCHMUCK. "The Mobilizing Power of Influencers for Pro-environmental Behavior Intentions and Political Participation". *Environmental Communication*, v. 16, n. 4, 2022.

DELOITTE & THE LISBON COUNCIL. *d01. Study on Public Sector Data Strategies, Policies and Governance*. 15 maio 2020.

DERMALOG. "Temperature Detection in Operation at Hanover Exhibition Grounds", Hamburg/Hanover, 27 fev. 2020.

DE VRIES, Patricia & Willem SCHINKEL. "Algorithmic Anxiety: Masks and Camouflage in Artistic Imaginaries of Facial Recognition Algorithms". *Big Data & Society*, v. 6, n. 1, 2019.

DEWEY, John. *The Public and Its Problems*. Chicago: Swallow Press, 1954.

DIAKOPOULOS, Nicholas. "Algorithmic accountability: Journalistic investigation of computational power structures". *Digital Journalism*, v. 3, n. 3, 2015.

__. "Transparency", in M. D. Dubber; F. Pasquale & S. Das (orgs.). *The Oxford*

Handbook of Ethics and AI. New York: Oxford University Press, 2020.

DiMAGGIO, Paul J. & Walter W. POWELL. "The Iron Cage Revisited: Institutional Isomorphism and Collective Rationality in Organizational Fields". *American Sociological Review*, v. 48, n. 2, abr. 1983.

DONAHOE, Eileen & Megan MacDuffee METZGER. "Artificial Intelligence and Human Rights". *Journal of Democracy*, v. 30, n. 2, 2019.

DRESSEL, Julia & Hany FARID. "The Accuracy, Fairness, and Limits of Predicting Recidivism". *Science Advances*, v. 4, n. 1, 2018.

DROTT, Eric. "Fake Streams, Listening Bots, and Click Farms: Counterfeiting Attention in the Streaming Music Economy". *American Music*, v. 38, n. 2, 2020.

DRYZEK, John S. *Deliberative Democracy and Beyond: Liberals, Critics, Contestations*. New York: Oxford University Press, 2000.

DRYZEK, John S. & Simon NIEMEYER. *Foundations and Frontiers of Deliberative Governance*. Oxford: Oxford University Press, 2010.

DRYZEK, John S. et al. "The Crisis of Democracy and the Science of Deliberation". *Science*, v. 363, n. 6.432, 2019.

DUNLEAVY, Patrick & Helen MARGETTS. "The Second Wave of Digital-Era Governance: A Quasi-paradigm for Government on the Web". *Philosophical Transactions of the Real Society*, v. 371, n. 1.987, 2013.

DUNLEAVY, Patrick et al. "New Public Management Is Dead-Long Live Digital-Era Governance". *Journal of Public Administration Research and Theory*, v. 16, n. 3, 2006.

EASTON, David. *A Systems Analysis of Political Life*. New York: John Wiley, 1965.

EKBIA, Hamid R. "Heteronomous Humans and Autonomous Agents: Toward Artificial Relational Intelligence", in J. Romportl; E. Zackova & J. Kelemen (orgs.). *Beyond Artificial Intelligence: The Disappearing Human-Machine Divide*. Cham: Springer, 2015.

EKSTRAND, Michael D.; John T. RIEDL & Joseph A. KONSTAN. "Collaborative Filtering Recommender Systems". *Foundations and Trends in Human-Computer Interaction*, v. 4, n. 2, 2011.

ELSTER, Jon. "Deliberation and Constitution Making", in J. Elster (org.). *Deliberative Democracy*. Cambridge: Cambridge University Press, 1998.

__. "Arguing and Bargaining in Two Constituent Assemblies". *Journal of Constitutional Law*, v. 2, n. 2, 2000.

ENTMAN, Robert. "Framing: Toward Clarification of a Fractured Paradigm". *Journal of Communication*, v. 43, n. 4, dez. 1993.

EPSTEIN, Robert & Ronald E. ROBERTSON. "The Search Engine Manipulation Effect (SEME) and Its Possible Impact on the Outcomes of Elections". *Proceedings of the National Academy of Sciences of the United States of America*, v. 112, n. 33, 2015.

ERCAN, Selen & Jean-Paul GAGNON. "The Crisis of Democracy: Which Crisis? Which Democracy?" *Democratic Theory*, v. 1, n. 2, 2014.

ERCAN, Selen et al. (orgs.) *Research Methods in Deliberative Democracy*. Oxford: Oxford University Press, 2022.

ETZIONI, Amitai & Oren ETZIONI. "Pros and Cons of Autonomous Weapons Systems", in A. Etzioni (org.).

Happiness is the Wrong Metric: A Liberal Communitarian Response to Populism. Cham: Springer Open, 2018.

EUBANKS, Virginia. *Automating Inequality: How High-Tech Tools Profile, Police, and Punish the Poor*. New York: St. Martin's Press, 2018.

EZRACHI, Ariel & Maurice E. STUCKE. *Virtual Competition: The Promise and Perils of the Algorith-driven Economy*. Cambridge: Harvard University Press, 2016.

"Facial Recognition Taken to Court in India's Surveillance Hotspot". *Al Jazeera*, 20 jan. 2022.

FAIRCLOUGH, Norman. *Discurso e mudança social*, trad. Izabel Magalhães et al. Brasília: Editora UnB, 2001.

__. *Analysing Discourse: Textual Analysis for Social Research*. New York: Routledge, 2003.

FILGUEIRAS, Fernando. "Transparency and Accountability: Principles and Rules for the Construction of Publicity". *Journal of Public Affairs*, v. 16, n. 2, 2016.

FILGUEIRAS, Fernando & Virgílio ALMEIDA. *Governance for the Digital World: Neither More State nor More Market*. London: Palgrave-MacMillan, 2021.

FINKEL, Eli J. et al. "Political Sectarianism in America". *Science*, v. 370, n. 6.516, 2020.

FIRMINO, Rodrigo José et al. "Fear, Security, and the Spread of CCTV in Brazilian Cities: Legislation, Debate, and the Market". *Journal of Urban Technology*, v. 20, n. 3, 2013.

FISHER, Eran. "Do Algorithms Have a Right to the City? Waze and Algorithmic Spatiality". *Cultural Studies*, v. 36, n. 1, 2022.

FISCHER, Frank. *Technocracy and the Politics of Expertise*. Newbury Park, CA: Sage, 1990.

__. "In Pursuit of Usable Knowledge: Critical Policy Analysis and the Argumentative Turn", in F. Fischer et al. (orgs.). *Handbook of Critical Policy Studies*. Cheltenham: Edward Elgar, 2015.

__. *Climate Crisis and the Democratic Prospect: Participatory Governance in Sustainable Communities*. Oxford: Oxford University Press, 2017.

FISCHER, Max & Amanda TAUB. "How YouTube Radicalized Brazil". *The New York Times*, 11 ago. 2019.

FODERARO, Lisa. "Navigation Apps Are Turning Quiet Neighborhoods into Traffic Nightmares". *The New York Times*, 24 dez. 2017.

FORD, Bryan. "Technologizing Democracy or Democratizing Technology? A Layered Architecture Perspective on Potentials and Challenges", in L. Bernholz; H. Landemore & R. Reich (orgs.). *Digital Technology and Democratic Theory*. Chicago: The University of Chicago Press, 2021.

FORESTAL, Jennifer. *Designing for Democracy: How to Build Community in Digital Environments*. Oxford: Oxford University Press, 2022.

FORST, Rainer. "Two Bad Halves Don't Make a Whole: On the Crisis of Democracy". *Constellations*, v. 26, n. 3, 2019.

FOUCAULT, Michel. *Vigiar e punir: Nascimento da prisão*, trad. Raquel Ramalhete. Petrópolis: Vozes, 1987.

__. *Nascimento da biopolítica*, trad. Eduardo Brandão. São Paulo: Martins Fontes, 2008.

__. *Microfísica do poder*, trad. Roberto Machado. Rio de Janeiro: Paz e Terra, 2017.

___. "Verdade e poder", in *Microfísica do poder*, trad. Roberto Machado. Rio de Janeiro: Paz e Terra, 2017.

FRISCHMANN, Brett & Evan SELINGER. *Re-Engineering Humanity*. Cambridge: Cambridge University Press, 2018.

FUKUYAMA, Francis. *Ordem e decadência política: Da revolução industrial à globalização da democracia*, trad. Nivaldo Montingelli Jr. Rio de Janeiro: Rocco, 2015.

GABBATT, Adam. "Protesters Rally for 'the Day We Fight Back' against Mass Surveillance". *The Guardian*, 11 fev. 2014.

GAGNON, Jean-Paul. "2,234 Descriptions of Democracy: An Update to Democracy's Ontological Pluralism". *Democratic Theory*, v. 5, n. 1, 2018.

GAMA, Aliny. "Reconhecimento facial por app captura 42 foragidos no Carnaval de Salvador". UOL, 26 fev. 2020.

GANDRA, Alana. "Pesquisa do IBGE mostra enfraquecimento do mercado de trabalho em 2020". *Agência Brasil*, 3 dez. 2021.

GARCELON, Nicolas et al. "Electronic Health Records for the Diagnosis of Rare Diseases". *Kidney International*, v. 97, n. 4, 2020.

GAW, Fatima. "Algorithmic Logics and the Construction of Cultural Taste of the Netflix Recommender System". *Media, Culture & Society*, v. 44, n. 4, 2021.

GERARDS, Janneke. "The Fundamental Rights Challenges of Algorithms". *Netherlands Quarterly of Human Rights*, v. 37, n. 3, 2019.

GIDARIS, Constantine. "The Carceral Airport: Managing Race as Risk through Biometric Systems and Technologies". *Public*, v. 30, n. 60, 2020.

GIEST, Sarah. "Big Data for Policymaking: Fad or Fast Track?". *Policy Sciences*, v. 50, 2017.

GILBERT, Katie. "Cupid's Code: Tweaking an Algorithm Can Alter the Course of Finding Love Online". *Insights by Stanford Business*, 7 fev. 2022.

GILLESPIE, Tarleton. "A relevância dos algoritmos", trad. Amanda Jurno. *Parágrafo*, v. 6, n. 1, 2018.

GOFFMAN, Erving. *Os quadros da experiência social: Uma perspectiva de análise*, trad. Gentil A. Titton. Petrópolis: Vozes, 2012.

GOMEZ-URIBE, Carlos & Neil HUNT. "The Netflix Recommender System: Algorithms, Business Value, and Innovation". *ACM Transactions on Management Information Systems*, v. 6, n. 4, 2015.

GORWA, Robert; Reuben BINNS & Christian KATZENBACH. "Algorithmic Content Moderation: Technical and Political Challenges in Automation of Platform Governance". *Big Data & Society*, v. 7, n. 1, 2020.

GRAAF, Shenja van der. "In Waze We Trust: Algorithmic Governance of the Public Sphere". *Media and Communication*, v. 6, n. 4, 2018.

GREEN, Bem. "The Contestation of Tech Ethics: A Sociotechnical Approach to Technology Ethics in Practice". *Journal of Social Computing*, v. 2, n. 3, 2021.

GREER, John Michael. *Decline and Fall: The End of Empire and the Future of Democracy in 21st Century America*. Gabriola: New Society Publisher, 2014.

GRIMMELIKHUIJSEN, Stephan & Albert MEIJER. "Legitimacy of Algorithmic Decision-Making: Six Threats and the Need for a Calibrated Institutional Response". *Perspectives on Public*

Management and Governance, v. 5, n. 3, 2022.

GUNDABATHULA, Varun Teja & V. VAIDHEHI. "An Efficient Modelling of Terrorist Groups in India Using Machine Learning Algorithms". *Indian Journal of Science and Technology*, v. 11, n. 15, 2018.

GUNNINGHAM, Neil, Peter GRABOSKY & Darren SINCLAIR. *Smart Regulation: Designing Environmental Policy*. Oxford Academic, 2023.

HABERMAS, Jürgen. "Comunicação política na sociedade mediática: O impacto da teoria normativa na pesquisa empírica", trad. Ângela Cristina Salgueiro Marques. *Líbero*, ano XI, n. 21, 2008.

__. *Facticidade e validade: Contribuições para uma teoria discursiva do direito e da democracia*, trad. Felipe Gonçalves Silva e Rúrion Melo. São Paulo: Editora Unesp, 2021.

HACKER, Jacob S.; Paul PIERSON & Kathleen THELEN. "Drift and Conversion: Hidden Faces of Institutional Change", in J. Mahoney & K. Thelen (orgs.). *Advances in Comparative-Historical Analysis*. Cambridge: Cambridge University Press, 2015.

HAGGERTY, Kevin D. & Richard V. ERICSON. "The Surveillant Assemblage". *British Journal of Sociology*, v. 51, n. 4, 2000.

HALL, Peter A. "The Movement from Keynesianism to Monetarism: Institutional Analysis and British Economic Policy in the 1970s", in S. Steinmo; K. Thelen & F. Longstreth (orgs.). *Structuring Politics*. Cambridge: Cambridge University Press, 1992.

HALL, Peter A. & Rosemary C. R. TAYLOR. "Political Science and the Three New Institutionalisms". *Political Studies*, v. 44, n. 5, 1996.

HARCOURT, Bernard E. *Exposed: Desire and Disobedience in the Digital Age*. Cambridge: Harvard University Press, 2015.

HAY, Colin. "Constructivist Institutionalism", in A. Binder; R. A. W. Rhodes & B. A. Rockman (orgs.). *The Oxford Handbook of Political Institutions*. Oxford: Oxford University Press, 2008.

__. "Good in a Crisis: The Ontological Institutionalism of Social Constructivism". *New Political Economy*, v. 21, n. 6, 2016.

HELBERGER, Natali. "On the Democratic Role of News Recommenders". *Digital Journalism*, v. 7, n. 8, 2019.

HENDERSON, Peter et al. "Beyond Ads: Sequential Decision-Making Algorithms in Public Policy". *arXiv*, 13 dez. 2021.

HILL, Kashmir. "Wrongfully Accused by an Algorithm". *The New York Times*, 24 jun. 2020.

HOBBES, Thomas. *Leviatã: Ou matéria, forma e poder de uma república eclesiástica e civil*, org. R. Tuck, trad. João Paulo Monteiro e Maria Beatriz Nizza da Silva. São Paulo: Martins Fontes, 2003.

HOLST, Cathrine. "What is Epistocracy? Dimensions of Knowledge-Based Rule", in S. A. Øyen; T. Lund-Olsen & N. S. Vaage (orgs.). *Sacred Science?: On Science and Its Interrelations with Religious Worldviews*. Wageningen: Wageningen Academic Publishers, 2012.

HONG, Yu. *Networking China: The Digital Transformation of the Chinese Economy*. Urbana: University of Illinois Press, 2017.

HOOD, Christopher & Helen MARGETTS. *The Tools of Government in the Digital Age*. Basingstoke: Palgrave Macmillan, 2007.

HOSSEINMARDI, Homa et al. "Examining the Consumption of Radical Content on YouTube". *Proceedings of the National Academy of Sciences of the United States of America*, v. 118, n. 32, 2021.

"How Africa Tweets 2018". *Portland Communications*, 18 jul. 2018.

HUMAN SECURITY UNIT. *Training Manual: Human Security Regional Training*. New York: United Nations, 2010.

HUPE, Peter (org.). *Research Handbook on Street-Level Bureaucracy*. Cheltenham/Northampton: Edward Elgar, 2019.

HUSZÁR, Ferenc et al. "Algorithmic Amplification of Politics on Twitter". *Proceedings of the National Academy of Sciences of the United States of America*, v. 119, n. 1, 2022.

ILLOUZ, Eva. *O amor nos tempos do capitalismo*, trad. Vera Ribeiro. Rio de Janeiro: Zahar, 2011.

INTRONA, Lucas D. & Helen NISSENBAUM. "Facial Recognition Technology: A Survey of Policy and Implementation Issues". Lancaster University Management School, Working Paper n. 2010/030. The Center for Catastrophe Preparedness & Response. New York: New York University, 2009.

"Os invisíveis do Auxílio Brasil turbinado", *O Globo*, s.d.

JAKESCH, Maurice et al. "Trend Alert: A Cross-Platform Organization Manipulated Twitter Trends in the Indian General Election". *Proceedings of the ACM on Human-Computer Interaction*, v. 5, n. CSCW2, 2021.

JAVORSKY, Emilia; Max TEGMARK & Ira HELFAND. "Lethal Autonomous Weapons". *BMJ*, v. 364, 2019.

JEPPERSON, Ronald L. "Institutions, Institutional Effects, and Institutionalism", in W. W. Powell & P. DiMaggio (orgs.). *The New Institutionalism in Organizational Analysis*. Chicago: The University of Chicago Press, 1991.

JONAS, Jeff & Jim HARPER. "Effective Counterterrorism and the Limited Role of Predictive Data Mining". *Policy Analysis*, v. 584, 11 dez. 2006.

JOYCE, Kelly et al. "Toward a Sociology of Artificial Intelligence: A Call for Research on Inequalities and Structural Change". *Socius*, v. 7, 2021.

JUST, Natascha & Michael LATZER. "Governance by Algorithms: Reality Construction by Algorithmic Selection on the Internet". *Media, Culture & Society*, v. 39, n. 2, 2017.

KALYVAS, Andreas. "Whose Crisis? Which Democracy? Notes on the Current Political Conjuncture". *Constellations*, v. 26, n. 3, 2019.

KANTROWITZ, Alex. "Racist Twitter Bot Went Awry Due to 'Coordinated Effort' by Users, Says Microsoft". *BuzzFeed News*, 24 mar. 2016.

KARUNA, Prakruthi et al. "Generating Hard to Comprehend Fake Documents for Defensive Cyber Deception". *IEEE Intelligent Systems*, v. 33, n. 5, 2018.

KATTEL, Rainer & Ines MERGEL. "Estonia's Digital Transformation: Mission Mystique and the Hiding Hand", in P. 't Hart & M. Compton (orgs.). *Great Policy Successes*. Oxford: Oxford University Press, 2019.

KAYSER-BRIL, Nicolas. "In a Quest to Optimize Welfare Management, Denmark Built a Surveillance Behemoth". *Algorithm Watch*, 6 ago. 2020.

KEANE, John. *Democracy and Media Decadence*. Cambridge: Cambridge University Press, 2013.

__. *The New Despotism*. Cambridge: Harvard University Press, 2020.

KEARNS, Michael & Aaron ROTH. *The Ethical Algorithm: The Science of Socially Aware Algorithm Design*. New York: Oxford University Press, 2020.

KEHL, Danielle; Priscilla GUO & Samuel KESSLER. "Algorithms in the Criminal Justice System: Assessing the Use of Risk Assessments in Sentencing". Responsive Communities Initiative, Berkman Klein Center for Internet & Society, Harvard Law School, 2017.

KELLEHER, John. *Deep Learning*. Cambridge: MIT Press, 2019.

KELLOGG, Katherine; Melissa A. VALENTINE & Angèle CHRISTIN. "Algorithms at Work: The New Contested Terrain of Control". *Academy of Management Annals*, v. 14, n. 1, 2020.

KLEINWÄCHTER, Wolfgang & Virgílio ALMEIDA. "The Internet Governance Ecosystem and the Rainforest". *IEEE Internet Computing*, v. 19, n. 2, 2015.

KNUTH, Donald. *The Art of Computer Programming*, v. 1: *Fundamental Algorithms*. Reading: Addison-Wesley, 1968.

KOIGI, Bob. "African Startups Embrace Blockchain to Clean Land Ownership Mess". *FairPlanet*, 2018.

KONAEV, Margarita et al. "U.S. Military Investments in Autonomy and AI: Executive Summary". Center for Security and Emerging Technology, out. 2020.

KÖNIG, Pascal D. "Dissecting the Algorithmic Leviathan: On the Socio-political Anatomy of Algorithmic Governance". *Philosophy & Technology*, v. 33, 2019.

KÖNIG, Pascal D. & Georg WENZELBURGER. "The Legitimacy Gap of Algorithmic Decision-Making in the Public Sector: Why It Arises and How to Address It". *Technology in Society*, v. 67, 2021.

KONING, Edward Anthony. "The Three Institutionalisms and Institutional Dynamics: Understanding Endogenous and Exogenous Change". *Journal of Public Policy*, v. 36, n. 4, 2016.

KRAMER, Adam D. I.; Jamie E. GUILLORY & Jeffrey T. HANCOCK. "Experimental Evidence of Massive-Scale Emotional Contagion through Social Networks". *Proceedings of National Academy of Sciences of the United States of America*, v. 111, n. 24, 2014.

KRASNER, Stephen D. "Sovereignty: An Institutional Perspective". *Comparative Political Studies*, v. 21, n. 1, 1988.

KREIF, Noémi & Karla DIAS-ORDAZ. "Machine Learning in Policy Evaluation: New Tools for Causal Inference". *Oxford Research Encyclopedia of Economics and Finance*, 2019.

KROLL, Joshua A. et al. "Accountable Algorithms". *University of Pennsylvania Law Review*, v. 165, n. 3, 2017.

KURLANTZICK, Joshua. *Democracy in Retreat: The Revolt of the Middle Class and the Worldwide Decline of Representative Government*. New Haven: Yale University Press, 2013.

LANDEMORE, Hélène. *Democratic Reason: Politics, Collective Intelligence, and the Rule of the Many*. Princeton: Princeton University Press, 2013.

__. "Open Democracy and Digital Technologies", in L. Bernholz; H. Landemore & R. Reich (orgs.), *Digital Technology and Democratic Theory*. Chicago: The University of Chicago Press, 2021.

LASSWELL, Harold D. & Abraham KAPLAN. *Power and Society: A Framework for Political Inquiry*. New York: Routledge. 2017.

LATOUR, Bruno. "Where Are the Missing Masses? The Sociology of a Few Mundane Artifacts", in W. E. Bijker & J. Law (orgs.), *Shaping Technology/Building Society: Studies in Sociotechnical Change*. Cambridge: MIT Press, 1992.

LAU, Tim. "Predictive Policing Explained". *Brennan Center for Justice*, abr. 2020.

"Leading European Parliament Figures Agree to Ban Predictive Policing and Justice AI". *Fair Trials*, 12 abr. 2022.

LEE, Min Kyung et al. "Working with Machines: The Impact of Algorithmic and Data-Driven Management on Human Workers". *Proceedings of the 33rd Annual ACM Conference on Human Factors in Computing Systems*, New York, Association for Computing Machinery, 2015.

LEMOS, André & Leonardo PASTOR. "Experiência algorítmica: Ação e prática de dado na Plataforma Instagram". *Contracampo*, v. 39, n. 2, 2020.

LEPRI, Bruno et al. "Fair, Transparent, and Accountable Algorithmic Decision-Making Processes". *Philosophy & Technology*, v. 31, 2018.

LESSIG, Lawrence. *Code and Other Laws of Cyberspace*. New York: Basic Books, 1999.

LEVI, Margaret. "A Model, a Method and a Map: Rational Choice in Comparative and Historical Analysis", in M. I. Lichbach & A. S. Zuckerman (orgs.). *Comparative Politics: Rationality, Culture and Structure*. Cambridge: Cambridge University Press, 1997.

LEVI, Michael & Russell SMITH. *Fraud and Its Relationship to Pandemics and Economic Crises: From Spanish Flu to Covid-19*. Research Report n. 19. Canberra: Australian Institute of Criminology, 2021.

LEVITSKY, Steven & Daniel ZIBLATT. *Como as democracias morrem*, trad. Renato Aguiar. Rio de Janeiro: Zahar, 2018.

LI, Eileen. "Europe's Next Steps in Regulating Facial Recognition Technology". *Columbia Journal of Transnational Law*, 7 nov. 2021.

LIMA, Marcio Salles Melo & Dursun DELEN. "Predicting and Explaining Corruption across Countries: A Machine Learning Approach". *Government Information Quarterly*, v. 37, n. 1, 2020.

LINDBLOM, Charles E. *The Policy-Making Process*. Englewood Cliffs: Prentice Hall, 1984.

LIPTAK, Adam. "Sent to Prison by a Software Program's Secret Algorithms". *The New York Times*, 1º maio 2017.

LUKES, Steven. *Power: A Radical View*. London: Palgrave-Macmillan, 2005.

LUPIA, Arthur & Matthew D. MCCUBBINS. "Learning from Oversight: Fire Alarms and Police Patrols Reconstructed". *Journal of Law, Economics, and Organization*, v. 10, n. 1, 1994.

LYON, David. "Surveillance, Snowden, and Big Data: Capacities, Consequences, Critique". *Big Data & Society*, v. 1, n. 2, 2014.

MADDICOTT, J. R. *The Origins of the English Parliament, 924-1327*. Oxford: Oxford University Press, 2010.

MAHONEY, James & Kathleen THELEN. "A Theory of Gradual Institutional Change", in J. Mahoney & K. Thelen (orgs.). *Explaining Institutional Change: Ambiguity, Agency, and Power*. Cambridge: Cambridge University Press, 2009.

"Mais de mil câmeras são instaladas para monitoramento das ruas em Salvador e região metropolitana". *G1*, 15 jun. 2022.

MARASCIULO, Marília. "How Anitta Megafans Gamed Spotify to Help Create Brazil's First Global Chart-Topper". *Rest of World*, 8 abr. 2022.

MARCH, James G. & Johan P. OLSEN. "The Uncertainty of the Past: Organizational Learning under Ambiguity". *European Journal of Political Research*, v. 3, n. 2, jun. 1975.

__. "The New Institutionalism: Organizational Factors in Political Life". *American Political Science Review*, v. 78, n. 3, set. 1984.

__. "Elaborating the 'New Institutionalism'", in S. A. Binder; R. A. W. Rhodes & B. A. Rockman (orgs.). *The Oxford Handbook of Political Institutions*. Oxford: Oxford University Press, 2006.

__. "The Logic of Appropriateness", in R. E. Goodin, M. Moran & M. Rein (orgs.). *The Oxford Handbook of Public Policy*. Oxford: Oxford University Press, 2009.

MARGETTS, Helen. "New Players: Government Contracting of Information Technology", in *Information Technology in Government: Britain and America*. New York: Routledge, 2012.

MARGULIES, Peter. "Surveillance by Algorithm: The NSA, Computerized Intelligence Collection, and Human Rights". *Florida Law Review*, v. 68, n. 4, 2016.

MATTHEWS, Jeanna et al. "The Right to Confront Your Accusers: Opening the Black Box of Forensic DNA Software". *Proceedings of the 2019 AAAI/ACM Conference on AI, Ethics, and Society*, 2019.

MCCARTHY, Odhran James. "AI & Global Governance: Turning the Tide on Crime with Predictive Policing". *United Nations University Centre for Policy Research Blog*, 26 fev. 2019.

MCCUBBINS, Mathew D.; Roger G. NOLL & Barry R. WEINGAST. "Administrative Procedures as Instruments of Political Control". *Journal of Law, Economics and Organization*, v. 3, n. 2, 1987.

MCCUBBINS, Mathew D. & Thomas SCHWARTZ. "Congressional Oversight Overlooked: Police Patrols versus Fire Alarms". *American Journal of Political Science*, v. 28, n. 1, 1984.

MEIJER, Albert. "Transparency", in M. Bovens; R. Goodin & T. Schillemans (orgs.). *The Oxford Handbook of Public Accountability*. Oxford: Oxford University Press, 2014.

MEIJER, Albert; Lukas LORENZ & Martijn WESSELS. "Algorithmization of Bureaucratic Organizations: Using a Practice Lens to Study How Context Shapes Predictive Policing Systems". *Public Administration Review*, v. 81, n. 5, 2021.

MEIJER, Albert & Martijn WESSELS. "Predictive Policing: Review of Benefits and Drawbacks". *International Journal of Public Administration*, v. 42, n. 12, 2019.

MELVILLE, Prem & Vikas SINDHWANI. "Recommender Systems", in C. Sammut & G. I. Webb (orgs.). *Encyclopedia of Machine Learning and Data Mining*. New York: Springer, 2017.

MENDONÇA, Ricardo Fabrino. "Dimensões democráticas nas jornadas de junho: reflexões sobre a compreensão de democracia entre manifestantes de 2013". *Revista Brasileira de Ciências Sociais*, v. 33, n. 98, 2018.

__. "Can Deliberative Democracy Help Democracy in Dangerous Times?". Western Political Science Association Meeeting. Los Angeles, 2020.

MENDONÇA, Ricardo Fabrino; Mariana ABREU & Rayza SARMENTO. "Repertórios discursivos e as disputas políticas contemporâneas". *Novos Estudos Cebrap*, v. 40, n. 1, 2021.

MENDONÇA, Ricardo Fabrino; Fernando FILGUEIRAS & Virgílio ALMEIDA. "The

Infrapolitics of Algorithmic Resistance". *Communications of the ACM*, v. 66, n. 11, 2023.

MENDONÇA, Ricardo Fabrino & Paula Guimarães SIMÕES. "Enquadramento: Diferentes operacionalizações analíticas de um conceito". *Revista Brasileira de Ciências Sociais*, v. 27, n. 79, jun. 2012.

METZ, Cade & Adam SATARIANO. "An Algorithm That Grants Freedom, or Takes It Away". *The New York Times*, 6 fev. 2020.

MEYER, John W. & Brian ROWAN. "Institutionalized Organizations: Formal Structure as Myth and Ceremony". *American Journal of Sociology*, v. 83, n. 2, set. 1977.

MILANO, Silvia; Mariarosaria TADDEO & Luciano FLORIDI. "Recommender Systems and Their Ethical Challenges". *AI & Society*, v. 35, 2020.

MITTELSTADT, Brent Daniel et al. "The Ethics of Algorithms: Mapping the Debate". *Big Data & Society*, v. 3, n. 2, 2016.

MOHAMED, Shakir; Marie-Therese PNG & William ISAAC. "Decolonial AI: Decolonial Theory as Sociotechnical Foresight in Artificial Intelligence". *Philosophy and Technology*, v. 33, n. 4, 2020.

MÖHLMANN, Mareike & Ola HENFRIDSSON. "What People Hate About Being Managed by Algorithms, According to a Study of Uber Drivers". *Harvard Business Review*, 30 ago. 2019.

MORLINO, Leonardo. *Changes for Democracy: Actors, Structures, Processes*. Oxford: Oxford University Press, 2012.

MOUNK, Yascha. *The People vs. Democracy*. Cambridge: Harvard University Press, 2018.

MULGAN, Richard. "'Accountability': An Ever-Expanding Concept?". *Public Administration*, v. 78, n. 3, 2000.

NAJIBI, Alex. "Racial Discrimination in Face Recognition Technology". *Harvard Griffin GSAS Science Policy Group Blog*, 24 out. 2020.

NAPOLI, Philip M. "The Algorithm as Institution: Toward a Theoretical Framework for Automated Media Production and Consumption". *McGannon Center Working Paper Series*, v. 26, 2013.

__. "Automated Media: An Institutional Theory Perspective on Algorithmic Media Production and Consumption". *Communication Theory*, v. 24, n. 3, ago. 2014.

NEUMANN, John von & Oskar MORGENSTERN. *Theory of Games and Economic Behavior*. New York: Interbooks, 2021.

NEYLAND, Daniel. *The Everyday Life of an Algorithm*. Cham: Palgrave Pivot, 2019.

NGUYEN, Dennis & Erik HEKMAN. "The News Framing of Artificial Intelligence: A Critical Exploration of How Media Discourses Make Sense of Automation". *AI & Society*, v. 39, 2024.

NISAN, Noam et al. (orgs.) *Algorithmic Game Theory*. Cambridge: Cambridge University Press, 2007.

NOBLE, Safiya Umoja. *Algoritmos da opressão: Como o Google fomenta e lucra com o racismo*, trad. Felipe Damorim. Santo André: Rua do Sabão, 2021.

NORRIS, Pippa & Ronald INGLELHART. *Cultural Backlash: Trump, Brexit and Authoritarian Populism*. Cambridge: Cambridge University Press, 2019.

NORTH, Douglass C. *Institutions, Institutional Change and Economic Performance*. New York: Cambridge University Press, 1990.

NYHAN, Brendan. "YouTube Still Hosts Extremist Videos. Here's Who Watches Them". *The Washington Post*, 10 mar. 2021.

OBERMEYER, Ziad et al. "Dissecting Racial Bias in an Algorithm Used to Manage the Health of Populations". *Science*, v. 366, n. 6.464, 2019.

OECD. *Recommendation of the Council on Digital Government Strategies*. Paris: OECD, 2014.

OFCOM. "Measuring Media Plurality: Ofcom's Advice to the Secretary of State for Culture, Olympics, Media and Sport". London, 2012.

OHME, Jakob. "Algorithmic Social Media Use and Its Relationship to Attitude Reinforcement and Issue-Specific Political Participation. The Case of the 2015 European Immigration Movements". *Journal of Information Technology & Politics*, v. 18, n. 1, 2021.

O'NEIL, Cathy. *Algoritmos de destruição em massa: Como o Big Data aumenta a desigualdade e ameaça a democracia*, trad. Rafael Abraham. Santo André: Rua do Sabão, 2020.

"Organ Donation Depends on Trust". *The Lancet*, v. 387, n. 10.038, 2016.

ORREN, Karen & Stephen SKOWRONEK. "Beyond the Iconography of Order: Notes for a 'New Institutionalism'", in L. C. Dodd & C. Jillson (orgs.). *The Dynamics of American Politics*. Boulder: Westview. 1994.

OSTROM, Elinor. *Governing the Commons: The Evolution of Institutions for Collective Action*. Cambridge: Cambridge University Press, 1990.

__. "Rational Choice Theory and Institutional Analysis: Toward Complementarity". *American Political Science Review*, v. 85, n. 1, 1991.

__. "A Behavioral Approach to the Rational Choice Theory of Collective Action: Presidential Address". *American Political Science Review*, v. 92, n. 1, 1998.

__. *Understanding Institutional Diversity*. Princeton: Princeton University Press, 2005.

PARK, Andrew Lee. "Injustice Ex Machina: Predictive Algorithms in Criminal Sentencing". UCLA *Law Review*, 19 fev. 2019.

PARSONS, Talcott. *A estrutura da ação social*, trad. Vera Joscelyne e Raquel Weiss. Petrópolis: Vozes, 2010. 2 v.

PASQUALE, Frank. *The Black Box Society: The Secret Algorithms that Control Money and Information*. Cambridge: Harvard University Press, 2015

PATEMAN, Carole. *Participação e teoria democrática*, trad. Luiz Paulo Rouanet. Rio de Janeiro: Paz e Terra, 1992.

PERRIN, Andrew & Monica ANDERSON. "Share of U.S. Adults Using Social Media, Including Facebook, is Mostly Unchanged since 2018". *Pew Research Center*, 10 abr. 2019.

PERRY, Walter L. et al. *Predictive Policing: The Role of Crime Forecasting in Law Enforcement Operations*. Santa Monica: RAND Corporation, 2013.

PETERS, Guy B. *Institutional Theory in Political Science: The New Institutionalism*. Cheltenham: Edward Elgar, 2019.

PETRE, Caitlin; Brooke Erin DUFFY & Emily HUND. "'Gaming the System': Platform Paternalism and the Politics of Algorithmic Visibility". *Social Media + Society*, v. 5, n. 4, 2019.

PHILLIPS, Nelson; Thomas B. LAWRENCE & Cynthia HARDY. "Discourse and Institutions". *Academy of Management Review*, v. 29, n. 4, 2004.

PIERSON, Paul. "Increasing Returns, Path Dependence and the Study of Politics".

American Political Science Review, v. 94, n. 2, 2000.
__. *Politics in Time: History, Institutions, and Social Analysis*. Princeton: Princeton University Press, 2004.
PIERSON, Paul & Theda SKOCPOL. "Historical Institutionalism in Contemporary Political Science", in Ira Katznelson & Helen V. Milner (orgs.). *Political Science: State of the Discipline*. New York: W. W. Norton, 2002.
PIO, Debora. "Iniciativas que apoiam o banimento do reconhecimento facial avançam no Brasil". *Lavits – Rede Latino-Americana de Estudos sobre Vigilância, Tecnologia e Sociedade*, 3 ago. 2022.
POELL, Thomas & José van DIJCK. "Social Media and Journalistic Independence", in J. Bennett & N. Strange (orgs.). *Media Independence: Working with Freedom or Working for Free?* London: Routledge, 2014.
POLLARD, Martin. "Even Mask Wearers Can Be ID'd, China Facial Recognition Firm Says". *Reuters*, 9 mar. 2020.
POPPER, Karl. *The Logic of Scientific Discovery*. New York: Routledge, 2002.
__. *The Poverty of Historicism*. New York: Routledge, 2002.
"Privacy Concerns as India Readies Facial Recognition System". *Al Jazeera*, 7 nov. 2019.
PRZEWORSKI, Adam. *Crises da democracia*, trad. Berilo Vargas. Rio de Janeiro: Zahar, 2020.
RABUSHKA, Alvin & Kenneth A. SHEPSLE. *Politics in Plural Societies: A Theory of Democratic Instability*. New York: Longman, 2009.
RAJCHMAN, John. "Foucault's Art of Seeing", in *Philosophical Events: Essays of the '80s*. New York: Columbia University Press, 1991.
RAJVANSHI, Astha. "From Arranged Matches to Tinder Hook-Ups: How the Apps Changed Dating in India". ABC *News*, 16 jul. 2022.
RANCIÈRE, Jacques. *O desentendimento: Política e filosofia*, trad. Ângela Leite Lopes. São Paulo: Editora 34, 1996.
RATCLIFFE, Rebecca. "How a Glitch in India's Biometric Welfare System Can Be Lethal". *The Guardian*, 16 out. 2019.
REBELLO, Aiuri. "Da placa de carro ao CPF". *Intercept Brasil*, 21 set. 2020.
RIBEIRO, Manoel Horta et al. "Auditing Radicalization Pathways on YouTube". *Proceedings of the 2020 Conference on Fairness, Accountability, and Transparency*, 2020.
RINTA-KAHILA, Tapani et al. "How to Avoid Algorithmic Decision-Making Mistakes: Lessons from the Robodebt Debacle". *Momentum*, The University of Queensland, s.d.
ROBINSON, David G. "The Kidney Transplant Algorithm's Surprising Lessons for Ethical A.I.". *Slate*, 31 ago. 2022.
__. *Voices in the Code: A Story about People, their Values, and the Algorithm They Made*. New York: Russell Sage, 2022.
ROBINSON, Stephen Cory. "Trust, Transparency, and Openness: How Inclusion of Cultural Values Shapes Nordic National Public Policy Strategies for Artificial Intelligence (AI)". *Technology in Society*, v. 63, 2020.
ROSANVALLON, Pierre. *A contrademocracia*, trad. Diogo Cunha. Rio de Janeiro: Ateliê de Humanidades, 2022.
__. *A legitimidade democrática*, trad. Diogo Cunha. Rio de Janeiro: Ateliê de Humanidades, 2024.
ROSE, Jeremy & Matthew JONES. "The Double Dance of Agency: A Socio-

-theoretic Account of How Machines and Humans Interact". *Systems, Signs & Actions*, v. 1, n. 1, 2005.

ROSENBLAT, Alex & Luke STARK. "Algorithmic Labor and Information Asymmetries: A Case Study of Uber's Drivers". *International Journal of Communication*, v. 10, 2016.

ROSENFELD, Michael J.; Reuben J. THOMAS & Sonia HAUSEN. "Disintermediating Your Friends: How Online Dating in the United States Displaces Other Ways of Meeting". *Proceedings of the National Academy of Sciences of the United States of America*, v. 116, n. 36, 2019.

ROTARU, Victor et al. "Event-Level Prediction of Urban Crime Reveals a Signature of Enforcement Bias in US cities". *Nature Human Behavior*, v. 6, 2022.

ROUVROY, Antoinette. "Technology, Virtuality and Utopia: Governmentality in an Age of Autonomic Computing", in M. Hildebrandt & A. Rouvroy (orgs.). *Law, Human Agency and Autonomic Computing: The Philosophy of Law Meets the Philosophy of Technology*. London: Routledge, 2011.

__. "Algorithmic Governmentality: Radicalisation and Immune Strategy of Capitalism and Neoliberalism?". *La Deleuziana*, n. 3, nov. 2016.

__. "Governing Without Norms: Algorithmic Governmentality". *Psychoanalytical Notebooks*, n. 32, 2018.

ROUVROY, Antoinette & Thomas BERNS. "Algorithmic Governmentality and Prospects of Emancipation". *Réseaux*, v. 177, n. 1, 2013.

ROY, Deepjyoti & Mala DUTTA. "A Systematic Review and Research Perspective on Recommender Systems". *Journal of Big Data*, v. 9, 2022.

ROYAL SOCIETY. *Machine Learning: The Power and Promise of Computers that Learn by Example*. London, 2017.

RUBEL, Alan; Clinton CASTRO & Adam PHAM. *Algorithms and Autonomy: The Ethics of Automated Decision Systems*. Cambridge: Cambridge University Press, 2021.

RUNCIMAN, David. *Como a democracia chega ao fim*, trad. Sergio Flaksman. São Paulo: Todavia, 2018.

RUSSELL, Stuart. *Human Compatible: Artificial Intelligence and the Problem of Control*. New York: Viking, 2019.

__. "Why We Need to Regulate Non-State Use of Arms". *World Economic Forum Annual Meeting*, 18 maio 2022.

RUSSELL, Stuart & Peter NORVIG. *Artificial Intelligence: A Modern Approach*. Hoboken: Pearson, 2021.

SADOWSKI, Jathan. "When Data Is Capital: Datafication, Accumulation, and Extraction". *Big Data & Society*, v. 6, n. 1, 2019.

SALTER, Malcolm S. "Lawful but Corrupt: Gaming and the Problem of Institutional Corruption in the Private Sector". Working Paper n. 11-060. Cambridge: Harvard Business School, 2010.

SAMPAIO, Fabiana. "80% das prisões errôneas por reconhecimento facial no RJ são de negros". EBC, *Rádio Nacional*, 12 jan. 2022.

SANCHES, Rafael Antônio da Luz. *Economia política digital: Um ensaio crítico sobre as condições para a vida democrática no contemporâneo*. Dissertação de mestrado em Ciência Política. Universidade Federal de Minas Gerais, 2019.

SANTISO, Carlos. "Digitalisation as an Anti-corruption Strategy: What Are the Integrity Dividends of Going Digital?". OECD *Development Matters*, 4 ago. 2021.

SANTOS, Fernando P.; Yphtach LELKES & Simon A. LEVIN. "Link Recommendation Algorithms and Dynamics of Polarization in Online Social Networks". *Proceedings of National Academy of Sciences of the United States of America*, v. 118, n. 50, 2021.

SCHAEFER, Julia et al. "The Use of Machine Learning in Rare Diseases: A Scoping Review". *Orphanet Journal of Rare Diseases*, v. 15, 2020.

SCHANK, Roger & Robert ABELSON. *Scripts, Plans, Goals, and Understanding: An Inquiry into Human Knowledge Structures*. Hillsdale: Lawrence Earlbaum Associates, 1977.

SCHARPF, Fritz W. *Games Real Actors Play: Actor-Centered Institutionalism in Policy Research*. Boulder: Westview, 1997.

SCHARRE, Paul. *Army of None: Autonomous Weapons and the Future of War*. New York: W. W. Norton & Company, 2018.

SCHMIDT, Vivien A. "Discursive Institutionalism: The Explanatory Power of Ideas and Discourse". *Annual Review of Political Science*, v. 11, 2008.

__. "Taking Ideas and Discourse Seriously: Explaining Change through Discursive Institutionalism as the Fourth 'New Institutionalism'". *European Political Science Review*, v. 2, n. 1, 2010.

__. "Speaking of Change: Why Discourse is Key to the Dynamics of Policy Transformation". *Critical Policy Studies*, v. 5, n. 2, 2011.

SCHRAGE, Michael. *Recommendation Engines*. Cambridge: MIT Press, 2020.

SCOTT, James C. *Domination and the Arts of Resistance*. New Haven: Yale University Press, 1990.

SCOTT, W. Richard. *Institutions and Organizations: Ideas, Interests and Identities*. Thousand Oaks: Sage, 2014.

SEAVER, Nick. "Knowing algorithms", in J. Vertesi e D. Ribes (orgs.), *digitalSTS: A Field Guide for Science & Technology Studies*. Princeton: Princeton University Press, 2019.

SELZNICK, Philip. *TVA and the Grass Roots: A Study in the Sociology of Formal Organization*. Berkeley: University of California Press, 1949.

SHEPSLE, Kenneth A. "Studying Institutions: Some Lessons from the Rational Choice Approach". *Journal of Theoretical Politics*, v. 1, n. 2, 1989.

SILVA, Sivaldo Pereira da. "Algoritmos, comunicação digital e democracia: dimensões culturais e implicações políticas nos processos de Big Data", in J. P. Mehl & S. P. Silva (orgs.). *Cultura digital, internet e apropriações políticas: Experiências, desafios e horizontes*. Rio de Janeiro: Letra e Imagem, 2017.

SILVA, Tarcízio. *Racismo algorítmico: Inteligência artificial e discriminação nas redes digitais*. São Paulo: Edições Sesc, 2022.

SILVERSTONE, Roger. *Why Study the Media?* New York: Sage, 2012.

SIMON, Herbert A. *Administrative Behavior: A Study of Decision-Making Processes in Administrative Organization*. New York: The Free Press, 1976.

__. *The Sciences of the Artificial*. Cambridge: MIT Press, 1996.

SIMON, Herbert A. & Allen NEWELL. "Heuristic Problem-Solving: The Next Advance in Operations Research". *Operations Research*, v. 6, n. 1, 1958.

SKEEM, Jennifer & Christopher LOWENKAMP. "Using Algorithms to Address Trade-Offs Inherent in Predicting

Recidivism". *Behavioural Sciences & the Law*, v. 38, n. 3, 2020.

SKOCPOL, Theda. *Protecting Soldiers and Mothers: The Political Origins of Social Policy in the United States*. Cambridge: Belknap, 1992.

SNIP, Inge. "Georgia: Authorities Use Blockchain Technology for Developing Land Register". *Eurasianet*, 19 abr. 2017.

SOLSMAN, Joan E. "YouTube's AI Is the Puppet Master over Most of What You Watch". CNET, 10 jan. 2018.

SORKIN, Andrew Ross. *Too Big to Fail: The Inside Story of How Wall Street and Washington Fought to Save the Financial System – and Themselves*. New York: Penguin, 2010.

STEINER, Jürg. *The Foundations of Deliberative Democracy: Empirical Research and Normative Implications*. Cambridge: Cambridge University Press, 2012.

STEINMO, Sven. "Historical Institutionalism the Cognitive Foundations of Cooperation". *Public Performance & Management Review*, v. 44, n. 5, 2019.

STINCHCOMBE, Arthur L. "On the Virtues of the Old Institutionalism". *Annual Review of Sociology*, v. 23, 1997.

STOKEL-WALKER, Chris & Richard VAN NOORDEN. "What ChatGPT and Generative AI Mean for Science". *Nature*, v. 614, n. 7947, 6 fev. 2023.

STRAY, Jonathan et al. "Building Human Values into Recommender Systems: An Interdisciplinary Synthesis". ACM *Transactions on Recommender Systems*, v. 2, n. 3, 2024.

SUCHMAN, Mark C. "Managing Legitimacy: Strategic and Institutional Approaches". *Academy of Management Review*, v. 20, n. 3, 1995.

SUNSTEIN, Cass R. "Governing by Algorithm? No Noise and (Potentially) Less Bias". *Duke Law Journal*, v. 71, 2022.

SWEENEY, Latanya. "Discrimination in Online Ad Delivery: Google Ads, Black Names and White Names, Racial Discrimination, and Click Advertising". *Queue*, v. 11, n. 3, 2013.

TALAVIYA, Tanha et al. "Implementation of Artificial Intelligence in Agriculture for Optimisation of Irrigation and Application of Pesticides and Herbicides". *Artificial Intelligence in Agriculture*, v. 4, 2020.

TALISSE, Robert B. *Overdoing Democracy: We Must Put Politics in Its Place*. Oxford: Oxford University Press, 2019.

TENNER, Edward. *Why Things Bite Back: Technology and the Revenge of Unintended Consequences*. New York: Knopf, 1996.

THELEN, Kathleen. "Historical Institutionalism in Comparative Politics". *Annual Review of Political Science*, v. 2, 1999.

THURNHER, Jeffrey S. "No One at the Controls: Legal Implications of Fully Autonomous Targeting". *Joint Force Quarterly*, v. 67, 2012.

TUFECKI, Zeynep. "YouTube, the Great Radicalizer". *The New York Times*, 10 mar. 2018.

TURING, Alan. "Computing Machinery and Intelligence". *Mind*, v. 59, n. 236, 1950.

UNDP (United Nations Development Programme) & OPHI (Oxford Poverty and Human Development Initiative). *Global Multidimensional Poverty Index 2023. Unstacking Global Poverty: Data for High impact Action*. New York/Oxford, 2023.

ÜNVER, Akin. "Artificial Intelligence, Authoritarianism and the Future of

Political Systems". *Edam Research Reports*, 2018.
URBINATI, Nadia. *Me the People: How Populism Transforms Democracy*. Cambridge: Harvard University Press. 2019.
VALENÇA, Lucas. "Além de Pegasus, Carlos Bolsonaro queria sistema para monitorar o Planalto". *UOL*, 3 ago. 2021.
VALENTE, Rubens. "Ação sigilosa do governo mira professores e policiais antifascistas". *UOL*, 24 jul. 2020.
VAN GORP, Baldwin. "The Constructionist Approach to Framing: Bringing Culture Back In". *Journal of Communication*, v. 57, n. 1, 2006.
VAN ROMPAY, Thomas J. L.; Dorette J. VONK & Marieke L. FRANSEN. "The Eye of the Camera: Effects of Security Cameras on Prosocial Behavior". *Environment and Behavior*, v. 41, n. 1, 2009.
VARDI, Moshe Y. "ACM, Ethics, and Corporate Behavior". *Communications of the ACM*, v. 65, n. 3, mar. 2022.
VARSHNEY, Lav R. "Respect for Human Autonomy in Recommender Systems". 3rd FAccTRec Workshop on Responsible Recommendation, 2020.
VEALE, Michael & Irina BRASS. "Administration by Algorithm? Public Management Meets Public Sector Machine Learning", in K. Yeung & M. Lodge (orgs.). *Algorithmic Regulation*. Oxford: Oxford University Press, 2019.
VERDEGEM, Pieter. "Dismantling AI Capitalism: The Commons as an Alternative to the Power Concentration of Big Tech". *AI & Society*, v. 39, 2024.
VERHOEST, Koen. "Agencification Processes and Agency Governance: Organizational Innovation at a Global Scale?", in P. Valkama; S. J. Bailey & A.-V. Anttiroiko (orgs.). *Organizational Innovation in Public Services*. London: Palgrave Macmillan, 2013.
VERHOEST, Koen et al. *Autonomy and Control of State Agencies: Comparing States and Agencies*. London: Palgrave Macmillan, 2010.
WAGNER, Claudia et al. "Measuring Algorithmically Infused Societies". *Nature*, n. 595, 2021.
WANG, Panpan & Qian HUANG. "Digital Influencers, Social Power and Consumer Engagement in Social Commerce". *Internet Research*, v. 33, n. 1, 2023.
WARREN, Mark E. "A Problem-Based Approach to Democratic Theory". *American Political Science Review*, v. 111, n. 1, 2017.
WEBB, Helena et al. "Multi-stakeholder Dialogue for Policy Recommendations on Algorithmic Fairness". *SMSociety '18: Proceedings of the 9th International Conference on Social Media and Society*, 2018.
WEBER, Max. *Economia e sociedade: Fundamentos da sociologia compreensiva*, trad. Regis Barbosa e Karen Elsabe Barbosa. Brasília/São Paulo: Editora UnB/Imprensa Oficial, 1999. 2 v.
WEINGAST, Barry R. "Rational Choice Institutionalism", in Ira Katznelson & Helen V. Milner (orgs.). *Political Science: State of the Discipline*. New York: W. W. Norton, 2002.
WEIZENBAUM, Joseph. *Computer Power and Human Reason: From Judgment to Calculation*. San Francisco: W. H. Freeman, 1976.
WENZELBURGER, Georg et al. "Algorithms in the Public Sector. Why Contexts Matter?". *Public Administration*, v. 102, n. 1, mar. 2024.
WEST, Jevin D. & Carl T. BERGSTROM. "Misinformation in and about

Science". *Proceedings of National Academy of Sciences of the United States of America*, v. 118, n. 15, 2021.

WHARTON, Emily Alice. *Promoting a "Perfect" Pride: How Spotify's Pride Playlists Construct LGBTQ Culture and Identities*. Dissertação de BA em Comunicação e Mídia. University of Leeds, 2020.

WILSON, James Q. *Bureaucracy: What Government Agencies Do and Why They Do It*. New York: Basic Books, 1989.

WILSON, Woodrow. *Congressional Government: A Study in American Politics*. Boston: Houghton Mifflin, 1885.

WINNER, Langdon. *Autonomous Technology: Technics-out-of-Control as a Theme in Political Thought*. Cambridge: MIT Press, 1977.

__. "Do Artifacts Have Politics?". Daedalus, v. 109, n. 1, 1980.

WINSTON, Patrick Henry. *Artificial Intelligence*. Reading: Addison-Wesley, 1992.

WOLF, Marty J.; Keith W. Miller & Frances S. Grodzinsky. "Why We Should Have Seen That Coming: Comments on Microsoft's Tay 'Experiment', and Wider Implications". *The ORBIT Journal*, v. 1, n. 2.

YEE, Kyra et al. "Image Cropping on Twitter: Fairness Metrics, Their Limitations, and the Importance of Representation, Design, and Agency". Proceedings of the ACM on Human-Computer Interaction, v. 5, n. CSCW2, 2021.

YEUNG, Karen. "'Hypernudge': Big Data as a Mode of Regulation by Design". *Information, Communication & Society*, v. 20, 2017.

__. "Algorithmic Regulation: A Critical Interrogation". *Regulation & Governance*, v. 12, n. 4, 2018.

YOUNG, Iris Marion. *Inclusion and Democracy*. Oxford: Oxford University Press, 2002.

ZAVRŠNIK, Aleš. "Big Data: What Is It and Why Does It Matter for Crime and Social Control?", in A. Završnik (org.). *Big Data, Crime, and Social Control*. London: Routledge, 2019.

__. "Algorithmic Justice: Algorithms and Big Data in Criminal Justice Settings". *European Journal of Criminology*, v. 18, n. 5, 2021.

ZUBOFF, Shoshana. *A era do capitalismo de vigilância: a luta por um futuro humano na nova fronteira do poder*, trad. George Schlesinger. Rio de Janeiro: Intrínseca, 2020.

ZYSMAN, John. "How Institutions Create Historically Rooted Trajectories of Growth". Industrial and Corporate Change, v. 3, n. 1, 1994.

Agradecimentos

Somos gratos a um conjunto extraordinário de colegas e colaboradores de nossas instituições - a saber, a Universidade Federal de Minas Gerais (UFMG), a Universidade Federal de Goiás (UFG), o Berkman Klein Center for Internet & Society da Universidade Harvard, o Instituto de Estudos Avançados da Universidade de São Paulo (IEA-USP), a Universidade da Califórnia em Irvine, a Universidade de Camberra e a comunidade do Vincent and Elinor Ostrom Workshop in Political Theory and Policy Analysis da Universidade de Indiana. O livro contou com o apoio da Coordenação de Aperfeiçoamento de Pessoal de Nível Superior (Capes) (88887.370393/2019-00), da Fundação de Amparo à Pesquisa do Estado de Minas Gerais (Fapemig) (PPM-00284-17) e do Conselho Nacional de Desenvolvimento Científico e Tecnológico (CNPq) (423218/2018-2, 441095/2023-2; 310939/2023-2 e 406288/2023-2). Somos extremamente agradecidos por esse apoio, dada a grave crise política, sanitária e econômica que o país vivenciava no período em que este livro foi escrito.

Temos ainda a mais sincera gratidão ao professor João Carlos Vieira Magalhães, da Universidade de Groningen, por seus comentários, que nos ajudaram a enquadrar melhor a abordagem teórica do livro, e ao professor Guy Peters, da Universidade de Pittsburgh, pelo prefácio da edição original. Agradecemos a Tammi Titsworth, Jennifer Stout, Mateus Canela e Victória Lima pelo apoio na revisão e organização do original. Somos particularmente gratos à equipe de revisão técnica designada pela Oxford University Press, que publicou originalmente este livro. Seus comentários e sugestões nos ajudaram a aprimorar nossa linha de argumentação. Também somos gratos ao impressionante trabalho editorial da Oxford University Press, nas figuras de Dominic Byatt, Phoebe Aldridge-Turner e Raja Dharmaraj, que contribuíram de maneira frutífera e eficiente para tornar esta obra realidade. Somos gratos, também, à editora Ubu, que abraçou o projeto e viabilizou a publicação do livro em língua portuguesa, com enorme esmero e cuidado. Ressaltamos o papel de Florencia Ferrari na direção editorial do projeto, a preparação de Bibiana Leme, a revisão de Daniela Uemura e a produção editorial de Livia Campos. Salientamos, ainda, o trabalho de André Albert, nosso tradutor, que manteve diálogo constante com os autores e assegurou uma interpretação precisa, acessível e fluida do texto. Agradecemos, por fim, a Elisa Reis pelo prefácio à edição brasileira e a Patrícia Campos Mello pela elaboração da orelha do livro.

Sobre os autores

RICARDO F. MENDONÇA é professor do Departamento de Ciência Política da Universidade Federal de Minas Gerais (UFMG) e pesquisador do CNPq. Integra o Comitê Gestor do Instituto Nacional de Ciência e Tecnologia em Democracia Digital e é coordenador do MARGEM, Grupo de Pesquisa em Democracia e Justiça. É pesquisador associado ao Centre for Deliberative Democracy and Global Governance, da Universidade de Canberra (Austrália). Graduou-se em comunicação pela UFMG em 2003 e concluiu seu doutorado em comunicação social pela mesma instituição em 2009. É um dos organizadores de *Crises da democracia e esfera pública* (Editora UFMG, 2023), *Research Methods in Deliberative Democracy* (Oxford University Press, 2022), *Junho de 2013: Sociedade, política e democracia no Brasil* (EDUERJ, 2022) e *Deliberative Systems in Theory and Practice* (Routledge, 2018).

FERNANDO FILGUEIRAS é professor da Faculdade de Ciências Sociais da Universidade Federal de Goiás (UFG) e do doutorado profissional em Políticas Públicas da Escola Nacional de Administração Pública (ENAP), além de pesquisador do CNPq. Também atua como diretor de inovação da Secretaria de Gestão da Informação, Inovação e Avaliação de Políticas Educacionais do Ministério da Educação (MEC), e como pesquisador do Ostrom Workshop in Political Theory and Policy Analysis (Indiana University) e no Instituto Nacional de Ciência e Tecnologia (Quali-Gov). Graduou-se em ciências sociais pela Universidade Federal de Juiz de Fora (UFJF) em 2002 e concluiu, em 2003, o mestrado em ciência política pela Universidade Federal de Minas Gerais

(UFMG). É doutor em ciência política pelo Instituto Universitário de Pesquisas do Rio de Janeiro (IUPERJ). Publicou os livros *Corrupção e sistema político no Brasil* (Civilização Brasileira, 2011) e *Dimensões políticas da justiça* (Civilização Brasileira, 2013).

VIRGÍLIO ALMEIDA é professor emérito do Departamento de Ciência da Computação da Universidade Federal de Minas Gerais (UFMG), professor associado do Berkman Klein Center da Universidade de Harvard e pesquisador do CNPq. Graduou-se em engenharia elétrica pela UFMG em 1973, obteve seu mestrado em informática pela Pontifícia Universidade Católica do Rio de Janeiro (PUC-Rio) e o doutorado pela Vanderbilt University nos Estados Unidos em 1987. É membro da Academia Brasileira de Ciências, US National Academy of Engineering e The World Academy of Sciences (TWAS).

Coleção Exit Como pensar as questões do século XXI? A coleção Exit é um espaço editorial que busca identificar e analisar criticamente vários temas do mundo contemporâneo. Novas ferramentas das ciências humanas, da arte e da tecnologia são convocadas para reflexões de ponta sobre fenômenos ainda pouco nomeados, com o objetivo de pensar saídas para a complexidade da vida hoje.

leia também

24/7 – capitalismo tardio e os fins do sono
Jonathan Crary

Reinvenção da intimidade – políticas do sofrimento cotidiano
Christian Dunker

Esperando Foucault, ainda
Marshall Sahlins

Big Tech – a ascensão dos dados e a morte da política
Evgeny Morozov

Depois do futuro
Franco Berardi

Diante de Gaia – oito conferências sobre a natureza no Antropoceno
Bruno Latour

Tecnodiversidade
Yuk Hui

Genética neoliberal – uma crítica antropológica da psicologia evolucionista
Susan McKinnon

Políticas da imagem – vigilância e resistência na dadosfera
Giselle Beiguelman

Happycracia – fabricando cidadãos felizes
Edgar Cabanas e Eva Illouz

O mundo do avesso – verdade e política na era digital
Letícia Cesarino

Terra arrasada – além da era digital, rumo a um mundo pós-capitalista
Jonathan Crary

Ética na inteligência artificial
Mark Coeckelbergh

Estrada para lugar nenhum
Paris Marx

Preparação BIBIANA LEME
Revisão DANIELA UEMURA
Projeto gráfico ELAINE RAMOS e FLÁVIA CASTANHEIRA
Adaptação de projeto e capa JÚLIA PACCOLA
Composição ANA LANCMAN
Produção gráfica MARINA AMBRASAS

equipe ubu
Direção FLORENCIA FERRARI
Direção de arte ELAINE RAMOS; JÚLIA PACCOLA E
ANA LANCMAN (ASSISTENTES)
Coordenação ISABELA SANCHES
Coordenação de produção LIVIA CAMPOS
Editorial GABRIELA RIPPER NAIGEBORIN E
MARIA FERNANDA CHAVES
Comercial LUCIANA MAZOLINI e ANNA FOURNIER
Comunicação/circuito ubu MARIA CHIARETTI,
WALMIR LACERDA e SEHAM FURLAN
Design de comunicação MARCO CHRISTINI
Gestão circuito ubu/site CINTHYA MOREIRA, VIC FREITAS
e VIVIAN T.

UBU EDITORA
Largo do Arouche 161 sobreloja 2
01219 011 São Paulo SP
professor@ubueditora.com.br
ubueditora.com.br
/ubueditora

Dados Internacionais de Catalogação na Publicação (CIP)
Bibliotecário Vagner Rodolfo da Silva – CRB 8/9410

M539p Mendonça, Ricardo F.
Política dos algoritmos: instituições e as transformações da vida social / Ricardo F. Mendonça, Fernando Filgueiras, Virgílio Almeida; título original: *Algorithmic Institutionalism: The Changing Rules of Social and Political Life*; prefácio à edição brasileira de Elisa P. Reis; prefácio de B. Guy Peters; traduzido por André Albert.
São Paulo: Ubu Editora, 2025 / 320 pp. / Coleção Exit
ISBN 978 85 7126 227 0

1. Algoritmo. 2. Instituições. 3. Inteligência artificial. 4. Tecnopolítica. I. Filgueiras, Fernando. II. Almeida, Virgílio. III. Albert, André. IV. Título.

2025-3120 CDD 006.3 CDU 004.8

Índice para catálogo sistemático:
1. Inteligência artificial 006.3
2. Inteligência artificial 004.8

fonte Edita e BC Sklonar
papel Alta alvura 75 g/m²
impressão Margraf